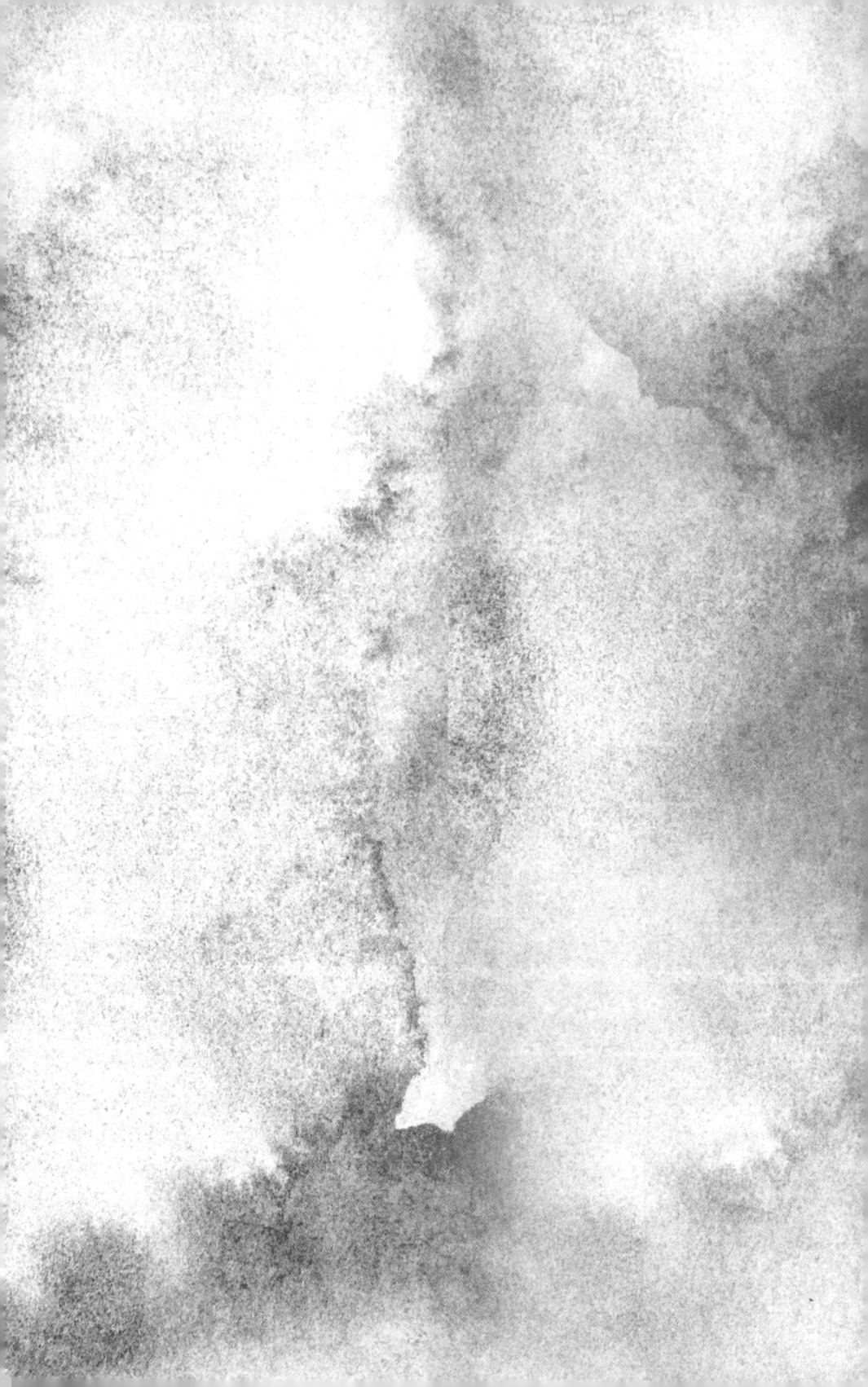

龚鹏程

著

国学

GUOXUE

私言

SIYAN

时代出版传媒股份有限公司
安徽教育出版社

图书在版编目（CIP）数据

国学私言/龚鹏程著.—合肥:安徽教育出版社,2019
ISBN 978-7-5336-8819-6

Ⅰ.①国… Ⅱ.①龚… Ⅲ.①国学－演讲－文集 Ⅳ.①Z126-53

中国版本图书馆 CIP 数据核字（2019）第 007389 号

国学私言
GUOXUE SIYAN

出 版 人:费世平
质量总监:姚　莉
策划编辑:王竞芬
责任编辑:王竞芬
装帧设计:张鑫坤
责任印制:陈善军

出版发行:时代出版传媒股份有限公司　安徽教育出版社
地　　址:合肥市经开区繁华大道西路 398 号　邮编:230601
网　　址:http://www.ahep.com.cn
营销电话:(0551)63683012,63683013
排　　版:安徽时代华印出版服务有限责任公司
印　　刷:安徽联众印刷有限公司

开　　本:710×1010　1/16
印　　张:23.5
字　　数:300 千字
版　　次:2019 年 12 月第 1 版　2019 年 12 月第 1 次印刷
定　　价:58.00 元

（如发现印装质量问题,影响阅读,请与本社营销部联系调换）

目 录

辑 一

诗 教　003
中华乐教百年回首　021
古琴因何由歌舞地转入寂寞乡　041
文人结社　062
讲 堂　071
城市礼乐文明建设的意义　089
清明祭黄帝　101
清明祭贾岛　106
龚鹏程的有字天书　116
赋咏湖湘文化　119

辑 二

众生皆苦，但你是甜的　127

江湖侠骨已无多　132

奇门秘技　137

不如吃茶去　141

中国人要以吃拯救世界了吗　154

且食羊　166

天公造酒又造爱　170

丝绸路上来者何人　174

刷金币，买青花　185

衣冠楚楚　189

辑　三

天下有风　199

论世变：从晚清到五四　205

西游照妖镜　227

谈《红楼梦》：情悟双行　241

必读书目不"必读"　247

为什么大家都没常识　251

博物馆未来记　256

理性的灾难　264

父母之蛊　268

旅行与文学　271

释　天　287

九州地理观　304

辑 四

关于屈原的糊涂账　311

怀念钱穆　319

谈林语堂:轻逸的土地性　325

怀高阳　347

辑一

诗　教

一

今天这题目看起来很简单,感觉应该是很熟悉的。然而我首先就想向大家说明:我国诗歌的文化精神其实非常特别。可供对比的参考对象就是西洋文学。

诗在中国文化中一直享有极高的地位,其价值、地位、荣耀,从来没有被挑战过,也没有人否定过。一谈到诗,就都如钟嵘般,说它可以感天地、动鬼神。在所有文体中,诗也是地位最高的,从来没有人对诗不敬。即使有争论,亦仅属于诗内部的争论,或者你认为诗怎么怎么好,我却觉得你说得还不够,等等。在中国如此,在西方就不然。西方艺术史上有很多人曾替诗做过辩护,比如锡德尼就有一本《为诗辩护》,雪莱也有篇著名的《为诗辩护》。中国就没有这样的答辩状。

锡德尼是文艺复兴时期的人,当时社会上弥漫着对诗不以为然、嘲讽诗人的气氛，认为诗人是很可笑的一种人，诗也没用，所以他要为诗辩护。

当时人对诗的嘲讽，主要体现为三项指控。第一项指控是，认为诗人都是在干技术活，都在寻找诗韵。

按：近些年来，大家常以为传统诗才有格律，所以作白话诗、现代诗更自由些，因为我们看西方诗好像也都是散文式的自由体。其实这不是西方的传统，西方传统诗歌也是有格律的，而且格律非常复杂。例如英诗节奏的基础是韵律（metre）。在希腊语中，"metre"这个词是尺度（标准）的意思。英诗就是根据诗行中的音节和重读节奏作为"尺度（标准）"来计算韵律的。诗写出来也与其他文体有不同的排列格式。各诗行不达到每页页边，每行开始词首要大写。几行成为一节（stanza），不分段落。各行都要讲究一定的音节数量，行末押韵或不押韵，交错排列。其中重读与非重读音节的特殊性组合叫作音步。一个音步的音节数量可能为两个或三个，但不能少于两个或多于三个，而且其中只有一个必须重读。分析英诗的格律，就得将它划分成音步，并区分出是何种音步以及计算音步的数量。这种音步划分叫 scansion。根据一首英诗组成的音步数量，每一诗行有一个音步的称"单音步"（monometer）；每一诗行有两个音步的，称"双音步"（dimeter）；含有三个音步的，称"三音步"（trimeter）；此外还有四音步（tetrameter）、五音步（pentameter）、六音步（hexameter）、七音步（heptameter）、八音步（octometer）。英诗的韵律，即是依据音步包含音节的数量及重读音节的位置而加以区分的。传统英诗的音步有抑扬格（Iambus）、扬抑格（trochee）、抑抑扬格（anapaest）、扬抑抑格（dactyl）及抑扬抑格（amphibrach）等。我们中国人读西方诗，多是读译作，故不知道对方的那种格律。只有明白这些，才能体会当时人为什么讽刺诗人说他们只是一些在寻找韵律的人。

第二项指控是，认为诗不重要，浪费人的光阴，不是一种有用的知识或有价值的知识。

第三项指控是，认为诗歌放纵人的情欲，所以诗歌是没有价值的。诗也让人慵懒，因为诗把人悲伤或消极的情绪都揭扬出来了，所以诗常常让我们消极。

针对这三项指控，锡德尼认为诗非常重要，是一切学问之母，是光的引领者。为什么重要？因为它历史悠久，希腊早期所有科学、哲学、历史，几乎都用诗来表达，自然科学家常以诗人的身份出现，早期的哲学家亦然。由于是文艺复兴时期，讲究一切回到古希腊，所以他也回到古希腊，说：（一）古希腊时期诗是非常重要的一种知识形态，我们应该继承这种态度。（二）古希腊人认为诗是具有创造性的东西，诗人可以像上帝创造自然那样创造人物与事件。这个讲法，是有颠覆性的。因为在西方，自古就认为诗歌的原理是模仿，柏拉图、亚里士多德等人都这么主张，所以他故意强调诗具创造性。（三）诗的功能是什么呢？它可以强化我们的理性，而且这种强化跟道德教育还不一样，除了从理性上来告诉我们什么是道德之外，还可从感性上来感动我们，所以它比一切道德伦理教训更高。

这是锡德尼的辩护，雪莱的辩护又如何？

雪莱是浪漫主义派的诗人，所以他从诗可以激发我们的情绪与想象以寻找一个美好的事物这方面为诗辩护。他说诗有神性，是一切知识的核心与来源，可以让我们的世界更为美好，像炼金术一样，点石成金。"诗是神圣之物。它既是知识的核心又是知识的边缘，它包容一切科学，一切科学都能溯源于诗。它是一切思想体系的根源，同时又是它们的花朵；一切都由它而生，受着它的滋润缀饰；如果它遭受到害虫的摧残，它便生长不出花果，结不出种子，荒凉的世界因此而失去美丽，生命之树也不能葱郁长青。诗是上苍赋予完美事物的外表和光泽，就像蔷薇一般，它平淡无奇的枝叶纹理，因为有了鲜艳的色彩和淡淡的幽香而变得分外美丽。"

他们的辩护，当然都很精彩，雄辩滔滔。但是我们试想一下，诗为啥需要辩护？就是因为在西方有非常强大的反对诗的传统呀！中国没有这种传统，可是西方反对诗的阵营十分强大，其中第一位大将就是希腊的柏拉图。

柏拉图是西方的文艺思想主要来源。他在《伊安篇》和《斐德若篇》两部对话集里主要阐述了"迷狂说"和"灵魂回忆说"，认为诗人获得了神的灵荫或在灵魂中回忆到了理念世界，就能产生一种精神上的迷狂状态。此说的意义是什么？就是否定了技术跟经验在文学创作中的作用。后来浪漫主义派为诗辩护的人便由此找到了根据，为什么？因为西方古典主义的思路主要是从技术、诗歌传统、前辈那儿学习创作的典范、寻找规则。浪漫主义的人则从灵感这方面去讲，所以他们虽反对柏拉图，却也从他那儿吸收到了一些东西。这两本对话集并不强烈反对诗人，比较强烈的是他的《理想国》。《理想国》要构造一个理想世界，其中需要的是国王及护卫理想国的战士，不是诗人。为什么？诗人的问题在哪里？

第一就是模仿的问题。中国人到现在其实都不大能了解"模仿",但这是西方学问的关键词。西方学问的思路,基本上认为现实世界是假的、不重要的,故应寻找现实世界之上或之外或背后的那个真实。所以西方的哲学思维一直有现象跟本质的区分。这个区分是从柏拉图来的。我记得凤凰卫视有位主持人经常强调自己能"透过现象,掌握本质",这种讲法就是完全西方式的。中国没有现象背后或之外或之上另有本质之说,中国人只说现象或事物的条理就显示为道,而不是在现象之后或之外还有一个本质的世界。那个本质的东西,柏拉图称为理念或理型。现实世界只是理念的模仿品,就好像这张桌子,它是第二性的。你得先有桌子的理念,才能依它做出一张桌子来。且现实世界的桌子各式各样,所有的桌子皆是对桌子这个理念的模仿,各得其一端。所以现实世界的所有事物都不重要,都是变动的,须先有理念才有这万事万物。而诗又是对现实的模仿,所以它是第三性的,与理型、理念距离更远,更是无足轻重的知识。如果从诗去看,你看不到真理。诗不但是影子的影子,诗人还要为这个影子赋予毒素,让我们产生对死亡的恐惧、对生命中懦弱阴暗面开展探索、引发我们不良的心理状态和原始的欲望。西方人常讲:"整个哲学史,都是柏拉图的注解而已。"柏拉图这么反对诗,当然在西方就会有一个庞大的反诗歌传统。中世纪,又在柏拉图之外加上了希伯来的基督教,融合成中世纪的哲学体系。这是一个神学时代,有几位神学家影响极大,如圣奥古斯丁,强调禁欲,其人格固然伟大,但形成了一种压制、禁止、镇压异端的结果。还有圣阿奎那斯,认为美是对欲望的消除,要跟德行结合才是美。他们都是反对诗的。因西方有源远流长的反诗传统,所以才不断有人出来为诗辩护。在锡德尼之前就有两位值得一提的人,一位是贺拉斯,他专门写了一本书叫《诗歌的艺术》,正面解释了什么是诗、诗的艺术是什么。他提出的几个创作原则影响到了西方古典主义传统,认为作诗应该取鉴前辈,看看人家是怎么写的,模仿其作品。现代文学兴起,常批评写传统文学只是模仿复古,所以现代文学以创新自诩。可是在西方,诗歌写作的根本原则就是模仿,古典主义第一原则就是要借鉴。

第二原则是理性原则。雪莱、锡德尼等都谈到了诗跟科学、哲学是有关系的,而且诗要处理人的德性、道德问题,所以诗表现理性是非常重要的事,要特别重视诗歌的思想,还有要合适,就是要合情合理,要符合身份、年龄、行为,等等。这我们一般称为现实主义原则,认为诗不能跟现实有太大的距离,

接下来是布瓦洛,他是法国诗人,其《诗的艺术》共分四章。第一章:总论,论述文学创作的基本原则和要求。第二章:论述悲歌、牧歌、颂歌、讽刺诗等次要问题的特点和创作规律。第三章:论述悲剧、喜剧、史诗等主要文体的特点和创作规律。第四章:结论,论述诗人的人格修养和艺术使命。布瓦洛也是古典主义诗人,他主张崇尚理性、皈依古典,人物塑造类型化,戏剧创作要遵守三一律;主张诗人要加强人格修养,肩负起教化社会的使命。其中值得注意的是:第三章讨论的悲剧、喜剧、史诗,是西方诗歌的主要文体,第二章那些颂歌、牧歌、哀歌在西方只是次要文体,如亚里士多德主要谈的就只是悲剧。因为中国诗着重音乐性和文字性,西方诗比较注重的是叙事和说理,这是中西方诗歌很不一样的地方。另外,他强调理性,故要遵守三一律。三一律指情节单一,时间发生在一天之内,场景也在同一个场景。西方的戏曲大多遵守三一律。

此外值得一谈的,还有维柯的"诗性思维"说。西方在启蒙运动

之后,不断强调理性精神。可是维柯说:原始人也同样有他们自己的思维,而那是一种诗性思维,拥有诗性的智慧,最早的人类就是靠着这种诗性思维发展下来的。附带一提:近年也有很多国人援用其说,谓西方文化是靠理性思维形成的,而中国靠诗性思维,中国的诗歌、汉字、人的性格都比较接近诗性思维。殊不知诗性思维在西方被认为是原始思维呢!

这大概就是西方为诗辩护的脉络。

二

还应该了解的是:诗在中国,不但没人否定它,且诗在所有的艺术中被认为是最重要的;然而在西方肯定诗的阵营里,诗也不一定是地位最高的。

西方确实有把诗看成是最高艺术的,最典型的例子是黑格尔。黑格尔把艺术分成了象征型艺术、浪漫型艺术和古典型艺术。最差的、最初级的艺术是雕塑和建筑,古希腊古罗马都以雕塑和建筑见长,但黑格尔认为金字塔和希腊神殿这些都是艺术最初级的阶段,要靠大体积的建筑物、石头等来表达我们的观念。但它们笨重且受限于物体的体积和重量,并不太容易表达我们的想法,到绘画就较进步了。它不需要大石块,也不需要盖房子,所以绘画比雕塑和建筑更容易表达我们的想法。而音乐连形象都不要,就能表达我们的所思所想了,靠音符就行,所以是更高级的艺术。然而,音乐虽美,但仍有局限,没法表达哲学的论辩的过程。故最高级的艺术乃不得不让位于诗。

那些反对诗歌的人,见解却相反。他们认为哲学或历史更高明,作为一种知识形态,应该以哲学为最高或以历史为最高。还有像达·芬奇这样的人,认为诗与绘画相比,绘画更高。在中国,谈到诗画关系时主要是说诗画的结合;西方则主要是将诗与画分开。例如莱辛曾经写过一本《拉奥孔》,就是谈诗与画的界限。而关注诗与画的区别,自然也就会谈到它们的优劣高下。

此外,中国的诗是一个整体,而西方诗其实不是"一种艺术",很难统一。因此历来是分体论诗,而且叙事诗、悲剧跟小说和戏剧永远纠缠不清。

还有,中西方的诗的性质不同,中国人说诗言志,感物而动,而西方人虽也有情感,但没有感应的思想。西方论诗,不说诗言志,也不说感物吟志;主要是神意说,以诗赞美神或通过诗歌与神沟通,诗人创作的源泉亦本于神的恩典。另一种创作源头则是诗人自己的天才。不过他们论天才与中国截然不同。中国人讲的是诗人的才华,而西方有两种形态的讲法,一是说人有酒神精神,那是与理性的太阳神相对的精神,具有迷狂、情欲、疯狂等性质,故论者会朝向神经病、疯子的路子去解释。例如弗洛伊德说诗人是会做白日梦的人,是小时候受性压抑而以变形方式表现出来。另一种则是理性化并朝科学路子走的解释,比如以遗传学来研究,或爱因斯坦把自己的脑子捐去做研究那一类。

三

以上所讲,是通过中西文化的对比与差异来看中国诗歌的一些特色。通过这样的说明,可以看出中国诗与西方诗所处的文化状态不一样,西方的传统是反对诗歌的。他们中当然也有人希望所有人都能享受诗歌、参与诗,但其方法多如雪莱那样,把诗人抬高、把诗歌精英化、把诗说成毫无实用价值的纯艺术之花。说诗要高扬于一切飞鸟所不敢翱翔的永恒境界,从那神圣的领域携下光明与火焰,等等。我们则不然,诗当然精粹崇高,但我们认为诗应普及到社会各领域,所以我们把中国传统社会称为"诗人社会"。

什么叫诗人社会呢?首先,我们认为诗在整个人文教育中非常重要,对每一个受教育的人来说,诗对其人格成长、知识养成均极重要。所以只要你读书、识字、受教育,诗就是必须要学到的一套知识或技能。而且这种知识、技能弥漫在所有蒙学教育中。你看孔子、王阳明教小孩,怎么教?就都是从诗歌开始的。古人认为"诗之教,温柔敦厚",可培养较好的性情,而且这不是那种强迫式、灌输式的教育,而是从优柔善诱的这个角度进行。这是传统中国社会中最普遍、最常见的教学方式,它对整个人文教育起到绝大的作用。其次,诗又构成了整个知识体系。刚刚已经说了,在西方,诗跟别的知识一直有些竞争关系。在中国,却没有这样的关系。什么缘故?因为诗跟其他知识不是平列的关系,而是统摄的。

中国有诗歌以外的知识吗?大家有没有想过这个问题?我们现代人,例如在座的各位朋友,都受着现代教育,所以常不能理解在中国其实没有诗以外的知识。这是什么意思呀?

各位要知道,西方有百科全书,当然中国也有百科全书式的"类书",但类书从曹丕的《皇览》开始,就都不是知识性的,跟西方完全不同。西方的百科全书是根据知识编辑的,构成庞大知识体系。现在的百度、谷歌,都是这样的知识检索体系。但类书之编辑,起于作诗写文章时寻找典故和摘选辞藻之需,跟西方人编百科全书起于知识的归类不同。像现存唐代《北堂书钞》、《艺文类聚》看起来规模十分惊人,但在当时还只是极小的一部分。唐太宗不仅编了这两套书,还另编了1000卷的《文思博要》。后来诸帝对此也颇热衷,从龙朔到开元,官修了《累璧》630卷、《瑶山玉彩》500卷、《三教珠英》1300卷、《芳林要览》300卷、《事类》130卷、《初学记》30卷、《文府》20卷。私撰的则有《碧玉芳林》400卷、《玉藻琼林》100卷、《笔海》10卷等,每部都卷帙庞大,且都不同于后来杜佑的《通典》。那种存一代典章制度性的百科全书,起于唐中叶以后,在这之前都是这样的文学性类书:既像总集,又像辞藻类选;既供文士采掇,又是以诗文角度对一切知识的处理。通过这样的类书编选,文学知识体系化了,一切知识也诗化了。

类书只有一种功能,帮助你作诗写文章,帮助你从古代海量的文献中去体会人家遣词造句之美。怎么形容天、怎么形容地、怎么形容日出日落,把相关典故和词汇摘录下来,供你参考。对一辆车子、一座房子、一支笔或一张桌子,我们怎么去认识?也都要去看诗文是怎么描述的。也就是通过诗赋去理解世界,这是传统中国人认识世界最基本的方法。所以诗跟我们的日常也就异常密切。一切生命仪式,出生、成年、结婚、生小孩、老寿死丧,都要有诗点染之。有些诗选,例如《千家诗》,其编辑方式就是告诉你:人怎么过节气,过节气也是跟诗有关的。诗在我们的生活之中,提醒我们每件事的意义所在。过重阳、过端午都有其意义。意义均用诗来表达,来点醒我们,乃至吃饭、游戏、猜谜、喝酒,无不与诗有关。

其他艺术也要向诗歌靠拢,例如绘画。早先跟诗没关系,确实是另一种艺术。但后来诗人开始在画上题诗,画家也开始以诗来作画,慢慢地，绘画的性质就产生了变化，出现了文人画，而且这种画还从异端变成了正宗。文人画是什么？其实文人画就是画的诗化，它慢慢把自己变成了诗。绘画之重点不是在表达画家的技术，而是在表现一种诗情。这是文人画的根本原理。绘画如此，其他的文房四宝、各种传统的工艺，亦皆如此。例如茶艺，中国的茶书那么多，陆羽《茶经》以下凡百余种。但这么多茶书，其实只有一个声调，都在讲同一种话，都是文人茶。茶最初并不是文人的，早期乃市井茶，是在市井中一般老百姓喝的。慢慢地，为高士所赏，出现道士茶。唐代又有了僧寮茶席，再则才有文人茶。可是后来文人茶独居正宗了。其他艺术，如做陶、做瓷、做铜器、刻印章，等等，也都以体现文人的诗情为主。

在那个文学化的社会中，当然是人人都喜欢诗、认同诗的价值、学习着也享用着诗、到处都看得到诗的。比如唐代寒山子"好为诗，每得一篇一句，则题于树间石上。有好事者，随而录之，凡三百余首"（《太平广记》卷五五《仙传拾遗》）。不只因寒山子身居山野故如此，朝士处士均是如此的，所以后来姚合《和裴令公新成绿野堂即事》云"携诗就竹写"。诗做成了，动辄题在树间竹上石上。诗何止题于树间石上，题壁、题柱、题屏风、题亭、题额、题门，几乎无处不能题。像元稹描述的，白居易诗"二十年间，禁省、观寺、邮侯墙壁之上无不书"。白居易自己也说"自长安抵江西，三四千里，凡乡校、佛寺、逆旅、行舟之中，往往有题仆诗者"，可见题诗无所不在。而除了读者读了喜欢而题写抄录之外，作者自己题的也很多，唐人诗题中凡有"题"字的都是。又有互相题写的，如元稹题白居易诗于阆州西寺，白就写元稹诗百首于屏风上，曰"君写我诗盈寺壁，我题君句满屏风"，又曰"障成定被人争写，从此南中纸价高"。可见题诗本身就促进了流通，诗人也有意推波助澜。拿笔在人家墙上门上到处写诗，今日不会有此现象；现在人只会涂鸦，或写些"×××我爱你"之类。若不幸被人涂抹，亦必大声诟厉，或自觉倒霉。唐代却不然。《韵语阳秋》卷四载："张祜喜游山而多苦吟，凡历僧寺，往往题咏……僧房佛寺赖其诗以标榜者多矣。"《云溪友议》载："崔涯……每题一诗于倡肆，无不诵之于衢路。誉之，则车马继来；毁之，则杯盘失错。"又《洛阳缙绅旧闻记》载杨凝式过寺庙多题诗："僧道等护而宝之，院僧有少师未留题咏之处，必先粉饰其壁，洁其下，俟其至。"杨去题了以后，"游客睹之，无不叹赏"。这类故事，在唐代太多了。这就叫作文学社会。人人以诗相矜赏，故题者愉、观者悦，很把诗当一回事。像寒山子，并不是有名的诗人，而竟也有"好事者随而录之"，可见一斑。王梵志诗，光是敦煌的唐人写本就有数十种，大历年间沙门法忍也抄过王梵志诗百余首。其他更有名的作家，抄录自然就更多，像陈子昂，赵儋替他作功德碑时说："拾遗之文，四海之内，家藏一本。"吴筠，《旧唐书》说："所著歌篇，传于京师"，"每制一篇，人皆传写"。孟郊，贾岛哭他时说他"诗随过海船"，王建哭他说"但是洛阳城里客，家传一首杏殇诗"。姚合哭贾岛则说贾："从今旧诗卷，人觅写应争。"杜牧，裴延翰替他编集时也说："凡有撰制……虽适僻阻，不远数千里，必获写示。"诸如此类描述，可说触处然。元稹曾形容白居易诗："自六宫、两都、八方，至南蛮、东夷国皆写传之。每一章一句出，无胫而走，疾于珠玉。"其实并不只有白居易才获此待遇，只是白诗也许传抄得更广远罢了。这样举国上下热衷于传抄诗篇，乃是从前不曾见过的，风气成于唐初，波衍盛于后来，乃竟有诗筒、诗瓢、诗板、诗刺青等。

可见诗不是某一阶层之物，爱诗者由朝士、贵族士大夫扩大到一般民众。民众能读诗的,即传抄题写之,或练习写作之;不识字不能读的,就听人吟诵之传唱之,或看诗意图画。诗是社会上共同认可的价值、并一同享用着它,所以诗人拥有社会性权威,受人仰慕。就连市井恶少也要用刺青涅诗等方式来表现自我。整个知识体系更已文学化,人对世界、人生与社会,均已惯于用文学感性及文学知识去处理。因此人人都想成为诗人。高者如帝王,也羡慕诗人,想把自己变成诗人,乾隆皇帝就是典型,写了几万首诗。中间的,如宋代就有屠夫、货郎儿等争相入诗社学诗;西湖诗社是当时社会上所有社团行会的领袖。底层的,则无论方外僧道或妓女,也都要学诗,成为诗人。后来才子佳人小说中,佳人皆不能仅是美女,还必须是才女,必须能作诗。这确实在全世界都是很特别的。

四

传统中国,除了是诗人社会之外,诗在人文精神上的作用是什么呢?

在西方,如果谈诗在人文精神上的作用,大概有三种说法:(一)说诗在伦理道德上有作用,如亚里士多德说诗能够"净化"我们,或像但丁所说,诗能让人获得方向,能表达美德,让社会和谐;(二)说诗最重要的不是道德和伦理,而是具有娱乐性,如果没有娱乐性,谁管你道德不道德?如意大利最早译介亚里士多德的卡斯特尔维屈罗,就重新解释了净化,说净化就是让人快乐;(三)说诗其实没有其他的作用,犹如庄子说无用之用。过去朱光潜先生《谈美》也是如此,一开头就说看树有三种方法:第一,看这树是什么科,什么种啊,这是科学的方法；第二，看它可以做桥梁还是建房子，等等，这是实用的方法；第三，我们既不知道它是什么科什么本，能做什么我也不了解，但是我看这棵树姿态婆娑，非常美。

大家都知道：近代美学，自康德以下，比较强调的即是这种，强调文学跟实用分开。搞得很多人在研究中国古典文学时困扰不已，因为很多文体，现代人都认为不是"纯文学"，而是"杂文学"。我就看过不少名家讥讽刘勰《文心雕龙》说：文学观是慢慢进化的，刘勰的思想还不精密，当时还不清楚什么是纯文学、什么是杂文学，以致把一大堆具实用性的文章都当成文学作品来讨论了，我们现在则要拨乱反正。还有很多人大骂古人解释《诗经》，说他们完全解释错了。《诗经》只是一些民间歌谣，一些情诗，古人却用政治和道德扭曲了它，所以我们要改革。这些，都是基于西方这种把审美和道德区分开来的观点。但西方这种区分方法，在中国并不适用，为什么？因它是真善美分别说。真是知识，为科学所擅长；善是道德，为哲学所擅长；美才是文学艺术之所长。中国不是这样讲的，我们乃真善美合一说，真人即善人，又是美人（如《庄子》所说的藐姑射山之神人，或《楚辞》中美人香草之美人）。故诗与人格教育有关，古人一向把诗作为人文教育、人格教育的核心，通过诗来养成人格并让社会风俗纯美，成为君子的社会，这才是中国诗教的主要精神。

可是我们现在对诗教的理解是怎样的呢？当然是一片骂声啦！诗教是以《诗经》为核心的，可是近代人老是说中国传统的诗经学有问题。经学是封建社会的意识形态，随着封建社会的崩溃，作为经学一个部分的传统诗经学，也必须革新。我见过一篇《孔子诗教与华夏传统教育》，说诗教就是把《诗经》看作启蒙教材，是教育人民从"思无邪"中培养"温良敦厚"的性情,进而使整个社会变得驯化和易于管理的教化手段。你说这不是笑死人吗?近代人却以此嘲笑古人,自认为对《诗经》的研究远远超过了古代。因为传统诗经学强调诗的教化功能,而其实诗只是男女情爱的作品,是民间的歌谣,怎能用政教去"扭曲"它呢?五四运动以来,讲国学之整体倾向就是如此"化神奇为腐朽",把传统所有高明的东西往低处讲、往浅处讲、往庸俗讲。唉,《诗经》怎么会是民歌呢?《诗经》分风、雅、颂三大部分。雅,是朝廷乐章;颂,是宗庙歌舞,跟民间有什么关系?至于风,风就是风化教化之风。其第一首是《关雎》:"关关雎鸠,在河之洲。窈窕淑女,君子好逑。"君子是什么人哪?孔子以后,才把君子的含义扩大,在此之前君子指谁?国君的儿子叫君子,公的儿子叫公子,公的孙子叫公孙。这不是基本常识吗?此诗既说"君子好逑",怎么还会是民歌呢?所有讲《诗经》是民歌的人,到底认不认识字?这首诗,前面讲"君子好逑",中间讲追求的过程,最后追求到了,结婚,"琴瑟友之,钟鼓乐之"。周朝是礼乐社会,民间哪有钟鼓呢?所以从《诗经》一开篇就知道它不是民歌。

又,诗教是要让人学习到人文的教养。但今人主要是强调《诗经》如何大胆表现情欲、暴露隐私。可是若说情欲,动物也一样有这些情欲。人文教养就是要让人脱离动物状态。人与禽兽是不同的。古人为什么要把情欲之事往上讲,讲成家国社会?因为这个才是人文,你现在往下讲,是要把人拉向禽兽界吗?不仅自居下流,还要批判古人,说古人讲错了。这种口气、这种视野、这种观点、这种心态,现在还弥漫于文学界呢!在此风气之下,对诗教的批评多不胜举,像中南大学宋湘绮在《传统诗教现代转型的理论破冰——中国大学生人文素质教育文化个性探源》一文中就说:"传统诗教实质上是一种伦理化的美育观。封建专制道德对人的活力的束缚也由此成为我们必须突破的囹圄。从孔子提倡的'无邪',到后来主张'发乎情、止乎礼',以至'温柔敦厚'的诗教,无不统摄在诗之志必须符合统治阶级的道德规范这一铁腕之下,强力扼制了人的自我意识、自由精神、创造活力。可是伦理化是中国封建专制文化的特点,是大一统的工具,'和为贵'消解不了人性的矛盾,伦理的教化难以培养平等、自由、创造的精神和独立、自主的人格。"所以她认为诗教应该改革。还有论者认为:中国尽管有阳刚、风骨、雄浑,但由于这些都被囚禁在"温柔敦厚"的规范之中,其雄浑范畴当然不可能走向"反抗挑战""野蛮""粗犷"的西方式崇高,而只能走向偏于平和敦厚的柔美。又有人说,温厚和平是对不平之情的压抑,优柔敦厚是在长期专制淫威下形成的顺从、软弱的性格。

这些看法皆可笑。《荀子·不苟》早就说了:"君子宽而不僈,廉而不刿,辩而不争,察而不激,寡立而不胜,坚强而不暴,柔从而不流,恭敬谨慎而容,夫是之谓至文。《诗》曰:'温温恭人,惟德之基。'此之谓矣。"这即是温柔的正解。再具体看看孟子是如何地温柔敦厚!《孟子·梁惠王章句上》说:"老吾老,以及人之老;幼吾幼,以及人之幼,天下可运于掌。《诗》云:'刑于寡妻,至于兄弟,以御于家邦。'言举斯心加诸彼而已。故推恩足以保四海,不推恩无以保妻子。古之人所以大过人者,无他焉,善推其所为而已矣。今恩足以及禽兽,而功不至于百姓者,独何与?"这是用诗之例,孟子用诗来告诉你什么叫温柔敦厚。他批评国君说:你现在的恩惠给禽兽而不给老百姓,怎么行呢?如果国君还不改过,他就要强调老百姓可以起来革命,推翻这个政权了。孟子是深于诗书的人,而其温柔敦厚如此。解诗,则《韩诗外传》卷五《第二十四章》亦早已说过:"天有四时:春夏秋冬,风雨霜露,无非教也。清明在躬,气志如神,嗜欲将至,有开必先。天降时雨,山川出云。《诗》曰:'崧高维岳,峻极于天。维岳降神,生甫及申。维申及甫,维周之翰。四国于蕃,四方于宣。'此文武之德也。"现代人认为温柔敦厚的诗教会让人慢慢变得懦弱了,变成一个什么话都不敢讲的人。当然不是!四时有寒暑,有春风就有夏雷。不是喜乐才叫温柔敦厚,悲怒也是啊!后来黄宗羲也说:"今之论诗者,谁不言本于性情?顾非烹炼使银铜铅铁之尽去,则性情不出。彼以为温柔敦厚之诗教,必委蛇颓堕,有怀而不吐,将相趋于厌厌无气而后已。若是,则四时之发敛寒暑,必发敛乃为温柔敦厚,寒暑则非矣。人之喜怒哀乐,必喜乐乃为温柔敦厚,怒哀则非矣。其人之为诗者,亦必闲散放荡,岩居川观,无所事事而后可。亦必茗碗薰垆、法书名画,位置雅洁,入其室者,萧然如睹云林、海岳之风而后可。然吾观夫子所删,非无《考槃》、《丘中》之什厝于其间,而讽之令人低徊而不能去者,必于变风变雅归焉。盖其疾恶思古,指事陈情,不异薰风之南来、履冰之中骨,怒则掣电流虹、哀则凄楚蕴结,激扬以抵和平,方可谓之温柔敦厚也。"(《万贞一诗序》)可见温柔敦厚不是偏于柔的,而是该刚则刚、该柔就柔,刚柔得乎中。故温柔敦厚其实就是中和。朱子《论语集注》对孔子所说的"不学《诗》,无以言"解释道:事理通达,而心气和平,故能言。此外,他说"古人情意温厚宽和,道得言语自恁地好"(《朱子语类》卷八十)。和平即是中和,不偏不倚,无过不及。所以诗教温柔敦厚绝没有现代人胡说八道的那些毛病。而且诗教也不是孔子发明的,孔子以前,礼乐就是非常重要的贵族教育内容。孔子把它提升后施诸一般人。教育从诗开始,让每个人都在诗的教化之中成为一位君子,让我们的社会越来越和善。

这难道不是中国目前应该走的重要的方向吗？希望我们今天还能够追求这样的理想，看到这样的方向，走向正确的道路，摆脱近人一些误解，让我国再度成为诗的国度。

中华乐教百年回首

一

"乐教"这个词,在理解上颇有歧义,常会与"音乐教育"相混。实则音乐教育云云,重在音乐本身,如乐理、乐器、乐史、乐谱、唱法、演奏法之教习。与古人所说之乐教无甚关联,甚且乃乐教之对反,强调音乐本身,而嗤诟传统乐教将音乐作为教化之工具。

传统乐教所重,一是与礼制相关,二是强调乐的功能。这并不就是说以音乐为工具了,而是说音乐本来就具有强大而特殊的功能,可以产生移人情性之效果,故推而广之,足以移风易俗。这种功能乃音乐本身所具有,因此我们须善用之,使其朝美善的好方向走。如此,音乐固然能更好地发展,社会也将日益淳化向上。因此,乐教云云,必是美善合一的,有其道德意涵,期望改造社会,同时指向音乐本身节奏旋律之美与性情风俗之善。孔子说文王之乐尽善尽美,义即在此。与泛说的"音乐教育"不同,与"音乐的教育功能"也非同一概念,并不仅限于教育功能。更准确的释义,毋宁是:礼乐教化。可是一谈到礼乐教化,大家都只想到古代。我清查了台湾所有博士、硕士论文,涉及乐教者,全是讨论先秦两汉;两岸有关乐教之专著也都如此,少数例外。关于乐教的论文,情况大体相同。

古今情况不好比较,不过近百年其实不是一般人所以为的乐教衰微期,而是极兴盛之期。许多人慨叹近百年礼乐教化不彰,实况亦非如此,另有脉络可寻。

音乐从来就不是中立客观的,推展什么音乐,就代表想推广什么文化内容。近代人常批评传统乐教是以音乐为政教之工具,其目的绝不是想建立无意识形态的音乐体系,而是要推广属于他们自己的乐教。因此乐教阵营纷然竞出,蔚为大观。嗣下我便将略为寻绎。

二

论近代音乐,尤其是谈到音乐教育,基本上均由"学堂乐歌"讲起。但学堂乐歌实非发端。近代音乐教育之始,由体制看,正是学堂建立之时。

清光绪二十九年(1903)张百熙、荣庆与张之洞重订《奏定学堂章程》(即《癸卯学制》),11月上《重订学堂章程折》。除各种学校章程之外,还有《学务纲要》,其中首次提到了音乐课程。

> 移风易俗,莫善于乐;秦汉以前,庠序之中,人无不习。今外国中小学堂,师范学堂,均设有唱歌音乐一门,并另设专门音

学堂,深合古意。惟中国古乐雅音,失传已久。此时学堂音乐一门,只可暂从缓设,俟将来设法考求,再行增补。

显然拟定学制诸公所秉持的仍是秦汉以来的雅乐传统;所思考的音乐教育,也仍是《周礼》大司乐以"乐德、乐语、乐舞"教国子的那一套。这时,虽然古乐难寻,诸公却认为无妨,可以歌诗代之,此即《中小学堂读古诗歌法》所说:

> 外国中小学堂,皆有唱歌音乐一门功课,本古人弦歌学道之意;惟中国雅乐久微,势难仿照。然考王文成《训蒙教约》,以歌诗为涵养之方,学中每日轮班歌诗。吕新吾《社学要略》,每日遇童子倦怠之时,歌诗一章,择浅近能感发者令歌之。今师其意,以读有益风化之古诗歌列入功课……皆有合于古人诗言志,律和声之旨,即可通于外国学堂唱歌作乐,和性忘劳之用。

此段叙述,分别见于《奏定初等小学堂章程》、《奏定高等小学堂章程》、《奏定中学堂章程》、《奏定初级师范学堂章程》,文字全同。每日歌诗的目的在于"和性忘劳",以为"涵养之方",显然更重视音乐的道德功能。

除了每日歌诗以外,当时课程场所中出现音乐的另一场所,是在经学课里。光绪三十二年(1096)《学部奏请宣示教育宗旨折》要求:

> 无论大小学堂,宜以经学为必修之课目,作赞扬孔子之歌,以化末俗浇漓之习;春秋释菜及孔子诞日,必在学堂致祭作乐以

表欢鼓舞之忱。

它沿袭着先秦乐教传统,一望可知。这时,对学堂音乐课程之设计及期待,显然都仍本于儒家礼乐教化的老传统。可见教育体制虽改,其本质并未变易,属于"新瓶装旧酒型"。

不过,各学堂章程虽曾将音乐列入课程,但内容及实施办法均极模糊,既无授课钟点的规定,也无授课程度的要求。直到次年——光绪三十三年(1907),系统化的音乐课程才首度出现。

三

光绪三十一年(1905),学部成立,将女学纳入职掌。光绪三十三年(1907),增订了《女子师范学堂章程》及《女子小学堂章程》,首次将音乐一科列入课程。

在《女子小学堂章程》里,音乐被列为"随意科",可以"斟酌加入"。《女子师范学堂章程》则不然,音乐课首次被列为正式课程,并载明授课时数为"一、二年每周一小时,三、四年每周二小时"。

这是近代中国在政府主导之下,有系统的音乐教育的开端。《女子小学堂章程》规定"学习平易雅正之乐歌,凡选用或编制歌词,必择其切于伦常日用有裨于风教者,俾足感发其性情,涵养其德性",亦延续了乐教的思路。然而,具体教法改变了。授课程度明白记载了单音歌、复音歌的教学以及表谱的使用,表示官方已经接受了西化的音乐教育内容。这种延续儒家礼乐教化思想而又有新时代改变印记者,并不只是清政府及上层士大夫这一面在做。例如秦腔班子"易俗社",就显示了大众戏曲社团走这个路子的,在民国初期的二三十年间其实甚为普遍。

易俗社,由李侗轩、范紫东、孙仁玉等人1912年8月创办于西安,以"移风易俗,辅助社会教育"为宗旨,按科班制招收学生。易俗社首先对剧本进行改革,不演迷信和淫荡猥亵、伤风败俗的戏。剧本多属自编,大、小五百余种,如《颐和园》、《双锦衣》、《三滴血》、《金莲痛史》、《柜中缘》等,在继承传统的基础上有所发展。从国外归来在中学教音乐的沈心工(1903年回国任教)、李叔同(1911年回国任教)等人,在这个基础上再往前走,这才出现"学堂乐歌"。学堂乐歌起初多是用日本和欧美的曲调填词,后来或用民间小曲填词,或新创作的。其内容或要求"富国强兵"、"抵御外侮",或宣传破除迷信、妇女解放,或传授科学文化知识、宣传民主和提倡科学文化思想。随着学堂乐歌的发展,西洋的歌曲、演唱形式、乐器(如钢琴、风琴、小提琴等)、新的记谱法——五线谱和简谱、西洋音乐的基本乐理等皆由学堂传授而逐渐扩及于社会,影响深远。著作有沈心工编《学校唱歌集》(1904)、曾志忞编《教育唱歌集》(1904)、辛汉编《唱歌教科书》(1906)等。著名的歌曲有《中国男儿》、《何日醒》、《男儿第一志气高》(又名《体操——兵操》)、《黄河》、《革命军》、《祖国歌》、《送别》、《春游》、《苏武牧羊》、《木兰辞》等。

事实上学堂乐歌也仍是乐教,有更多社会意识形态内容及道德指向性,只不过与清朝政府提倡的乐教大不相同罢了。

清政府主张的歌诗雅乐,民间传统戏曲界的教化观,其内涵都是传统儒家式的伦理价值。学堂乐歌、美育所宣扬的,则是面对西方现代文明冲击后的响应。响应的内涵,一是对现代性的追求,如科学、民主、民族国家的建立等；二是对现代性之反省。如蔡元培所说"以美育代宗教"，讲的就是现代人在人天破裂、远离上帝之后，价值当如何归止的问题。美育便因此被拿来作为救赎之用。同理，西方现代社会之扩张，我国深受伤害，因此音乐也应用来救赎、挽救国族之沉沦。这时，我国音乐人对现代性，是既迎又拒的。接受着西方音乐之全部体系，而又想在此中找到民族的地位。其方法与态度，可以国乐改进社为代表。

国乐改进社，1927 年由刘天华和郑颖荪、吴伯超、曹安和等 35 人发起，成立于北京，以改进国乐并谋其普及为宗旨，提出"借助西乐，研究国乐"（《国乐改进社成立》发刊词）。"一方面采取本国固有的精粹，一方面容纳外来的潮流，从东西的调和与合作之中，打出一条新路来。"（《国乐改进社缘起》）

社员中部分为干事社员，从干事社员中选出执行委员会领导全社活动。执行委员会设总务、文书等股，刘天华任总务主任，负责总管全社日常事务。又聘蔡元培、萧友梅等为名誉社员，对收集、整理、研究和发展民族音乐曾有较大的计划和设想，如建立图书馆、博物馆，"创设学校，组织研究所"等。其实际活动为：(1) 演出。如 1928 年 1 月 12 日在北京饭店举行音乐会，演出古琴、琵琶、二胡独奏/合奏等，是"五四"以来较早的、重要的一次以民族乐器为主的专场音乐会。此后还举行过多次演出。(2) 编印会刊《音乐杂志》。国乐改进社以外，基本上用西乐，可是兼收改编民间曲调者，指不胜屈，其原理均应由我所说的这个脉络看。

与此相桴应的是美育思想。蔡元培的"以美育代宗教"说，事实上即乐教说的现代版。提出后，哲学界、宗教界评价不高，附和者少，音乐界却十分响应。

1919年由吴梦非、刘质平、丰子恺等在上海发起，联络各地艺术教师组成中华美育会。先后有京、津、宁、沪及全国十多个省的许多中、小学和师范学校艺术学科教师参加。其成员分责任会员（吴梦非、刘质平、丰子恺、刘海粟、欧阳予倩等30人）和普通会员（一百二十余人）两种。利用暑期为中、小学音乐教师开设图画音乐讲习会等。出版会刊《美育》杂志。

四

然而，这条路实又不止是现代性及其反省，更有其前现代之渊源，脉络还应上溯西方悠久的宗教传统。西方天主教之传教，基本上仰赖音乐，因彼时信徒大抵不识字，且不能自己阅读《圣经》，故传教主要靠礼仪与音乐。这便是西方乐教或礼乐教化的大传统。其礼仪，以弥撒为最高。弥撒分圣道礼和圣祭礼。前者由聆听《圣经》、神父宣讲、解释《圣经》组成；后者是奉献面饼和葡萄酒，祝圣说是把耶稣基督的圣体和圣血，分发给在场人领受。圣歌则安排在这之间。弥撒前半以歌颂赞美圣言（圣道）为中心，有几首特别重要，一定要用：《垂怜曲》、《光荣颂》、《信经》。神父讲道后进行后半，要唱《圣哉，圣哉》、《信德奥迹》和《天主经》、《天主的羔羊》。天主教的弥撒有四种大礼弥撒，其中重大礼仪和重大节日时做的大瞻礼全部是在唱圣歌中进行的。

天主教徒每日还有功课，教友只做早课、晚课，神职人员的日课有六部分，早、晚祷除念经外，还要唱圣咏三首及颂唱《赞主曲》和《圣母谢主曲》。来中国传教,他们也依循这种办法。元大德九年(1305)在北京的意大利总主教约翰·孟德高维诺就开始办学堂训练中国儿童。他曾在给欧洲同学会修士信中说:"我建一学堂,收养儿童150名,都是七八岁上下的孩子。我刻意陶养他们,教以拉丁文和希腊语,现有11名已熟悉大日课经,同我一齐咏唱达味圣咏,按时鸣钟,如同修院无异。有时我因公外出,他们也能按时唱经不缺,堂在宫阙左近,皇帝每闻童子唱经,声和清雅,即为之色喜。"

明代,天主教音乐亦随天主教传入上海,以徐光启为首,开始编译汉语经文,形成经文念诵,成为中国天主教的特色。

清道光以后,大批外国传教士涌入,设立传教区,建教堂,修道院,办医院、学校,建天文台、博物馆,出版宗教书刊。至民国十二年(1923),江南天主教徒已达89万。教会中颂唱圣歌均用风琴、电子琴或管风琴伴奏,不用钢琴。因为风琴、管风琴更能体现庄严、崇高的感情,表达对神的崇敬。清咸丰十年(1861),上海董家渡大堂开始自制竹管风琴。此后洋泾浜和徐家汇天主教堂的大管风琴,原件均来自法国。天主教所创办的男女小学均附设读经班,培养了一批唱经人员,成为天主教堂唱经班的基础。上海天主教所咏唱的圣歌,均为普世教会所通用的拉丁文原作,仅将拉丁文歌词音译成汉语拼音来唱,此类乐谱迄今仍保留在一些教堂中。天主教经文和圣歌,虽然在中国人看来诘屈难懂、句法不通,但天主教士皆不肯修改,也反对把原先用文言文或韵文译成的经文、教理问答及以汉语拼音咏唱的圣歌改为各地区方言,他们怕方言编写会受到文人学士的蔑视,这种状况一直延续到民国初年。随后有人提倡用中国民族风格来创作圣歌。其中最出名的有江文也做的《弥撒曲》,但未能推广。后有人尝试将圣歌通俗化、大众化,并由歌唱家周小燕、喻宜宣灌录圣歌《夜思》《晚祷》等。19 世纪 40 年代还出版了贾乐山编辑的《大众唱》圣歌本。但天主教音乐通俗化、普及化一直不成功。传教士来中国后,会根据宗教需要,组织音乐家在宗教仪式中演出,另还积极组织其他音乐活动。如 19 世纪 60 年代,徐家汇公学兰廷玉神父就发起组织了徐家汇乐队。这支乐队是由中国演奏员组成的,乐器都从法国运来。光绪二十六年(1900),徐家汇土山湾孤儿院也建了一支铜管乐队,一直维持到 1949 年。

基督教之乐教形式基本同于旧教。唯教派众多,各有不同的历史背景、礼仪传统和信仰特点。因此,各派的崇拜礼仪、聚会程序,各有自己的程序和要求,礼仪中所采取的音乐也不同。例如主日崇拜,唱诗班,讲道人和主礼人进堂入座时先即奏序乐,然后会众唱圣诗。在各种崇拜程序如默祷、祷告、读经、证道、报告、祝福、奉献、宣信之间又插入或由会众同唱圣诗。在农村教堂和一些小教堂中,没有风琴和唱诗班,则仅由会众献唱圣诗。圣诞节更以唱各种圣歌及圣诞歌曲为崇拜的主要程序,读经、祷告等占时不多。

17 世纪以前,天主教以唱诗来赞神,唱的都是拉丁文的圣诗,歌唱是修道士的专职,教徒不参与唱。自从马丁·路德进行宗教改革以后,教徒才参与共唱圣诗,圣诗的内容也由拉丁圣诗演化成目前的赞美诗(现今的赞美诗由三部分组成:韵文诗篇,将《圣经》或诗篇改成有韵律的诗句,表达《旧约》诗篇作者的经历与环境;圣诗,由诗歌作者所写的诗篇做成,用以表达唱者的思想感情;福音诗歌,表达信徒的经历与拯救及劝勉,曲调单纯,经常带有副歌)。

清嘉庆二十三年(1818)禁教时期,英国传教士马礼逊在广州编译了一本《养心神诗》，共印300册，收有赞美诗30首，这是新教传入的第一本赞美诗集。此后由于基督教会在上海设立印书馆和书局，上海逐渐成为出版赞美诗的集中地。

1931年4月，由中华基督教会、中华圣公会、美以美会、华北公理会、华东浸礼会及监理会六公会委派代表组成"联合圣歌编辑委员会"，共32人，其中从事音乐的有杨荫浏、周淑安、李抱忱等，其目的是"欲产生一足以表现中国全体基督徒教会赞美与最高尚的热诚之诗本……在各教会中，增高中文圣歌之质"。

1935年3月，这本题名《普天颂赞》的圣歌集终于定稿。共收圣歌514首，其中译述452首，创作62首。在创作作品中，有两首古代作品：一是《大秦景教三威蒙度赞》，是从敦煌石窟发掘出来的版本；一是清初画家、天主教司铎吴渔山的《仰止歌》，1926年由裘昌年配上中国传统乐曲《云淡》的曲调。其余都是中国教徒的创作，还有的选自其他圣歌集及民国所编宗教杂志及礼拜仪式中。《普天颂赞》凡曲调548阕，其中474阕取自欧美，2阕取自日本，中国化曲调共72阕。有5阕取自古琴《阳关三叠》、《极乐吟》及词调《满江红》、《如梦令》以及吟诗调，另有7阕取自古代流传的曲调，2阕民间流行的曲调，其余23阕均系外国教士仿真中国音乐风格之作。其中尚有34阕是杨荫浏、李抱忱、周淑安、杨加仁、马革顺及其他7位国人所作。《普天颂赞》由上海广学会出版发行，自1936年至1948年刊行20版，共发行文字本、线谱本、简谱本及四声简谱本共43.7万册，颇见盛况。

五

由这简要的叙述看，各位就不难发现西方宗教音乐正是清末民初乐教的主力,以乐宣教,阵营庞大,后来在中国音乐研究上贡献良多的一些大家,如杨荫浏、李抱忱等都出于这一阵营。

民国初年,世俗的音乐教育、音乐活动,以这个体系为主要推动者。教会和外籍音乐人,在此中扮演过重要角色。例如蔡元培和萧友梅于1927年在上海创立了我国第一所高等音乐学府——上海国立音专。当时声乐方面除周淑安外,有一位外籍声乐教师斯拉维阿诺夫夫人(Mrs Slavianoff)。后来,1931年俄籍男低音歌唱家苏石林(Vladimir Shushlin)和留美归国的应尚能也被聘至音专任教。

这时,北京有四所教会中学(汇文、木真、育英、贝满)音乐活动的开展非常突出。育英中学最早的音乐教师是李饱尘(李抱忱),贝满中学的音乐教师是外籍的勒姆太太(Mrs Lum)。李抱忱毕业于燕京大学,编过数本唱歌集并翻译过很多歌曲。1927年还由他们两位出面联合几所教会学校以及燕京、清华的大学生在故宫太和殿前演出了四百多人的大合唱。唱的歌曲有五个声部轮唱的英国民歌《夏天来到了》(Summer is coming)等。

20世纪20年代末燕京大学迁到海淀区后建立音乐系。20世纪30年代初范天祥夫人(Mrs Waint)在燕大教声乐课,学生有杨荣东、刘俊峰、祁玉珍等。杨荣东除组织大型音乐活动外,还多次担任《弥赛亚》、《创世纪》等清唱剧的独唱。燕大还有声乐教师史密斯夫人(Mrs Smith),意大利人撒埃迪夫人(Mrs Saelli)。北京女子师范20世纪30年代改称为北京师范大学,音乐系主任是张秀山,主要教师有俄籍霍尔瓦特、德国人保尔(Bauer)等。据李抱忱自述:作者(在燕京大学)的钢琴教授一共有三位,音乐系主任范天祥博士(Bliss Wiant)、苏路得教授(Ruth Stahl)和魏德邻教授(Adeline Veghte)。

声乐教授是化学系卫尔逊教授的夫人(Mrs. E. O. Wilson)。每年燕大合唱团演唱《弥赛亚》时,都由卫夫人担任次高音独唱。音乐史、和声学和教学法,都由苏教授担任。因为这四位恩师为作者立下的好根基,作者后来到欧柏林音乐学院继续深造时,才能得到音乐方面的24个承认学分。

20世纪30年代中期一些大型清唱剧主要也是由外国人演唱的。20世纪40年代以燕大毕业生为主在公理会礼堂演出了《弥赛亚》,领唱为祁玉珍(S)、伍文雅(A)、刘俊峰(T)、杨荣东(B),钢琴伴奏是司徒美媛。1944年由周冠卿和杨荣东翻译和组织排练几乎完全由中国人演出的《创世纪》领唱为祁玉珍(S)、刘俊峰(T)、利瓦伊勃(B),以后几乎每年春天都唱《创世纪》,冬天都唱《弥赛亚》。女高音王复生和男高音王纯芳也参加过这类演出。当时北京的音乐演出场所,一是教会的礼堂如亚斯礼堂等,一是北京饭店礼堂,还有协和医院的礼堂。

如斯种种,均显示了当时外国人与教会在中国乐坛的地位与作用。这个现象,当然也就造成了中国传统音乐的暗淡。李抱忱1945年为古琴名家查阜西记谱,据他说,他弹一句作者记一句地把5个古琴谱(《潇湘水云》、《鸥鹭忘机》、《普庵咒》、《慨古吟》、《梅花三弄》)一音一音地记下来,总算对我国和声有了初步的认识。

以查阜西先生的琴学造诣,有此机会近距离聆赏,对传统音乐略有爱好的人都应欣喜陶醉,然而李抱忱只对和声做了一些理解,至于《潇湘水云》、《梅花三弄》这一类曲子的历史源流、高远韵趣,都不在他的兴趣之中,其他音乐学者大抵亦然。

六

受西方宗教音乐体系影响的还不止此,佛教音乐之改革,亦由于此。

1930年以后,弘一(李叔同)、太虚合作的《三宝歌》是中国第一首自创的佛教歌曲。此后即出现了大量新创作的佛教歌曲,有正规的曲谱,有现代乐器伴奏,称之为"新梵呗"。仅上海一地就编辑、出版了很多佛教歌曲集(包括梵呗曲谱)。如《清凉歌集》,弘一大师撰词,由他的学生俞绂棠、潘伯英、徐希一、刘质平和唐学咏等作曲,线谱本,1936年10月由上海开明书店出版;《妙音集》,1943年上海大雄书局出版,是《清凉歌集》的简谱本;《海潮音歌集》第一集、第二集,分别于1950年、1953年由上海佛教青年会少年部编辑,上海大雄书局出版等。

佛教界也学西方教会那样,通过电台播音和举行音乐会传播佛教。20世纪30年代,上海赫德路(今常德路)418号"觉园"内,即有座呼号为XMHB的佛音电台,以980千周频率每天上午由居士杨欣连、朱锦华等诵《金刚经》,逢周日诵《华严经》,并接唱梵呗《华严字母》。而佛音电台的开始曲则是黄自编的合唱歌曲——《佛曲》。此后,由郑颂英负责集资,在中国灌音公司录制佛教唱片十多种。在大来、光明(后改为妙音)电台念诵早晚课节目时进行播放。

僧众和佛教徒所唱的香赞,还有不少用南北曲的曲牌,如《戒定真香》调寄《挂金锁》;《戒定慧解脱香》调寄《豆叶黄》;《香供养》调寄《一锭金》或《望江南》。钱仁康在《法音宣流》中所编配的佛教歌曲中,也有一些采用民间歌曲曲调的。如《生的扶持》调寄福建民歌,《投宿》调寄陕北民歌,《雀巢可俯而窥》调寄河北民歌,《惠而不赞》调寄江西民歌,《杨枝净水》调寄扬州民歌等。又,赵元任利用《焰口调》的音乐,创作爱国歌曲《尽力中华》;黄自编曲的《佛曲》,曲调取自昆剧《思凡》,原非佛教歌曲,但由上海佛音电台用作开始曲后,便成为名副其实的"佛曲"了。

七

以上儒家的、基督新旧教的、佛教的、新文化现代性的四种乐教路数,都不只着眼于音乐艺术,都有传教的目的。

其中儒家一型,声势最弱。因为后三者彼此颇有交集,意识、方法、表现形式,乃至音乐本身均有相互叠合、彼此支持、同声相应之处;儒家乐教,随着儒家的礼教在五四运动以后大受抨击,地位及作用亦罕有人提及,传统音乐甚且成为了被改革的对象,情况益发凄惨。

但时局毕竟已渐生变化。五四运动及现代化狂潮激起的反省力量逐渐凝聚,1931年国民大会上即开始有人提议要恢复读经了;1934年国民政府通令全国恢复孔子诞辰纪念,且派人亲去曲阜祭孔,又重修孔庙,优待圣裔。1935年1月,何炳松、萨孟武等十位教授发表了《中国本位文化建设宣言》,显示社会上已渐有向中国传统文化回归的意向,不认为可以全盘西化。对现代化所代表的价值虽还不至于产生批判质疑,却已认为中国传统不可完全抛弃。

抗战军兴,民族主义气氛益发激昂。国民政府又在1934年推出新生活运动。该运动强调"礼义廉耻"这种传统儒家伦理,且以"三化"为实践之行动指引。三化,指生活艺术化、生产化、军事化。其中,艺术化放在第一位,讲的就是要如古代推行六艺(礼、乐、射、御、书、数)那样,以艺术陶冶国民,以达"整齐完善,利用厚生"之目的。因此,当时创作了许多歌曲,如《新生活》《好国民》《国民道德》《有礼貌》《扶老助弱》《勇于认过》《敬尊长》《明是非辩曲直》《爱弟妹》《意志要坚定》《见义勇为》《遵守秩序》《纯洁的心》《自省歌》《爱惜公物》《公共卫生》《整容仪》《衣服要朴素》《成功告诉我》《节俭》《身体常运动》《吃饭时的礼貌》《节饮食》《室内的卫生》《正当的娱乐》《用国货》《实行新生活》《新生活运动歌》《新生活须知歌》《青年服务团团歌》等。

新生活运动的成败与评价是另一个可讨论的话题,但无论如何,它代表一种乐教形态的发展。

例如传教士牧恩波认为新生活运动是"一个要使中国实现现代化,使中国的家庭成员获得平等权利的运动,并以此使中国不断进步,获得国际上的平等权"的行动。1934年5月,教会刊物《教务杂志》也发表文章认为"中国伦理道德正在发生着急剧的变化",新生活运动则是"中国人自信的一种外在表现,他们相信他们有能力按照自己的意愿来处理好自己国家的事情"。福建基督教大学的罗德里克·斯科特曾说:新生活运动之所以如此重要,主要有两个方面,"一是它已成为了一种民族复兴的标志,二是成为了中国人追寻科学精神的标志"。基于这样的认识,传教士们对于新生活运动的热情不断高涨。一些传教士于是在教会做出决定前就开始与政府合作,参与社会实践。也有一些传教士对新生活运动进行广泛的宣传。1935年教会更在回复新生活运动总部的信中明确表示"中华全国基督教协进会决定接受新生活运动总部的请求"。

八

新生活运动绵亘整个抗战时期,抗战以后乐教之发展却不止是新生活运动,特别是国民政府到了重庆以后。

国民政府虽没有明确指出"乐教"为其指导思想,但在言论及推行的音乐文化政策中表明,国民政府的伦理道德规范系统,是采取传统"乐教"思想来教化民众。于是重组或筹建了专门的音乐教育机构,其中最具代表性的是教育部音乐教育委员会(以下简称"音教委")、国立礼乐馆和国立音乐院,三个机构均隶属国民政府教育部。

音教委是1934年国民党政府教育部设立的管理音乐教育的机构。章程中规定其任务为:"一、音乐教育之设计;二、编审音乐教科用书;三、关于音乐教员之考试及检定事宜;四、推荐音乐教员,介绍音乐名家组织各种演奏会。"委员"由教育部部长就音乐专家、教育专家及教育部部员中聘任及指派"。1939年改组,先后由张道藩、陈立夫任主任委员。1940年后,曾出版刊物《乐风》,它主要是为推行乐教而设,在一段时期内也有宣传部分政策的功能。下分探讨编订组与社会组,社会组织下还有个实验巡回歌咏团,推动地方歌咏运动。另有教育组,由李抱忱主持制定音乐教育工作计划书,此外还进行调研活动及音乐师资培训。学校音乐教育之推广也是重点之一。编订组则职司教材出版物编审、厘定音乐名词及编辑音乐辞典。不只如此,音教委会还提议实施了战时音乐教育三年实施计划、万人大合唱、音乐比赛、音乐节,等等。

国立礼乐馆是国家级研究机构,负责制礼作乐,1943年成立于重庆。当时蒋介石、陈立夫等提倡乐教,曾先后成立孔学会古乐研究组及礼乐编订委员会。后来根据蒋介石"从礼乐作起"、编纂典礼音乐的训示,教育部特别设立了这一机构,专门研究有关制礼作乐的问题("非创制革新礼俗,不足以重新建立社会之体系,政府有鉴于此,爰于民国三十二年设立国立礼乐馆")。它馆隶属于教育部,分礼制、乐典、总务三组,"礼制组掌礼制之厘订及各种礼书编译事项;乐典组掌乐典之编订及音乐教育事项;总务组掌文书、总务、出纳等事项"。馆设馆长、副馆长各一人,均由教育部聘任,总理馆务工作。成立之初,馆长由教育部政务次长顾毓琇兼任,同年除夕,顾毓琇辞职,汪东接任。设编纂、编审、副编审各6人至8人,助理4人至6人,这些人员均由馆长掌管聘任情况,并呈报教育部备案。张充和曾回忆:"卢冀野管礼组,杨荫浏管乐组。我是属于乐组的,负责做中国古乐,做外交仪式音乐,弘扬昆曲等国乐,从古诗里选出合适的诗词曲目做礼仪教化之用,等等。"该馆1945年曾编印《礼乐》杂志。抗战胜利后迁南京。1947年曾出《礼乐半月刊》,1948年2月停刊后,4月又以《礼乐》为名出月刊至6月。国立礼乐馆的创立是为了适应当时制订礼俗的现实需要。但由于工作上要代表国家制礼作乐,所以必须上溯往古,确立中国音乐的立场。因而它也最能往上衔接古代礼乐传统,如前面谈到有基督教背景的杨荫浏,即在儒家乐教研究上贡献良多,发表了《儒家礼乐设教的几种理论》[1]、《儒家的音乐观》[2]等文。

---

[1] 南京国立礼乐馆.儒家礼乐设教的几种理论.礼乐半月刊,1947-03,(3).
[2] 南京国立礼乐馆.儒家的音乐观.礼乐半月刊,1947-05,(5).

九

抗战时期,乐教之另一发展形式,是新音乐运动。

1933年聂耳、张曙、吕骥等成立了中国新兴音乐研究会,1934年在中国左翼戏剧家联盟之下,由上述人员组成了音乐小组。1935年开始组织救亡歌咏团。1936年先后发表了吕骥的《中国新音乐的展望》[1]和周钢鸣《论聂耳和新音乐运动》[2]等文,强调新音乐运动是民族解放运动和革命斗争的武器,新音乐必须坚持大众化的方向,新音乐必须遵循新现实主义的创作方法等。

1940年元月,在重庆的李凌、林路、赵沨、孙慎、舒模、联抗等于1939年底组织成立新音乐社,创办《新音乐》月刊。先后在昆明、贵阳、桂林,以及仰光、新加坡等地建立了分社,社员发展到二千多人。马思聪、张洪岛、江定仙、陈田鹤、李抱忱、郑志声、夏之秋、黎国荃、缪天瑞等,都曾与新音乐社有联系,不少人曾为《新音乐》月刊写稿。1943年春,该社被政府禁止活动,到抗日胜利后才开禁。1946年为培养新音乐运动干部,又在上海创办中华音乐学校。

新音乐运动,一般认为是由左翼领导或共产党领导的,代表了另一种乐教形式。若说国立礼乐馆代表了音乐向上,朝历代宫廷礼制、儒雅精神、士大夫精英文化发展,则新音乐运动乃是向下,朝草根、大众发展的;一种是内敛的,文雅教化,精神上举以通天地鬼神;一种是激扬的,鼓舞民气以求革命解放;一种上接雅乐之传统,一种创造了

---

[1] 吕骥.中国新音乐的展望.光明,1936,1(5).
[2] 周钢鸣.论聂耳和新音乐运动.生活知识,1936,2(5).

新俗乐。

1949年以后，这种新音乐运动不仅取得了主流地位，且扩大了解释，说整个"五四"以来一切爱国的、民主的、反帝反封建的、具有进步意义的音乐都是新音乐。如1956年吕骥在中国音乐家协会第二次理事会(扩大)会议上总结过去理论工作存在的问题时，便指出：过去对"新音乐"的概念，存在狭窄和不全面的认识，不利于团结更多的音乐家一道工作。并提出应当根据毛泽东关于新民主主义革命和新民主主义文化的分析来认识"五四"以来的新音乐，即人民大众反帝反封建的新民主主义的音乐文化①。

十

1949年以后，既如此强调音乐与社会主义革命形势之关系，其他乐教形式自亦难以存活。古代乐教问题更是乏人问津。1949年至1976年，中国古代音乐美学研究论文只有30篇，论著5部，分别是捷克留学生伍康妮《春秋战国时代儒墨道三家在音乐思想上的斗争》，"文革"时期出版的《〈乐记〉批注》、《商鞅荀况韩非音乐论述评注》、《批判孔老二的反动音乐思想》(论文集)，以及《中国古代乐论选辑》。

改革开放以来，情况当然颇有变化，但研究仍是不足的。例如关于中国古代乐理乐学的专著研究十分褊窄（专著8部及296篇论文都是关于先秦音乐美学思想的，占论文总数407篇的74.7%。其次是关于嵇康及《声无哀乐论》、徐上瀛及《溪山琴况》的论文51篇，占总数的12.5%）。对音乐美学的哲学基础，认识仍在唯心唯物、反映论主

---

① 吕骥.关于音乐理论批评工作中的几个问题//音乐建设文集.北京：音乐出版社,1959.

体性等问题上纠缠。而具体的讨论,像《乐记》,就仍在成书年代、作者考证、思想属唯心抑是唯物、属于什么学科等问题上论辩不休。对于儒家及历代雅乐,也仍采取批判态度。像吴毓清在《儒学传统与现代音乐思潮》一文中就说:"《乐记》对我国传统音乐艺术实践的影响是颇为有限的","宫廷雅乐不是真艺术,是非生命符号,是政治的象征符号,是无意味形式,僵化形式"[1]。

---

[1] 吴毓清.儒学传统与现代音乐思潮.中国音乐学,1993(4).

古琴因何由歌舞地转入寂寞乡

目前古琴主要是"诗言志"的,操缦者用以抒自己的情、言自己的志;而且这种志,还是离群遗世的,属于幽人之情怀。这种形态,大约自宋明以来已然。如今谈古琴文化者,无不就此立论。

然而,古琴在先秦两汉魏晋隋唐就是如此吗?或只是如此吗?在雅乐体系中,琴就很少孤立独奏,多用于礼仪场合,且多与其他乐器配合。可见它和诗类似,既要讲"诗言志",又要讲"诗可以观、可以群",群与己不可偏废。现在谈古琴者,皆患偏枯。

一、遗世独立的琴

琴,在现代,提倡者无不强调它的幽人性格——遗世独立、高冷孤绝。这种性格,论者或与君子之德结合起来说,或说仙家高士,或比附枯禅。演奏时则以独奏为之。

这可说已成为我们这个时代对古琴的基本认识甚或是唯一认

识,也是我们现代的古琴传统。

早在 1956 年,文化部、中国音乐家协会即在全国二十多个城市进行过普查。其后,中国艺术研究院音乐研究所在此基础上编辑了《琴曲集成》等大型古琴谱集。

《琴曲集成》目录如下:

第一册 《碣石调幽兰》、《白石道人歌曲》、《事林广记》、《太古遗音》、《太音大全集》、《神奇秘谱》、《五声琴谱》、《浙音释字琴谱》、《谢琳太古遗音》、《黄士达太古遗音》、《发明琴谱》、《梧冈琴谱》;

第二册 《风宣玄品》、《琴谱正传》;

第三册 《西麓堂琴统》、《步虚仙琴谱》、《杏庄太音补遗》、《杏庄太音续谱》;

第四册 《太音传习》、《五音琴谱》、《重修真传琴谱》;

第五册 《琴书大全》;

第六册 《玉梧琴谱》、《三教同声》;

第七册 《绿绮新声》、《真传正宗琴谱》、《阳春堂琴经》、《阳春堂琴谱》;

第八册 《琴适》、《松弦馆琴谱》、《理性元雅》、《乐仙琴谱》;

第九册 《思齐堂琴谱》、《太音希声》、《古音正宗》、《中洲草堂遗集》(节录)、《义轩琴经》、《陶氏琴谱》;

第十册 《徽言秘旨》、《徽言秘旨订》、《大还阁琴谱》、《重修真传琴谱》;

第十一册 《愧庵琴谱》、《臣卉堂琴谱》、《友声社琴谱》、《琴苑心传全编》;

第十二册 《琴学心声谐谱》、《和文注音琴谱》、《松风阁琴谱》、

《抒怀操》、《松风阁瑟谱》、《松声操》、《德音堂琴谱》;

第十三册 《琴瑟合璧》、《琴谱析微》、《蓼怀堂琴谱》、《诚一堂琴谱》(附琴谈);

第十四册 《琴学正声》、《响山堂琴谱》、《澄鉴堂琴谱》、《五知斋琴谱》;

第十五册 缺

第十六册 《颖阳琴谱》、《兰田馆琴谱》、《大乐元音》、《研露楼琴谱》;

第十七册 《琴香堂琴谱》、《自远堂琴谱》。

其中,理性元雅、诚一堂、德音堂云云,显示了儒家宗旨;步虚仙琴、太古遗音、大音希声之类则有仙趣;三教同声这样的名称,亦表明了它还常有佛教气味(《释谈章》为首次刊传之佛曲)。佛教的琴曲琴谱,如《枯木禅琴谱》中的《独鹤与飞》、《云水吟》、《那罗法曲》、《枯木吟》、《莲社引》之类,大家也是熟悉的。

而据《枯木禅琴谱》中《历代圣贤名录》说,佛教徒的琴家和其所作琴曲有:僧觉道作《鹤鸣九皋》;王摩诘作《春江送别》;僧智和作《释谈》、《清夜闻钟》、《松下观涛》;苏东坡作《四乐吟》、《思君操》;僧义海作《瑶天笙鹤》、《双清吟》;僧省涓作《石上流泉》、《白云操》等。可见佛琴亦为琴中一大支脉。

这是从琴谱名称及内容上就可以明白的。理论方面,近时大家最喜欢援引的是明代徐上瀛《溪山琴况》,以二十四况论琴,曰:和、静、清、远、古、恬、淡、逸、雅、丽、亮、采、洁、润、圆、坚、宏、细、溜、健、轻、重、迟、速。许多人把这二十四况当成琴的通则去阐释,大谈特谈。

殊不知它强调"地不僻则不清,琴不实则不清,弦不洁则不清,心不静则不清,气不肃则不清:皆清之至要也,而指上之清尤为最",要让人从琴音中感到"澄然秋潭,皎然寒月,渚然山涛,幽然谷应,始知弦上有此一种清况,真令人心骨俱冷,体气欲仙矣"。讲的其实是仙家之琴,因为它原本就收录在《大还阁琴谱》中。大还者,还丹也。

因是仙家论艺,故曰:"琴之为器,焚香静对,不入歌舞场中;琴之为音,孤高岑寂,不杂丝竹伴内。清泉白石,皓月疏风,翛翛自得,使听之者游思缥缈,娱乐之心不知何去,其之谓淡。舍艳而相遇于淡者,世之高人韵士也。而淡固未易言也,袪邪而存正,黜俗而归雅,舍媚而还淳,不着意于淡而淡之妙自臻……吾调之以淡,合乎古人,不必谐于众也。每山居深静,林木扶苏,清风入弦,绝去炎嚣,虚徐其韵,所出皆至音,所得皆真趣"(《淡况》)。又说琴的古,可使"一室之中,宛在深山邃谷,老木寒泉,风声簌簌,令人有遗世独立之思"。

由此等言论及文献看,即可知我们现代继承的,其实是一种深受仙家与佛徒气味濡染的琴学。在此中,虽然也讲儒家琴德,但雅人深致,亦自以离俗为高,不觉与释道相近矣!

二、合群奏乐的琴

但琴在古代真的即是如此吗?恐怕大有不然。

(一)

首先从史料文献上看:

《乐府诗集》卷四十一引王僧虔《大明三年宴乐伎录》及张永《元

嘉正声伎录》云:"楚调曲……其器有笙、笛弄、节、琴、筝、琵琶、瑟七种","未歌之前,有一部弦,又在弄后,又有但曲七曲:《广陵散》《黄老弹飞引》《大胡笳鸣》《小胡笳鸣》《鹍鸡游弦》《流楚》《窈窕》,并琴、筝、笙、筑之曲,王录所无也"。可见相和楚调曲之乐队共有七种乐器,其中即有琴。而稍后庾信《有喜致醉》诗又云"杂曲随琴用",显示了琴在当时并不像后世那样只能用特定指法、独奏形式来表现特定曲目,是可以随时灵活运用以弹奏新曲杂曲的。

《隋书·音乐志》记载琴就是清乐诸器之一,是与其他诸器合奏的。这些乐器包括钟、磬、瑟、击琴、琵琶、箜篌、筑、筝、节鼓、笙、笛、箫、篪、埙等。

《通典·音乐》则谓清乐有钟、磬、琴、一弦琴、瑟、秦琵琶、卧箜篌、筑、筝、节鼓、笛、笙、箫、篪、叶。新旧《唐书》所载大抵亦如此。唐代琴另有一弦、三弦者,还有击琴,故单独称琴者,即今之所谓古琴也。

可见隋唐时期,琴在清商乐中是与管弦及敲击乐各器合奏的。与现今乐队中不用琴,琴只独奏之情况迥异。

琴仅用于清商乐,是因西凉乐和龟兹乐都不用琴,其弦乐以搊筝、弹筝、箜篌、琵琶为之。可能也用阮。因为敦煌莫高窟第 148 窟、第 220 窟所绘图像,看起来都是龟兹乐且弦器均有阮。

（二）

琴在敦煌莫高窟壁画中常见,据牛龙菲《敦煌莫高窟壁画乐器资料分期统计表》估算,古琴图像甚至多达 61 个。这其中当然不少仍有疑义,有 42 个弦乐器,郑炜明、陈德好《敦煌莫高窟壁画中的古琴图像

敦煌第 172 窟（局部）　　　　敦煌第 420 窟（局部）

研究》已排除了，认为不是琴。但琴参与伎乐合奏是无疑的。

如第 172 窟南壁观无量寿经变之菩萨伎乐即是。

第 420 窟主室窟顶西坡、第 329 窟窟顶南坡之飞天伎乐弹古琴，也是作为整体伎乐之一部分。

第 423 窟西坡一菩萨站立抚琴，与第 322 窟窟顶南坡飞天伎乐一样，亦为整体伎乐之一部。

相似者尚有敦煌榆林窟第 3 窟南壁菩萨伎乐。此图通称为巾舞独舞及乐队图，可见奏琴属于乐队之一部分，研究者并无疑义。

另莫高窟第 154 窟及第 85 窟《报恩经变·恶友品》中一般称为"善友太子弹琴图"的，是否确实是琴尚有疑问，则可姑且不论。

敦煌第 423 窟（局部）　　　　敦煌第 322 窟（局部）

敦煌第3窟（局部）

(三)

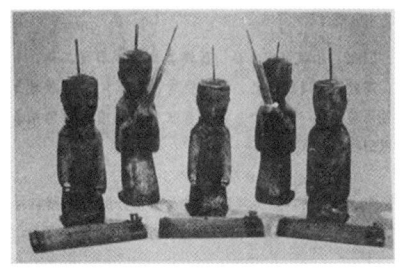

长沙马王堆一号墓出土木质琴器俑（局部）

琴与其他乐器合奏，在俑和画像石上也可看得很清楚。如湖南长沙马王堆一号墓出土木质琴器俑，虽然一个个俑是独立的跽坐抚琴状，可是背后还有吹笙俑与之配合。

成都昭觉寺宴乐画像砖则为上方跽坐四人奏乐、宴饮，下方鼓舞。其中左上方有一人双手抚琴。

四川彭山江口镇梅花村汉墓西王母神兽奏乐画像砖，也是上部为西王母图，下部为神兽奏乐图，其中熊形神兽跽坐抚琴。

成都昭觉寺宴乐画像砖（局部）

四川彭江口镇梅花村墓西王母神兽奏乐画像砖（局部）

河南新野后岗伎乐画像砖则是笙和琴合奏的。三人并列跽坐，左者吹笙；中者双手置胸作拍击状，似讴歌者；右一人膝上置琴，双手抚奏，六弦。

甘肃酒泉果园西汉墓伎乐画像砖更特别，乃两人跽坐，左侧弹箜篌，右侧抚琴，琴置膝上。

河南新野岗伎乐画像砖（局部）

甘肃酒泉果园西汉墓伎乐画像砖（局部）

又，河南新野樊集竖砖乐舞画像砖，上半为弋射图，下半为乐舞，共7人，右侧两舞伎，左侧三舞伎。左侧中者跽坐，琴置膝上，双手按弦。

河南新野樊集砖乐舞画像砖（局部）

甘肃酒泉西沟村魏晋七号墓伎乐画像砖,二人,一弹琴,一弹三弦。

(四)

以上这些文献及实物数据,都显示了:汉魏南北朝隋唐期间,琴并不是孤芳自赏、自弹自唱、自娱自乐的乐器,或不仅仅是。在大多数场合,仍参与着乐队的合奏。就算独奏,也未必皆如王维诗所说是"独坐幽篁里,弹琴复长啸。深林人不知,明月来相照",乃可惊四筵而未必仅能适独坐的。

如甘肃嘉峪关新城一号墓宴乐画像砖,虽是一人弹琴,但对面三人显然正在酒席上,可见乃召琴师鼓奏以侑酒之性质。此在后世,或将以为有辱琴之清品,在当时却是常事。

甘肃嘉峪关新城一号墓宴乐画像砖(局部)

四川大邑县董场乡六博乐舞画像砖,画的也是宴饮场面,歌舞博戏,而有鼓琴于其中者。

四川大邑县董场乡六博乐舞画像砖(局部)

陈中龙《从出土资料看古琴在汉代社会生活中的角色》一文,对此讨论更为详细,与本文此处所论可以互参。该文另指出:汉画像砖石中琴都是以配合乐团的方式演出的,没有独奏的情况。而善鼓琴者有皇帝皇后、诸侯王、学者士人(如司马相如、刘向、桓谭、梁鸿、马融、蔡邕等),分布极为广泛,且以男性为主。再者,鼓琴鼓瑟须与季节配合。外邦也曾遣人入汉学琴[①]。

三、诗礼用乐的琴

而这种情形,我以为是沿袭于古代的,非秦汉以后礼崩乐坏使然。

(一)

以诗考之,先秦《大射》《宾射》《燕射》,都是先金奏《王夏》《肆

---

① 陈中龙.从出土资料看古琴在汉代社会生活中的角色//2015年国际古琴学术研讨会论文.山东·济南,2015.

夏》；升歌《鹿鸣》、《四牡》、《皇皇者华》；再管奏《新宫》，金奏及石奏《驺虞》、《狸首》、《采苹》、《采蘩》；接着弓矢舞；再合奏《陔夏》，笙奏《南陔》、《白华》、《华黍》，间歌《鱼丽》、《由庚》、《南有嘉鱼》、《崇丘》、《南山有台》、《由仪》；最后合奏《关雎》、《葛覃》、《卷耳》、《鹊巢》、《采蘩》、《采苹》。前面金奏笙奏石奏，或用鼓，乃是管乐与打击乐，后面的合奏则弦管俱作。琴为弦乐之首，例不能无之。

又，先秦奏诗，无独用弦者，其情况亦可与此同观。大祭、大飨、燕礼、视学养老、乡饮酒礼等俱皆相似。

这是就行礼时用诗之仪说的。

（二）

若就诗本身来看，《周南》、《关雎》已说"琴瑟友之，钟鼓乐之"，用于房中乐，乡乐，则合乐时必是琴瑟钟鼓并作的。

《定之方中》讲："椅桐梓漆，爰伐琴瑟"；

《女曰鸡鸣》说："琴瑟在御，莫不静好"；

《鹿鸣》说："我有嘉宾，鼓瑟鼓琴"；

《棠棣》说："妻子好合，如鼓瑟琴"；

《鼓钟》说："鼓钟钦钦，鼓瑟鼓琴"；

《甫田》说："琴瑟击鼓，以御田祖，以祈甘雨"；

《小雅·鹿鸣》："我有嘉宾，鼓瑟吹笙。"

这些诗，都是描述琴与瑟乃至钟鼓合奏的，如"四牡骓骓，六辔如琴"(《车辖》)和"既见君子，并坐鼓瑟"(《车鄰》)。单独讲琴的，只有《车辖》，还只是形容六辔。

倒是瑟还有一处讲它单用的:"子有酒食,何不日鼓瑟?"(《山有枢》)

可见琴瑟虽可单奏,但恐仍以合奏为常,特别是聚会场合。鼓瑟,据《仪礼》,乡饮酒及燕礼用二瑟,大射用四瑟。鼓琴时会不会也如此呢?应该也是的。浙江绍兴306号战国墓出土的铜屋内两件琴器俑,或许就表现了二琴并奏的情况。

浙江绍兴306号战国墓出土的铜内两件琴器俑

(三)

自朱子《仪礼经传通解》以来,所传诗谱,如朱载堉《风雅十二诗谱》、张蔚然《三百篇声谱》、陈澧《风雅十二诗谱考》、《律音汇考》等,虽皆只把一首诗作为一个整体看,但一字一音,标识其声。

但依乾隆《钦定诗经乐谱全书》卷一及卷十五所载演奏谱可知,奏诗时正是诸器并作的。钟磬琴瑟音皆不同,所以才能相和相发,我以为这符合演出之实际。而琴在具体演出时如何与诸器相配合,也由此可以一目了然。

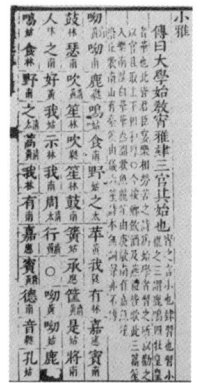

乾隆《钦定诗经乐谱全书》内页(局部)

(四)

也就是说,琴,自来在琴人自娱适性之外,还有合众演出的传统。考之于文献、征于图像石刻,灼然无疑。孔子曾说诗可以兴、可以观、可以群、可以怨,前三者,尤其是群,恐怕现在我们说的这种遗世独立、自适娱情之琴就不太能做到,只能见诸周秦汉魏南北朝以降那种合众演出之琴。

四、取途方外的琴

既如此,接着我们就该追问:为什么古之琴可以群可以怨,后世却哀怨独盛而合众之道罕闻?

消息之机,或可以由嵇康《琴赋》见之。嵇康此文一开头,就批评一般才士鼓琴:"称其才干,则以危苦为上;赋其声音,则以悲哀为主;美其感化,则以垂涕为贵。丽则丽矣,然未尽其理也。推其所由,似元不解音声,览其旨趣,亦未达礼乐之情也。"

琴是乐器,却也是礼器,其音以中和为贵,本应乐而不淫、哀而不伤、怨而不怒,可是琴人演奏,为了动人,越来越追求声音和情感的表现,故出现嵇康所批评的"哀怨"现象。

哀,一指声音高越,所谓"哀音激楚",凡夸称绕梁三日、声动屋尘者,俱易动俗耳之观听;二指情感之激动,能催人泪下。嵇康反对如此,认为这样的哀音并非中和之道,琴应该是纾解哀怨的。

针对这一问题,嵇康另作有《声无哀乐论》。说这些哀音感怆者,实仅为一种技巧。演奏者本人并无真实的情感哀乐,声音本身也无所谓哀乐,仅是用一种技术在催动着听者的感情罢了。

由嵇康的批评可知:琴之趋于哀怨,在魏晋久已成风,其原因是琴家追求技术表现以动流俗。

嵇康反对此风。但其反对之法,似乎反而助长了这种趋势。为什么?因嵇康论琴,首先就将之定义为"可以导养神气,宣和情志。处穷独而不闷者,莫近于音声也"。把琴作为处穷独之时宣导情志之器,其道虽可纾解哀怨,但仍属于对哀怨的处理,且当然会与合众乐群者益远!

其赋首先歌颂林壑清美、琅玕珍怪,接着说:"于是遁世之士,荣期绮季之畴,乃相与……制为雅琴。"于是琴就成为幽人隐士之器了,琴德愈高,琴势乃愈孤。遂非合群之物,徒显其离群索居之状而已。

嵇康此举,殆与当时一种高士琴风相呼应。琴由古代的君子之器,渐成高士之娱,与汉画像砖所显示的伎乐宴飨情境遂邈焉异趣矣。演奏者不再"演"了,奏时的场所也由"歌舞地"转入"寂寞乡"。文人高士、幽居遁世者,遂成为这类琴风最主要的提倡者与践行者。

隋唐以后,琴之文人化愈甚,话语权不在乐工而在文人,因此虽清乐仍以琴与诸器并奏,但文人所重,已不在其合乐而在于分,表彰幽独、清冷自喜。

而且此时著名琴人赵耶利、陈康士、梅复元都是道士。当时僧人道英又从赵氏学,《文献通考》引《崇文总目》云:"琴德谱一卷,原释唐因寺僧道英撰,述吴蜀异音及辨析指法。道英与赵耶利同时,盖从耶利所授。"僧家琴谱自此多矣。

但我们看唐代谢观的《琴瑟合奏赋》仍是说合奏。薛易简的《琴诀》提出的琴德是:"可以观风教,可以摄心魂,可以辨喜怒,可以悦情思,可以静神虑,可以壮胆勇,可以绝尘俗,可以格鬼神。"观风教、壮胆勇,都不是清逸自娱的事。杨师道《咏琴》则云:"久擅龙门质,孤竦峄阳名。齐娥初发弄,赵女正调声。嘉客勿遽反,繁弦曲未成。"以琴迎客,显然当时也仍属常事。

至于李颀《听董大弹胡笳声兼寄语弄房给事》"蔡女昔造胡笳声,一弹一十有八拍。胡人落泪沾边草,汉使断肠对归客。古戍苍苍烽火寒,大荒沉沉飞雪白。先拂商弦后角羽,四郊秋叶惊摵摵。董夫子,通神明,深山窃听来妖精。言迟更速皆应手,将往复旋如有情。空山百鸟散还合,万里浮云阴且晴。嘶酸雏雁失群夜,断绝胡儿恋母声。川为静其波,鸟亦罢其鸣。乌孙部落家乡远,逻娑沙尘哀怨生。幽音变调忽飘洒,长风吹林雨堕瓦。迸泉飒飒飞木末,野鹿呦呦走堂下。长安城连东掖垣,凤凰池对青琐门。高才脱略名与利,日夕望君抱琴至"云云,更说明了当时琴与胡笳尚不相远,故能将胡笳曲翻成琴曲。

以琴模拟胡笳之音阶调式,早在六朝已然。张永《伎录》所称大小胡笳鸣是也。《乐府诗集》卷二九载相和歌王明君,谓有平调三十六拍、胡笳三十六拍、清调三十六拍、间弦九拍、蜀调十二拍、吴调十四拍等。又有胡笳明君四弄,有上舞、下舞、上间弦、下间弦。胡笳与平调、蜀调、清调等均是一种调式,其来源则是胡笳与琴合奏,且以琴模拟胡笳已成惯例。

当时唐人鼓琴作胡笳曲,可能有多种风格。元稹《小胡笳引》自序云:"哀笳慢指董家本",指董庭兰之胡笳。《乐府诗集》卷五九胡笳十八拍,引蔡翼《琴曲》云:"沈辽集,世名沈家声。小胡笳又有契声一拍,共十九拍,谓之祝家声。祝氏不详何代人。"李昂《塞上听弹胡笳作》诗序又云:"客有尹侯者,高冠长剑,尤善鼓琴。因按弦奏胡笳之曲,摧藏哀抑,闻之忘味。"此尹侯所奏不知为谁家本,然胡笳在当时风格多样,已略可推见。另外,《全唐文》卷三七七收柳识《琴会记》一文,自谓"岂袭胡笳巧丽,异域悲声?我有山水桐音,宝而持之。古操则为,其余未暇"。显见诸家胡笳虽均极力作悲声,但指法未必均如董氏之慢指,可能也有颇巧丽者。

这样的琴曲,未必是清、微、淡、远的,或许也会接近沈佺期《霹雳引》"岁七月火伏而金生,客有鼓琴于门者,奏霹雳之商声。始戛羽以骁骞,终扣宫而砰駖。电耀耀兮龙跃,雷阗阗兮雨冥。气鸣唅以会雅,态欻翕以横生。有如驱千旗,制五兵,截荒虺,斩长鲸"这样的风格。

因此,琴之更进一步的文人高士化,可能还有待于宋代。南宋时期,浙派之特点已是清、微、淡、远。毛敏仲、徐天民曾编《紫霞洞琴谱》;毛敏仲创作《渔歌》、《樵歌》、《山居吟》、《列子御风》、《庄周梦蝶》等曲。庄列遗风,不消说,当然是具有仙家气息的;紫霞洞,也表明了他们修真慕道的背景。宋代琴派,非宋时已有此称,乃元人追述者。然元人称之,多云谱而不云派,如袁桷《琴述赠黄依然》:"自渡江来,谱之可考者曰阁谱,曰江西谱","毛敏仲、严陵徐天民在门下,朝夕损益琴理,删润别为一谱"。此即后世所谓江西派与浙派。①

宋代琴风愈趋高古,又可由杨瓒见之。杨号紫霞翁,周密师之,尝共结西湖吟社于杭州。周密《齐东野语》卷十八载杨能琴:"自制曲数百解,皆平淡清越,灏然太古之遗音也。后考证古曲百余,而异时官谱诸曲,多黜削无余,曰此皆繁声,所谓郑卫之音也。"他不满自来

---

① 王风.宋明间江西江东古琴谱系流变//2015年国际古琴学术研讨会论文.山东·济南,2015.

琴曲之繁声,改朝简古方向走,情况与嵇康反对当时琴风而提倡幽栖高士,正相类似。

此一趋向,是六朝琴风道士化之后再进一步的道士化,故与当时道士之琴观适相符同。赵文《疏影》词序曰:"道士朱复古善弹琴,为余言:琴须对拙声,若太巧,即与筝阮无异",即其例也。同时又有汪元量,宋灭后出家为道士,为江西派(明·何乔新《琴轩记》:"〈吴〉清斋又为鼓江操,乔年听之曰:此亡国之音也,是其汪水云所作与")。而杨瓒,元危素归之为浙派(见其《送琴师张宏道序》,张宏道也是临川玄都观道士)。

这些道士对琴之古淡化都影响深远,可是明代道士对此似乎仍不满意,还继续古逸化,如第四十三代天师张宇初的《送琴士朱宗铭序》就说:"其曰浙学者皆然,而徒夸多斗靡而已。求其音节雄逸、兴度幽远者,亦甚鲜矣。"张宇初本人就能琴,他所记的朱宗铭,是袁矩的学生。袁亦修道人,号南宫岳山人,据说曾逢神仙,倪瓒有诗记在萧闲道观听袁弹琴,则其琴属于道流一脉,何可疑焉?

他们的影响深远,元代《霞外琴谱》一书,即其继声,明代朱权《神奇秘谱》亦然。《神奇秘谱》全书共分三卷。上卷称《太古神品》,收十六首作品。中、下卷称《霞外神品》,收四十八曲。以霞外自称,已自道渊源了。因此朱权论琴,特别提及黄冠,其书序说:"琴之为物,圣人制之以正心术、导政事、和六气、调玉烛;实天地之灵器、太古之神物;乃中国圣人治世之音、君子养修之物,独缝掖黄冠之所宜。"圣人治世、导政事,固然是琴的老传统,可是他将之接上了神仙道家之趣,于是琴就"独缝掖(儒生)黄冠之所宜"了。

与朱权时代相近的冷谦,也很重要。他是著名的道人,号龙阳子,著有《太古遗音》一书。他的《冷仙琴声十六法》则见于明代项元汴的《蕉窗九录》。十六法:轻、松、脆、滑、高、洁、清、虚、幽、奇、古、淡、中、和、疾、徐,实即徐上瀛《琴况》之先声。

琴既已如此仙化,当然也同时佛化。唐代李白《听蜀僧浚弹琴》、吴筠《听尹炼师弹琴》、韩愈《听颖师弹琴》、李贺《听颖师琴歌》、杨巨源《僧院听琴》(又见《刘禹锡集》)、刘禹锡《闻道士弹〈思归引〉》、常建《听琴秋夜赠寇尊师》、贾岛《听乐山人弹〈易水〉》、张瀛《赠琴棋僧歌》、岑参《秋夕听罗山人弹三峡流泉》、僧皎然《奉和裴使君清春夜南堂听陈山人弹白雪》、梁肃《观石山人弹琴序》、戎昱《听杜山人弹胡笳》、李宣古《听蜀道士琴歌》、司马扎《夜听李山人弹琴》等诗,已见许多山人道士禅僧弹琴的事例。北宋更有琴僧义海的弟子则全和尚著《则全和尚节奏指法》,收入《琴苑要录》中;其后则有前文所提过的《枯木禅琴谱》等。枯木谱是广陵派主要琴谱,而广陵派在近代的影响,众所周知。整个琴坛,自然就满是幽人、高士、枯禅了。

这还有个时代环境问题。科举既盛,士子专研经义,娴于守文,而音乐之知能愈来愈疏,再也不是古代那个"君子无故不去琴瑟"的时代了。琴艺遂仅流行于伎艺人手上。伎艺人被视为贱民,与士人殊类。士人要亲近古琴,便只能与方外擅长琴艺的释道为侣。这样,释道就更成为主要的古琴传播和阐释的群体了。

五、广大悉备的琴

所以琴在明代以前,绝少自称为"古琴",此后则通称为古琴。古,看起来是指来历,其实不然,因为吹竹击缶也都很古,甚且可能还更古于琴。古,讲的是风格。而这种风格,指的就是它远离现世人间烟火的孤高之感、遗世超举,它高洁清虚、幽奇古淡、和静恬逸。

但我以为琴不是本来就如此的。

如上所述,琴本诗礼合乐之器,"圣人制之以正心术、导政事、和六气、调玉烛;实天地之灵器、太古之神物,乃中国圣人治世之音、君子养修之物",是要燮理阴阳、教化群氓、导政风世的,并不只用于君子内养。其演礼用乐时,琴也必须广协众器。

汉魏以降,先是技师以危苦哀怨为美,而反激出了以俗为高的遁世之琴;然后一步一步发展到宋明,方外之气乃愈来愈重,并与君子内养之需求结合起来,在这个意义上讲三教同声。

可是这种三教同声,可能呈现的只是佛道化了的儒家。整体看,尤以道家气为重。

我不反对这种古琴观,但我觉得这毕竟是窄化了的古琴观,更会让人对周汉隋唐之琴学、琴文化产生误解,对儒家琴学琴道之理解与发展尤其不利。

因此我想回到孔子论诗所说的"诗可以兴、可以观、可以群、可以怨"来说。宋明以后之古琴美学,是"诗言志"的,与诗相似。然而它无疑只偏于可以兴、可以怨。兴于感动,怨悱不怒,故特显其清和高远。但在可以观风俗、观政教、观盟祭;可以群众庶、合众器、通人我等方面,不免还有所欠缺。故自适其志则可,要化民成俗,则无此等器量。演奏时,如何与笙簧钟鼓箫瑟管板相和,也就难以讲求了。对现在这样偏枯的趋向,我们恐怕需要开始有点省察才好。

文人结社

魏晋南北朝时的文人集团，多是由以帝王为主的官僚文人、政治上的权贵者组成的，往往是文坛的主盟。王公贵族周边聚集了很多文人。从汉武帝、建安七子，再到三张二陆两潘一左、竟陵八友、北齐学士、萧梁，等等，几个皇帝、亲族都是文学家，形成了很大的文人集团。唐初还是这样，唐太宗、武则天都如此。但玄宗以后就再也没有这种情况了。玄宗前期身边也有一票文人，最重要的就是李白。李白与司马相如差不多，也是被"倡优蓄之"。但自从李白被放归江湖之后——这是很有象征性的事，后来文学史上再也没有一个皇帝能像从前一样，团结一批重要文人，并形成文坛上具有影响力的集团，导引文学史的发展。是后来没有喜欢文学、鼓吹风雅的皇帝吗？不，只不过形成不了这样的作用了！皇帝很有才华，不过，如南唐二主、宋徽宗，一般是个人，而不是一个文学集团。乾隆皇帝是有名的附庸风雅，修《四库全书》，编《唐宋诗醇》。但我们讨论清代诗歌流派与理论时，乾隆是没有办法作用其中的。这就是时代之变。

唐中叶以后,帝王无此力量,则文章之贵贱,操于贤公卿,例如元白、韩柳、欧苏等。这时文人集团不在朝而在野。文人都是自己结的社,其标志就是江西诗社宗派。自此以后,诗社、诗派林立。

诗社、诗派是宋代所出现的事物。北宋时期,或许还有士大夫、一些著名且有政治地位的人作为领袖,如苏东坡、王安石、欧阳修等,号召了一票人形成了文人集团;但到了南宋,连这个也没有了。是否由大官、政治上有力量的名人来号召并不重要,结社是遍布江湖的。诗人往往跟大官僚无关,而由民间的结社来。文人结社成了文学史发展的主力。

明代情况更甚,整个文学思潮的转变、论争,以及所有的运动、阅读、书刊的编辑、选集,都与文人结社有关,甚至因"文人结社而斗",故要了解明代的社会、政治与文学,也必须要了解明代的结社状况。夏允彝《岳起堂稿序》说:

> 唐宋之时,文章之贵贱,操之在上,其权在贤公卿。其起也以多延奖,其合也或赘文以献,挟笔舌权而随其后,殆有如战国纵横士之为也。至国朝而操之在下,其权在能自立。其起也以同声相引重,其成也以悬书示人而人莫之能非。故前之贵于时也以骤,而今之贵于时也必久而后行。

明代自开国的刘基、宋濂、杨士奇以降,文坛权柄皆操之在下,由文人自己竞争话语权,虽诸生处士,凭其诗文或文学主张亦能倾动一时。信服其文采及主张者,自成一集团,与其他集团相竞,谁也不服谁。故批评它门户标榜、出主入奴,固然不错,但一个文学真正独立于政治势力之外,人人皆可为自己的文学主张效忠的时代岂不是由此可见?

元末,"浙东、西士大夫以文墨相尚,每岁必聊诗社,聘一二文章巨公主之,四方名士毕至,宴赏穷日夜"(《明史》卷二百八十五),入明以后仍是如此。文酒之宴,品文评画,杂以声伎,彼此唱酬一番,这是文人交往的基本形态,源于唐宋,是兴趣的组合。或切磋攻文,或优游卒岁,属于好朋友一起玩的性质,未必有什么明确的主张或文学倾向。明初高启的北郭社,孙蕡的南园社,杭州的耆德会、会文社,浙中闽中的几个九老会皆是如此。也有文人聚合,同声相求,而渐见宗旨者。如"闽中十子"皆以盛唐为法、鳌峰诗社以本社前辈之诗为法,都各形成一种风气。这两大类,在明代,早期以前者为盛,后者愈晚则愈多。论文学者,一般不重视前面这种游嬉唱酬型的。但实际上文学多起于游戏,文人之交往酬唱更是文人阶层得以巩固及扩大之基石。有主张的文人团体,亦是建立在这基石上的。文人强调气味,感觉不对,玩不到一块儿的人,主张就根本合不到一处。再说,文人泰半少年攻苦,以求科第;中年仕宦,奔走四方;晚年才能呼朋引伴,优游林泉。故文酒之会、耆老之社,乃其暮年赡养之所需,社集以怡老、逸老、归田、耆英、高年、朋寿、乐天、林泉为名者最多,即因它有文人阶层内部的需求。有些社,还置有社田,把诗文集会完全变成了养老的组织。例如创于嘉靖间的逸老社,万历中就发现有社无田是不行的,于是"置负郭田若干亩,立籍于宝生禅院,岁征租供春秋两社会计出纳,士大夫以齿而狎主之"(陈幼学《逸老堂社田记》)。显然这即是依实际需求而生的体制。此类娱老酬唱之社,文学造诣未必出色,但推广文学、扩大影响之效,绝不可低估。

至于有主张的社集，主张不只见于言论，还可从许多地方看出来，例如其祠祭。社集是把文人群视如宗族群的，故多有宗教祭祀活动，如张埰有一首《余缔雪社于湖上·汪然明建白苏祠成，同社合赋，兼邀然明入社》，收在《奚囊蠹余》中。祠祭，是把古代文人当祖宗一样地崇拜，这自然就显示了祈向。社又是契约团体，故皆有社约规则。社约千奇百怪，例如嘉靖之海岱诗社，社稿《海岱会集》被收入《四库全书》，书前就有社约，说是不准将会内诗词传播于外，违者有罚，讲得好像秘密社会似的。同时之西湖八社，社约则说："凡诗命题，即山景物不取还拈。"乃是以歌咏风景起兴，跟其他诗社喜欢命题作诗不同。又，粤山诗社，梁有誉《雅约序》云："夫文艺之于行业，犹华榱之丹臒、静姝之绮縠也……倘情致有所属，而制述无恒裁……强欲角逐艺苑，何异执枯条以夸于邓林？"可见是讲究作诗之体制的。社约对社员颇有约束力，《公安县志·袁宏道传》说袁宏道"年方十五六，即是结文社于城南，自为社长，社友年三十以下者皆师之，奉其约束不敢犯，时于举业外，为声歌古文辞"。这个社，以作时文为主，然其情况实通于其他诗文社。故《广东新语》描述黄佐领袖南园诗社，"持汉家三尺以号令魏晋六朝，而指挥开元大历"，好像军队的纪律。

以上这些，都看得出社集很强调内部的凝聚力。崇祯间的几社，甚至规定非游于陈子龙、夏允彝之门者不得与。意谓非师生不同社，可见他们重视同构性之一斑。

社集当然也重视对外的交流。他们作诗作文，集起来成为社稿，会传抄或刊刻。传刊之目的，是纪念，也为了宣传和交流。除了内部写作以外，对外也办活动，类似于诗歌比赛的活动。元朝的月泉吟社，曾出一个题目，然后定出一些条件来征稿、选诗、约诗投稿，还专门聘请诗翁来主持评选。这样的评选活动跟现在的文学奖一样,也有资金奖助。主盟者就是主持评选的人。明代这种情况当然更甚。

社与社间的交流还不止于社稿交换或约盟揭赏,更有大集或大会。如周亮工《书影》载:万历三十六年(1608)茅元仪号召举行秦淮大会,"尽四方之词人墨客,及曲中之歌妓舞女,无不集也;分朋结伴,递相招邀,倾国出游",可见其盛。晚明有很大名声的复社,其实也就是由各小社结合起来的,是大会的定型化。故朱彝尊《静志居诗话》卷二十一云:"于时云间有几社,浙西有闻社、江北有南社、江西有则社,又有历亭席社、昆阳云簪社,而吴门别有羽朋社、匡社,武林有读书社,山左有大社,佥会于吴,统合于复社。"

宗旨相近的小社联合成大社后,对其他不同宗旨者自然就形成了强大的压力,也会结集以抗。如与复社对立的阮大铖中江社、群社,便是这种性质。群社取名"群",还做了《群社初集共享群字诗》示意,可见其旨。中江社则有钱禄《先公田间府君年谱》云:"壬申,邑人举中江大社,六皖名士皆在。"亦可证其为大社。由其结社情况看,不同社间虽有交流,但基本是竞争关系,其联合亦尝试为了做更大的对抗。明代文人集团每予人党同伐异之感,即由于此。社内也是有竞争的。如高岱、李先芳主持诗社,召李攀龙、王世贞入社。后来谢榛因援救卢柟出狱,名震京师,诸公遂亦邀谢入社。可是王李崛起后,先是摈除高岱、李先芳,另延宗臣、梁有誉入社,与谢榛合称"五子"。再招引徐中行、吴国伦,改称"七子社"。但就在"七子"名号正响之际,因谢榛自以为是领袖而引发内讧,于是大家又把谢逐出。谢是布衣,然能说诗,对该社诗风宗旨颇有决定性的作用,而其结果如此。可见文人集团的内部政治,其实跟政治团体没啥不同。时人常以春秋会盟时"执牛耳"、"立坛坫"、"主盟"等语形容社集,社中领导权之竞争正似诸侯之攻伐!

文人结社不但在文学史上很重要,在中国社会史上也很重要:文人诗社是所有一切社团的模范。翻翻《西湖老人繁盛录》、《武林旧事》,你就知道当时西湖有各社百种,都以诗社马首是瞻。文人在中国社会有特殊的地位,文人中诗人的地位又特别高,所以诗社为社集领袖。而文人结社的源头是江西诗派。当时吕本中编《江西诗社宗派图》,可是《江西诗社宗派图》讲的并不是实际上的结社,即当时文人并没有真正结这样一个社。因其中所列的人年辈、时地各不相接,因此吕本中所编是观念中的社。即他用社这种观念,去处理诗人群体,将其比拟成为一个社。在社中,黄山谷就是祖。为什么叫诗社宗派呢?宗是宗,派是血缘族群下的分派。我们现在一个家族之下,是分派行的。宗派也者,模拟宗社的形态来说明一个诗人群。

这种谈艺方式,不只用在诗歌,也用以讨论其他艺术,如书法。天下所有法帖都起源于淳化阁,故曹士冕编了一本《法帖谱系》,很像宗族中的族谱。绘画,则东坡有位表哥叫文与可,画竹最有名,东坡曾称赞他"胸有成竹"。后来很多人学他,就形成了一个文湖州竹派,也编了本《文湖州竹派》。这样一种把诗人群、画家群模拟为社,形成批评意识来处理群体的方式,是社以及中国文学的批评意识之共同发展。

文学批评常与其社会组织有关,例如《诗品》采取九品论人的方式就与当时九品中正制度有关。曹魏设立了九品中正法,钟嵘则参考了这个框架,分上中下三品,每品再分上中下。然书法、棋也利用这个框架来讨论,所以我们又有《书品》、《棋品》之类。也就是说,这种批评意识从社会组织中来,将社会组织运用于文评结构中。魏晋南北朝主导社会的组织是门第,故批评家会想到用九品中正制度来论诗。宋代,结社成为社会主导组织,批评家想把社会组织用在文学批评上时,会出现江西诗社宗派,当然也毫不奇怪。

另外,文人与秘密社会也有千丝万缕的关系。秘密社会也是民间结社之一种,所属的阶层比较低。文人阶层比较高,但文人沦落向下流动的情况,本来就不罕见。

在贵族社会中,人是不流动的,都从属于某个阶层。中国很早就脱离了这种社会。我将贵族社会称为"闭锁式"的社会,如印度的种姓社会。早期中国也是这种社会:庶人不可能变成贵族,贵族也不会凌夷为庶人。春秋战国之后,社会流动大增,到魏晋南北朝又开始不流动。唐朝中期之后,社会流动才又加速,科举考试有一个特殊功能,就是"朝为田舍郎,暮登天子堂"——垂直地向上流动。人都喜欢向上流动,改善生活;但际遇难料,也不乏向下流动的,如柳永就是。宋元时,有一种特殊的群体与这种流动相关,那就是书会。比如妓院中不单只是妓女而已,还要有很多帮闲的人,如吹、弹、奏、唱这些人。这些人又需要有人帮他们编曲子作歌。所谓书会,就是这些文人向下流动、与底层人在一起的团队。编剧本、作曲子,多半都由书会为之。书会中人或称为才人。在宋代、元代,戏曲剧本大都是书会才人的作品。元朝钟嗣成《录鬼簿》收录的就是"名公士夫,书会才人"之作。秘密社会则是文学与更底层的社会间的关联。所谓秘密社会,其组织和会约更为隐秘。其形成也有几种:

一是目的不见容于正常社会。其结社之目的可能是打家劫舍,如《宋史》所载河南有"群不逞之徒结霸王社",这是梁山泊一类的。

二是宗教结社,但被当时政府认为是邪教的。从特定一个宗教看,其他教都是邪的,可是实际上,邪教与否,主要跟官方的意识形态有关。比如说摩尼教,也就是金庸《倚天屠龙记》中的明教。摩尼教从唐代就进入中国,其教主名叫摩尼。它本是拜火教即祆教之另一支,教义与拜火教有类似之处,也同出于波斯。但两教势同水火。后来摩尼被拜火教逮到了,杀死后皮被剥下来,装满稻草吊在城门上,非常残酷。正因为这样,摩尼教徒四散逃亡,从波斯逃到中国。它进入中国新疆地区时,得到回鹘国的优遇,成了回鹘的国教,从而进入中土,在中国发展还不错。但因武宗灭佛,在唐代晚期受到波及,被禁,不能在社会公开传教,又受佛、道排斥,慢慢便隐姓埋名,把自己化装成道教或佛教,在中国形成了穿白衣、吃素、不剃头、拜摩尼的形态。佛教批评他们是"吃菜事魔",简称魔教。后来慢慢与其他宗教如弥勒教等融合,又形成了很多复杂的教派,在明清之际越演越烈,且都有不小的影响。如罗清所创的罗教,后来大运河漕运系统的漕帮,所有帮众都是罗教的。养生送死都通过这个教。漕帮就是俗谓的"青帮"。另外还有洪门、天地会等,从事反清复明的活动。而这些社、会与文学的关系又是怎样的呢?这些宗教在传教的过程中都大量地仰赖文学作品。弹词宝卷,在明清是这些团体宣教的最主要的工具,利用弹词、歌谣、宝卷、小说、戏曲来传教。文学作品跟这些秘密社会的关系是很复杂的。

此外,在清代中叶以后,还出现了一种儒家式的善堂,即儒生的结社。鼓励大家做善事,改善风俗,戒烟、禁赌、禁娼,等等,目的是端正风俗。善堂,大概在清朝嘉庆以后,就发展为一场社会运动。有一年,我在马来西亚槟城街上走,看到了一个"警顽社"的门匾,心中一动,便闯进去看。进去一看,果然墙上就写着社约。"警顽"是说老百姓冥顽不灵,我们也要教化他们。墙上还有许多书,竟是民国二十几年商务印书馆的全套《万有文库》,连书架子都是当年的。看得我感慨万千,想不到在中国几乎绝迹了的善堂,居然还可见诸马来西亚。善堂不只是劝善,也编很多善书与宝卷,还做宣讲。在台湾,甚至还发展出一种宗教,叫儒宗神教。善堂于清朝末年就出了一本很有趣的游记,叫《洞冥记》。本来东方朔有本《洞冥记》,但善堂这本讲的是一个人元神出窍,跟着神,譬如济公等去游历天堂、地狱,等等。这种书从清末就开始在云南等地流传,后来在台湾很盛。台湾有两本销售量惊人的书,叫《天堂游记》和《地狱游记》。听起来很荒唐,却被当作是善书,很多人乐意传播。这一类也是文学作品,如要研究民俗文学、民间文化,这一批材料是非常有趣的。如果朝这个方向再找一些材料来看,结合弹词、宝卷,就能超越郑振铎先生所谈的俗文学框架了。

讲　堂

讲堂,是讲学的空间,许多讲学传统都与这个空间有关。故若弄清楚了它,教育史、讲学史上若干问题也就得以明白了。

英国广播公司(BBC)曾制作过一部广获好评的纪录片《如果房子会说话》,后来文字版出版时加了副题"家居生活如何改变世界"①。它主要谈卧室、浴室、客厅、厨房的变迁,附带也就说明了英国人家居生活的方方面面,以及这些演变跟世界史的关系,涉及物质、工业、人际网络、精神观念、性与死,等等。

空间,常不只是空间。一种空间之出现,也不是偶然的。房子会说话,读者看这篇小文,亦宜由此入心。

一、由讲话到讲学

讲堂之"讲",似乎不用解释。人的思想、观念总要讲出来,才能

---

① 如果房子会说话——家居生活如何改变世界.台北:台湾左岸文化公司,2015.

佛陀讲法图

与人沟通、交流、传播,为人所知,不烂在脑子里。

故古今中外,没有思想家不爱讲说的。著名的如印度之佛陀,据说他说法四十九年,讲经三百余会。《华严经》《阿含经》《方等经》、《般若经》《法华经》和《涅槃经》,等等,这些经,其实都是他殁后由其弟子结集的听讲记录,卷帙浩繁。希腊,则如苏格拉底、柏拉图等哲人也老喜欢拉着人讲,传下了许多《对话录》。

中国也没有任何一部经典像佛经这般是教主独讲的,十三经都不是。后来受佛教影响的一些道派,才有《太上老君说常清静经》之类作品。中国也没有对话录,只有讲记、讲义。所以宋明理学家的语录才会老被人怀疑是受了禅宗的影响。而即使是语录,也仍非对话录。至于《论语》,颇有人以为是希腊那种对话录,其实也非是。故我国讲学之传统颇有值得深究之处。

二、讲　学

讲学起于何时,不可确知,至迟在春秋时期已有。据《左传·昭公七年》记:"孟僖子病不能相礼,乃讲学之。苟能礼者从之。"孟僖子擅长替人襄赞典礼,老病而讲学之,许多人遂跑去跟他学礼。这显示了春秋时期已有讲学之风气了。

其所以如此,原因是此前皆官学。官学由政府主办,教师亦由政府安排,本来就与私人讲学不同。官学讲究礼乐射御书数,书数是基本知识技能,礼乐是文化教养,射御是武备。当时是贵族教育,射御,犹如欧洲中古之贵族都要接受骑士训练那样。教育出来的子弟,将来也都从事官职。私人讲学就不同了。孟僖子擅长礼,也只教礼;别人之所以去跟他学,则是因他有此绝学,别处学不到。因此这是"为往圣继绝学"的事,有特殊之导向与宗旨。孟僖子是孔子的前辈,很欣赏孔子,孔子讲学也就继承了这种精神,但孔子又是有发展的。《论语》记载孔子曾感慨:"德之不修,学之不讲,闻义不能徙,不善不能改,是吾忧也。"这可以看出讲学不仅已是常态,若不能经常讲学,还会被认为是一种缺点呢。讲学也被当成是一种跟修德、改过、迁善相同的"改善人存在状态"的方法。孔子的话里还有一层意思不能忽略:讲学不仅行诸师徒之间,也在朋友之间。平辈交游,即须讲学。这一点十分重要,也可说是儒家教育观的精义之一。《易经·兑卦》的象辞就说:"丽泽,兑,君子以朋友讲习。"孔颖达疏:"朋友聚居,讲习道义。相悦之盛,莫过于此也。"儒家的朋友观正是建立在讲学上,彼此讲习道义,才是朋友,否则便成了小人酒食相征逐,共趋于下流。

《论语》开篇道:"有朋自远方来,不亦乐乎!"讲的就是这个原理,不是泛说一般亲朋来访。"有朋自远方来",指讲学;它上面一句"学而时习之,不亦乐乎"其实也是。怎么说呢?因为讲学之讲并不只是口说,像上文所引《左传》记孟僖子讲学的那句话,杜预注就说"讲习也"。讲与习是同义词,《易》云君子以朋友讲习,把讲习合成一个词,也是这个缘故。讲就是习,故"学而时习之"事实上便是讲习不辍之意。这是古代通用的词意。例如《玉篇》云"讲,习也";《左传·隐公五年》"春搜、夏苗、秋狝、冬狩,皆于农隙以讲事也",注也说讲是习。

1906年,直隶总督兼北洋大臣袁世凯在天津建北洋陆军讲武堂。后各地督抚纷纷仿效,陆续建立了南洋(设于南京)、江西、云南、东三省、湖南、广东等陆军讲武堂。1911年辛亥革命后还继续保留,1928年才停办。讲武之讲,用的正是古义,讲武就是习武,非光说不练的。

日本教育尤其重视这"讲习"二字,各地皆设"讲习所"。清末章太炎先生游学日本时濡染此风,遂也设立国学讲习会,开启了百年来讲习国学之机。近年我国在推动非物质文化遗产的保护工作上,亦参考传习所的运作。如昆曲、上海越剧、泉州歌诀、打城歌、郑州太医拳、黎族打柴舞、无锡梧声古琴、凤凰苗族银饰制作等,均设有传习所,用以传播理念、培养人才、发展技艺。

三、所、室、堂、庠、序、黉、塾、斋馆、精舍、书院、寺庙

讲习所的"所"字,涉及了讲学的场所问题,指讲学者在哪里讲。讲学当然可以无定点。或如孔子游历四方,或如墨子、孟子、商鞅、苏秦那样游说诸侯,弟子们跟着老师跑,所谓"从游",不择地、不择时,

当然也就无一定的讲学地点。纵使传说孔子有所谓"杏坛",其实也只是在杏林中找一土墩子讲讲而已,无教室、学校之类固定讲学空间,与柏拉图有其学园不同。

有定点的讲学,最常见的是教师自宅。宅中的厅、堂、斋、室,都可能用来教学。孔门弟子有及门、入室、升堂之分("由也升堂矣,未入于室也。"见《论语·先进篇》),就是从老师家里的空间来看弟子各自所处位置之不同,以见亲疏。

但自家堂室更主要教的是自己的子孙。古人重视家学,故多在家中施教。而家学,并不是现在谈家庭教育的人所讲的那一套,仅注目于儿童生活礼仪、道德教养、亲子教育层面,而是以家庭宗族为一学术传承团体。中国学统所系,古代一大半就是靠这种家学。

例如南北朝时期的世家大族,南方的王、谢、袁、萧、朱、张、顾、陆,都是以经学礼法传家的。北方大乱,士族逃散,学统则有所缺。前秦苻坚时,太学想教《周礼》却没老师,就特地去请太常韦逞的妈妈宋氏出来教,因为她们宋家是以《周礼》为家学的。老太太当时虽已八十多岁了,但神明不衰,故特立讲堂。选派了生员弟子120人去受业,称她为"宣文君"。家学影响官学,世家大族女子都通经学,这是一个著名的例证。

苻坚设的讲堂,就是公开的定点教学单位。这种单位渊源久长,古称为庠、序、黉、舍,概属官学,文武兼修,礼乐射御书数,如前文所述。秦汉以后,六艺之教虽渐衰微,但孔庙和各地州府县学大抵都仍保留"射圃"的规制,也仍经常举行射礼。不过射毕竟已成旁支,官学中最主要的建置终究还是讲堂。

这其中有中央政府办的,如《后汉书·翟酺传》载"光武初兴,起太学博士舍、内外讲堂，诸生横卷，为海内所集"；有地方性的，如《水经注·江水一》说"文翁为蜀守，立讲堂，作石室于南城"，都属于公众教育性质。这种教育一直延续到晚清，包括各地之义学、社学。

私人自办讲堂，做公众教育的，汉代以前似未见，但汉代就已极盛了，乃家学之延伸。尤其东汉大家庭制渐旺，宗族子弟动辄数十百人，须延师教诲，或由族内耆宿教育之。而若教授出了名，各地寻师访学者便会蜂拥而至，望门礼拜。因此东汉时常有一位大学者有几百位门人的事情。这么多人，家中通常无法容纳，势必另辟讲堂。

灵山精舍图

讲堂有时选在山林清雅之地，则称为精舍或精庐。《后汉书·党锢传·刘淑》"淑少学明《五经》，遂隐居，立精舍讲授，诸生常数百人"，即为一例。故宋吴曾《能改斋漫录·辨误二》云："古之儒者，教授生徒，其所居皆谓之精舍。"

其实精舍原不限于儒者讲学，道家、佛家清修之地也称为精舍，如晋虞溥《江表传》:"时有道士琅邪于吉,先寓居东方,往来吴会,立精舍,烧香读道书,制作符水以治病,吴会人多事之。"或《魏书·外戚传上》:"信佛法,自出家财,在诸州镇建佛图精舍,合七十二处。"如此等等皆是。后来遂成为讲学用功清静之地的通称。因为精舍实际上就指心,故养心之所都称精舍。《管子·内业》:"定心在中,耳目聪明,四肢坚固,可以为精舍。"尹知章注"心者,精之所舍",是其证。

唐宋以后,儒者办书院,近的渊源是唐代集贤书院之类建置;远的渊源就是精舍,朱熹所建书院就有许多称为精舍的,如闽北建阳、武夷山的寒泉精舍、武夷精舍、沧州精舍等都是。

朱熹题武夷精舍诗甚多,如精舍:"琴书四十年,几作山中客。一日茅栋成,居然我泉石。"仁智堂:"我惭仁知心,偶自爱山水。苍崖无古今,碧涧日千里。"隐求斋:"晨窗林影开,夜枕山泉响。隐去复何求,无言道心长。"止宿寮:"故人肯相寻,共寄一茅宇。山水为留行,无劳具鸡黍。"铁笛亭:"何人轰铁笛,喷薄两崖开。千载留余响,犹疑笙鹤来。"如此等等,足以见精舍生涯之逸乐。

与精舍同样取意于清净养心的,还有斋馆一词。斋馆指斋戒时所住的房舍,如汉应劭《风俗通·怪神》:"乃即斋馆,忘食与寝。"唐王勃《拜南郊颂》:"神坛岳立,斋馆云深。"学校也是。《宋史·徽宗纪一》:"壬辰,诏诸路州学别置斋舍,以养材武之士。"指的就是学校馆舍。晚清改制现代大学之后,北大清华等校就都仍沿用这称呼,不像一般学校只把学生自习清修之地称为"宿舍"。宿舍,意谓仅是工作完回去洗澡睡觉的地方,跟工厂一样,完全丧失了斋心用功的含义。

另有些家庭私塾发展成公家讲堂的,则常仍旧称为塾,或称义塾。这名称在中国一般只指小规模的初级学堂,在日本却比书院还

大阪怀德堂图

普遍。据《日本教育史资料》统计,江户时期日本有武士阶层的平阪学问所、藩校、初级教育的手习所(寺子屋)等甚多,而称塾者最多,凡三十所。称堂的二十二所,舍二十所,书院、斋、馆、亭、黉、学校都各一所。现今有些现代大学,也依然称为塾,如庆应义塾大学就是。称堂的,则以大阪怀德堂最著名。

公众讲学,还有一种特殊形态,那就是寺庙。

寺与庙非一事,寺指佛寺,庙是道家宫观庙宇,皆方外,但也都有讲学活动。南京佛寺的讲学活动,早在刘宋以前即有。《南史·宋武帝纪》说:"尝游京口竹林寺,独卧讲堂前,上有五色龙章。"京口即今镇江,盖当时寺院已皆设讲堂,用以讲经说法了。梁朝此风更甚,梁武帝本身就是大讲师,《南史》说他"创同泰寺,开大通门以对寺之南门,取反语以协同泰。自是晨夕讲义,多由此门",在寺中讲了许多经义,会通儒佛。

山东兴国禅寺图

后来明代大报恩寺又名报恩讲寺,与此也当然深具渊源。

本来所有寺院都可称为讲寺,因为寺院里都是要讲经说法的。《魏书·释老志》"山海之深,怪物多有,奸淫之徒,得容假托,讲寺之中,致有凶党"云云就是明证。

后来讲寺则特指区别于禅寺和律寺的"教寺"。明田汝成《西湖游览志馀·方外玄踪》曾说:"为僧之派有三:曰禅、曰教、曰律。今之讲寺,即宋之教寺也。"因为宋朝时,禅宗称"禅院",天台宗、华严宗等其他宗派称为"教院"。教院讲经,而禅宗直指心性、不依经论,所以有此区别。

明洪武十五年(1382),又将天下佛寺分为禅、讲、教三种。讲寺是讲明诸经旨义的;教寺是演音利济以训世的,以经忏法事为主。田汝成的划分就是这么来的。

但以上各种形式的讲堂,无论社学、义学、州学、府学、县学、太学,或家学、私塾、经社、书院、寺庙讲经等都是向下的,讲的人身份皆高于听讲人。可是政府体制中还有一种是向上的,由臣子向皇帝讲,称为"经筵讲学",乃中国教育中最特殊之一格,体现"道尊于势"之精神。

因为每个人都需要学习,都需遵循老师的教诲,皇帝不但不能例外,甚且更该学,所以当皇子时就会拜师学习。当上皇帝以后,仍要继续学,要选拔硕学鸿儒,教皇帝以正道,这就是经筵讲学。

此一制度,非但是对皇权的制衡,且是积极的教示、导引、匡正。儒者非常重视这个职务与进言的机会,也为了向历史负责,故常会撰写讲稿,留下记录,称为经筵讲义。宋梅尧臣《闻临淄公薨诗》云"官为喉舌勋爵一品兮,经筵讲义尊萧匡",即指其事。王应麟《困学纪闻》卷八说宋朝元丰以前讲者执经论说,依文发挥,并无讲义,元丰年间及以后才开始有,恐未确。

四、主讲、会讲、讲会、讲坛、讲席、讲座、宣讲、俗讲

讲堂,中国与韩国后来都以书院为名最普遍,讲堂附在其中。

但书院教育实以自学为主,并不常讲,不似现今学校每天要老师哇啦哇啦地讲。院长隔段时间才开讲一次,或邀人来书院专场演讲,如朱熹在白鹿洞书院,曾请陆九渊来讲。

若两人共讲或辩论,则称"会讲"。如朱熹去湖南长沙与张栻会讲就极有名。公元1167年农历九月朱熹到岳麓书院与张栻辩论"中和"之义。讲堂上并排摆着两把椅子,听讲的学子赞成谁家的观点,就站在哪位大师面前。左右逢源,茅塞频开。两人辩得酣畅,曾连续三昼夜不辍。各地学子骑着马赶来听。讲堂内水泄不通,外面饮马池的水也一下就被马喝光了。后来会讲更扩大为"讲会",变成明代

书院例行的讨论会,有时吴越的大会,竟致千楹云集。

讲会是打造一个平台,让许多人能在同一个平台上相互讲论。这个"平台"的意义,后来便衍为"讲坛"一词。坛,是土台子,用土筑一个这样的台,主要目的是供祭祀用的。后来因举行盟会都要祭祀,故又以坛为盟会之所,孔子的杏坛,原先就是这种盟坛。《礼记·杂记》:"孔子出鲁东门,过故杏坛,曰:兹臧文仲誓盟之坛也。睹物思人,命琴而歌。"后来登坛拜将拜相,或把文学界称为文坛、诗坛,把体育界称为体坛等,都延续这种平台、聚合之义。据《北户录》云:"越人每相交,作坛,祭以白犬丹鸡。"可见坛也有交友约盟的含义,"讲坛"一词即如此。近年来央视"百家讲坛"打广告说"百家讲坛,坛坛都是好酒"却容易产生误导,因为"坛"简化字与"罎"的简化字相同,所以它搞混了。其实一为土坛,一为酒坛,是不能混淆的。

与讲坛类似的词语是"讲台"。为了让听讲的人看得清、听得明,常会让讲者坐或站在高处讲,所以登高台或高坛而讲,是很常见的。目前所知,可能以晋朝虎丘之生公说法台为最早。前此多只有讲席而无讲台,嗣后则讲者升高座渐成常态,寺院尤其如此。

虎丘生公说法台图

讲席,是高僧、儒师讲经的席位,亦用作对师长、学者的尊称。南朝梁沈约《为齐竟陵王发讲疏》:"置讲席于上邸,集名僧于帝畿。"唐戴叔伦《寄禅师寺华上人次韵》之三:"近闻离讲席,听雨半山眠。"说的都是僧人开讲,其实儒者开讲也是一样的。

讲师的席位当然会比听众更讲究些。《宋史·张载传》记载张氏:"尝坐虎皮讲《易》,京师听从者甚众。"这种铺设有虎皮的座位称为皋比,古人常用"坐拥皋比"指居教师的席位。清归庄《与葛瑞五书》:"幸此地风俗,甚尊其师;而弟之为师,又能自尊,坐拥皋比,俨然如马、郑大儒,一时遂有经师之名。"顾炎武《亭林文集·四·复张又南书》:"至鄙人侨居之计,且为后图,而其在此,亦非敢拥子厚之皋比,坐季长之绛帐。"

但以虎皮为席,并不起于张载,古代早有此风。《左传·庄公十年》:"(公子偃)自雩门窃出,蒙皋比而先犯之。"唐戴叔伦《寄禅师寺华上人次韵》也说:"猊坐翻萧瑟,皋比喜接连……白昼谈经罢,闲从石上眠。"

而这里还略要辨析的是:老师升高座、登讲席,并不能想象成如现在这样坐在一张大椅子上。古人跽坐,跪在地上;箕坐、踞坐都是放达的坐姿。后来才有坐椅,称为胡床。有些人把胡床和高座等同起来,认为高座就是坐在椅子上。可是我们看四川省博物馆里的讲经图就知道,经师是坐的,脚不垂下来。换言之,即使坐在高座上,也是跽坐。

以上这些讲,除了生公说法是对着石头讲以外,其他都是对人讲的,且多是面对许多人讲。

最近有人说中国古代教学都是一对一的,不像现今学校这样老师一个人对着满屋子学生讲。而且说西方教育为什么一对众,是与西方人的世界观有关的。西方追求统一的规律,中国则注重变化、变动。所以表现在教育上,中国因材施教,西方则用统一的教材、统一的年级、统一的考试。

其实谈问题不需要如此上纲上线!古代教学,有针对个别学生的,因材施教;其实也有大班大课,主讲开示的。何况老师不同,教法各异。如宋代书院,陆九渊擅长开讲,朱子就更擅长问答,所以留下了大量的语录,陆则有许多讲义。这是彼此擅长及教法不同所致,不能说中国教法就只有个别答问而无大众宣讲。

由我前面文章之描述,已可看到:讲学既有友朋师弟君臣间个人化的讲习切磋,更有面向稠人广众的宣讲。典型的例子是马融"绛帐春风"的故事。

《后汉书》卷六十上《马融列传上》说融"才高博洽,为世通儒,教养诸生,常有千数。涿郡卢植,北海郑玄,皆其徒也。善鼓琴,好吹笛,达生任性,不拘儒者之节。居宇器服,多存侈饰。常坐高堂,施绛纱帐,前授生徒,后列女乐,弟子以次相传,鲜有入其室者"。

后人很喜欢这个故事,遂以"绛帐"为师门、讲席之敬称。唐李商隐《过故崔兖海宅与崔明秀才话旧　因寄旧僚杜赵李三掾》诗:"绛帐恩如昨,乌衣事莫寻。"唐元稹《酬翰林白学士代书一百韵》:"心轻马融帐,谋夺子房帷。"宋陈人杰《沁园春·铙镜游吴中》词:"张禹堂深,马融帐暖,吟罢不妨丝竹声。"明李梦阳《谒平台先生墓》诗:"平生马公帐,四海孔融尊。"清龚自珍《己亥杂诗》:"孔壁微茫坠绪穷,笙歌绛帐启宗风。"都用这个典。

可是马融有学生千人,郑玄在其处根本就难得见上老师一面,依我们现在看，应该不算是好老师；乱以女乐，也谈不上是美好的教学环境。但古人仍把这件事当成美谈，以上这些诗就是证据。把绛帐、马帐当成师门讲席之美称，至少显示了他们对一对多的讲说方式并无恶感。

与马融相似之例，又可见前文所说的宣文君老太太，她面对120位生员，是隔绛纱授课的。

他们的情况比起佛教，事实上又小巫见大巫了。佛陀在灵鹫山说法，据说万人聚听。我曾登是山，乱石插云、磊砢荆棘，不知当日如何聚得那么多人。可是佛经动辄说"一时，佛在舍卫国祇树给孤独园。与大比丘僧千二百五十人俱"一类话，夸耀人多。《华严经》说：一时，佛在摩竭提国阿兰若法菩提场中，有十佛世界微尘数菩萨摩诃萨所共围绕，复有佛世界微尘数执金刚神，复有佛世界微尘数身众神，复有无量主山神，复有不可思议数主林神，复有无量主稼神，复有无量主水神，复有无数主火神，复有无量阿修罗王……说得竟是没边儿了，难以想象。

后世佛教秉此渊源，讲经，都是大开法堂，面对广众的，所以常又称为"宣讲"。宣，有宣扬、宣传之意，表明了它的公众性。南北朝寺院中之讲经就是如此，隋唐寺院之俗讲，更是倾倒士庶。

俗讲，是面对世俗社会人士的讲说，杂以图绘、歌舞、戏曲，流行于唐代。据《续高僧传》卷二十《善伏传》的记录，贞观三年(629)俗讲即已存在。五代以后，俗讲渐不流行，然据《佛祖统纪》卷三十九引《释门正统》，俗讲至南宋理宗时(1225—1264)还未尽绝。这样从7世纪到13世纪，前后存在大约五百多年。以区域而论，长安为俗讲的中心，定时奉敕举行；各地方寺院也大都在春秋及夏(或冬，即正、五、九等三长斋月)各有举行。

佛教后来能在社会各阶层生根,与它这种广传的特点极有关系。道教在唐宋以后渐渐趋向秘传,仅师徒、父子相传,是它渐渐就比不上佛教势盛的重要原因。

五、讲说、讲论、都讲、论难、讲和

讲,本以口说为主。儒家极重口说,孔门弟子们讨论事理,常以自己直接听闻老师的讲法为依凭,因此有"各尊所闻"的状况。但各自听受,说时情况不一,又因材施教,听者也有理解之问题。因而在大家都各尊所闻,觉得对方所说"异乎吾所闻"的时候,学派也就分裂了。孔子死后,儒分为八;佛陀灭度后,佛教也分裂成部派佛教,原因都在于各述所闻。

到西汉,儒家仍以口说为重,认为微言仅存于口说,不书竹帛。今文学家特别强调这一点,因此师法家法甚严,各派有各派的口说微言。直到清末康有为等人复兴今文学,仍强调这一点,康有为自己就留下了《南海康先生口说》二卷。

但口说多歧、传述易讹,还是文字较为稳定,所以东汉以后古文家兴起,就越来越重视文字。讲,也渐渐出现了文字记录型的讲义。

讲义,指讲说经典的义理。这是因汉代讲经制度而形成的,后就成为一种文体、著作形式。相关的文体,还有论与难。

讲义、义疏、论难,都流行于魏晋南北朝。讲义,是讲明义理;义疏,是疏通经义;论是讲论;难是对经或论提出质疑问难。这些文体,后人搞不清楚渊源流变,常生误解。或把所有讲稿泛称为讲义,或说经典有注解，可是后人看注解也看不懂了，遂又作疏来解注，乃成为义疏；又或说论难出于辞赋之《卜居》、《答客难》，属于设问之体。凡此，都是不知讲经传统使然。讲义，梁武帝即有《毛诗发题序义》一卷、《周易开题论序》十卷。简文帝讲《放光经》也做开题大会，见《高僧传》卷四。现在各大学博士生、硕士生写论文，仍有开题考试，即因袭旧时习惯。

义疏，其体例与起源，学界仍有争论。过去牟润孙先生《论佛释两家之讲经与义疏》[1]认为主要是由佛教来。我的硕士论文《孔颖达〈周易正义〉研究》则主张源于汉人说经之讲论与辩说，晋以后才受佛教影响，分章分段，科判愈详[2]。近年，古胜隆一《中国中古の学术》[3]反对牟先生之说，论证义疏与汉人讲经的渊源尤详。他引《礼记》中："大学之法，禁于未发，之谓豫……相观而善，之谓摩"这一段来说明汉人讲经要在学生中选都讲。因为这一段，郑注云："不并问，则教者思专也。摩，切磋也。"孔疏云："相观而善，之谓摩者，善犹解也。受学之法言，人人竞问，则师思不专，故令弟子共推长者能者一人咨问。余小不能者，但观听长者之问答，而各得知解。此朋友琢磨之益，故谓之摩也。"已把都讲之选择与作用说得很明白了。

都讲，是汉代一种特殊设置。当时博士讲经不执经本，选都讲一名唱经、问难。也就是老师主讲，升高座，另设一座（两个位子分南北向），给从学生里挑出来的一名高材生或助教之类人，由其担任都讲。其职责就是在老师讲说时，负责提问，质难先生所讲的内容；以便先生进一步深入发挥，把义理层层剖析明尽。此即称为"难"。经学家

---

[1] 牟润孙. 论佛释两家之讲经与义疏. 新亚学报, 4(2).
[2] 龚鹏程. 孔颖达《周易正义》研究. 台北：台北师范大学, 1979.
[3] 古胜隆一. 中国中古の学术. 东京：东京研文出版社, 2006.

对经义有不同的见解,形成"论",流传出去以后,别人或本派弟子有不同意见,也常会写"难"来质疑。这在当时是常事。《诗·大雅·公刘》"于时语语"毛传:"直言曰言,论难曰语。"陈奂传疏:"论难者,理有难明,必辩论之不已也。"这就形成了争鸣活泼的气氛,乃讲学之乐事。

当然也有人受不了别人的质疑问难,没心量享受"执经问难"的悦乐,面子上挂不住而记恨报仇的。如唐初修《五经正义》的孔颖达,年轻时去听讲座,质疑问难,对方答不上来,觉得很难堪,夜里竟派了刺客去杀他。幸而他躲到大臣杨玄感家里,才逃过一劫。这也可见当时问难之激烈了。

讲论而生辩论,最规模盛大者为三教讲论。唐朝自高祖武德七年(624)开始,释奠礼祭孔之后,安排儒道佛三教硕彦相杂驳难。其后成为固定仪式,每年举行,孔颖达就参加过。可是这是真辩,辩起来火光四射,是史上一段异彩。

相对来看,今天的教育,却是小孩蒙学阶段诵而不讲,光教他们死记硬背,背诵几十万字而毫无讲解;大了,又讲而不论,光是老师讲,如水泼石,灌输一番,然后继续死记硬背讲义。没有讨论,没有问难,与中国古代传统真是背道而驰矣!

胡适《九年的家乡教育》曾记一故事,说一同学的母亲请人代写家信给她的丈夫;信写好了,这位同学把家信抽出来偷看,却不知信上第一句"父亲大人膝下"是什么意思。胡适很惊讶,后来才发现他虽念过《四书》,却只是背,先生没有讲解。胡适则因母亲多给了先生几倍的学金,所以先生都跟他讲了。胡适很感念这一点,说:"我一生

龚鹏程在报恩讲堂图

最得力的是讲书:父亲母亲为我讲方字,两位先生为我讲书。念古文而不讲解,等于念'揭谛揭谛,波罗揭谛',全无用处。"

这就是讲的重要。蒙学须讲,大学则须加上论,讲论合一,才有生机。

当然,讲说讲习之目的是追求真理,所以须要辩论,然而争辩终究不是目的。讲论之目的乃是沟通,弭平头脑里的战争,达成和解。

是的,"讲"这个字的含义正是和。《说文解字》就说:"讲,和解也。"《战国策·西周策》:"而秦未与魏讲也。"《战国策·齐策》:"赵令楼缓以五城求讲于秦。"《史记·樗里子甘茂传》:"樗里子与魏讲,罢兵。"各句皆以"讲"为和解义。故今人俗称和解为讲和,犹存古意。

"讲",从言,从冓,古音也念媾。凡从冓之字,均有交错互入、形成一整体之意。所以"讲"字与沟通之"沟"、媾和之"媾"、讲和之"讲",其实都是同义字。明乎此,则讲堂之"讲",宗旨亦不难明白了。

城市礼乐文明建设的意义

一、当前复兴礼乐的尝试

请容我先举几个例子说明目前各界复兴礼仪、推广乐教的工作，以见社会需求和趋势。

(一)国乐启蒙

1. 家庭音乐环境及诗书氛围建设

(1)家长根据教材指导，在儿童不同活动时间采用不同的音乐引导其聆听，将音乐以潜移默化的方式融入儿童的日常生活。

(2)选曲为中国传统文人音乐与民间音乐两类，分为三辑十二个主题。

上辑以圣贤为主题，有《神人畅》、《流水》、《山居吟》、《文王操》四部分。

中辑以苍生为主题,有《潇湘水云》、《关山月》、《大浪淘沙》、《渔歌》四部分。

下辑以四季为主题,有《春晓吟》、《出水莲》、《秋宵步月》、《松风寒》四部分。

(3)教材附有指导家长的手册——《走进德音雅乐》和《国乐启蒙导聆》。

2. 网络课堂

德音文化教育中心网络课堂分为德音文化、国乐启蒙与中华乐教三部分,中华乐教板块中收录了很多与乐教有关的文献、学者文章,以及乐教实践的动态。国乐启蒙即介绍以上家庭与学校学习之内容,并设有提问交流专区,方便对此项实践活动感兴趣的人士交流学习。

3. 教材内容

《国乐启蒙》教材分上、中、下三个部分,包括乐曲75首,古琴与筝独奏占独奏乐曲总数的将近百分之七十。

4. 校园背景音乐环境建设

将国乐启蒙乐教实践的理念与方法融入学校环境,并有高校志愿者参与此项活动。具体操作方面,德音教育中心尝试将学校音乐课与艺术、语文、历史、思想等科目融合,并在实践过程中以学生年龄为依据,选取适合曲目,制作符合《国乐启蒙》理念的中小学课例示范,在学校推广。

(二)儿童中国乐教课堂

这一实践活动是"儿童艺术教育"在全国的试点,共有18个省参与此幼儿乐教试点。教材配合音响、视频数据,通过网络课堂及现实课堂同步进行,是2009年10月作为"北京·中国传统音乐节"向全世界儿童及教育工作者推荐介绍中国民乐及中国传统文化的唯一专用教材。其《儿童中国民乐品赏》共含24张CD、170首乐曲。每首乐曲均有语言讲解,并配有6本一百多万字的品赏手册。其特点是:

1. 将儿童乐教分为四个阶段:一为童蒙养正篇,二为问史明辨篇,三为志在修远篇,四为大智养德篇。每个阶段根据不同的特点结合不同的经典进行导入与学习。

2. 将民俗与音乐结合,制作儿童专辑《四季——中国民族管弦乐指南》。

3. 收录音乐类型、乐器类型范围较广,并配有相关文化、地理、历史、民俗、艺术等材料。

(三)中国音乐学院雅乐团

雅乐团以"乐修内,礼修外"为行事要领,有古琴课、形体课、读经课、专门仪礼课,17次韶乐排练(11次分组练习,6次为两组一起练习),2013年主要进行雅乐演出排练。

(四)天坛神乐署

天坛神乐署除专业人员的日常课程、排练复建中和韶乐之外,还有面向大众的祭祀体验、展览。演出有:(1)每年一次祭天仪式;(2)春节及重大节日演出;(3)神乐署固定每周参观演出;(4)代表中国宫廷音乐的接待性演出;(5)旨在传播雅乐文化的商业、非商业演出。现有演出曲目有整理出的《中和韶乐》30首,以及新改编曲目《关雎》、《鹿鸣》、《有瞽》等。其中和韶乐严格遵循"钟敲一声,歌更一字"的中和原则。

由以上各项事例看,这些乐教复兴的活动,主要偏于学校教育领域,如国乐启蒙、儿童中国乐教课堂等都只在小学实施。中学以上,因课业越来越重,升学压力日剧,故几乎没有学校会实施这类教育。大学也还没有展开此类教育。除了学生自己办的兴趣性社团活动外,大约仅有音乐类专门学校或科系会推展它,如中国音乐学院设有中国雅乐研究中心。

因此乐教即使在教育领域中亦是十分微弱的。教育领域之外,政府所设礼乐教化机构,似乎仅有北京天坛神乐署。其余即使是孔庙的祭礼祭乐,各地政府所办祭黄帝、伏羲、西王母等的典礼,虽也盛大非常,甚且常列名国家级非物质文化遗产名录,其实亦未设立专责机构,职司研究、排练、推广;所施行的礼仪更因错误百出而颇遭诟病。

若更进一步看城市文明与礼乐建设,那就更淡漠了。可说城市的礼乐文明建设迄今仍未展开。

二、城市礼乐建设的性质

城市的情况,千奇百怪,各有其身世与机能,但这不妨碍它在空间上基本均含有之属性。这属性,一是祭祀的,一是行政的,一是生活的。

凡城市,必是祭祀中心。像希腊的城邦,必有神殿;中国则北京是宗庙社稷,地方则皆有城隍孔庙,等等。18世纪以来,神权在中西方都渐渐褪色,作为行政中心的城市,则越来越强势。但城市的祭祀功能其实并未消失,一部分仍分散存在于城市的宗教场所,如教堂、庵、寺、庙、坛等;另一部分由行政领域吸纳或替代之。

而所谓行政,是包含政治、经济、军事各方面的。城市作为协调管理这些事务的中心,遂也不得不越来越庞大,以致现代化的代名词之一竟就是城市化!

在古代,生活于城里的人只占少数,故城内人与城外人常形成不同之阶级,有时还有"市民权"之类特殊权利。到了现代,农民更是愈来愈抛弃其土地稼穑而入城,城市人口也愈来愈多。所谓现代生活,大抵也即以城市生活为基本模式。

祭祀、行政、生活,这三种城市基本属性,事实上就各有其相应之礼。其中与"祭祀"相对应的,便是吉礼,如祭拜三皇五帝、孔子、先贤先烈、开国功臣等均是。

与"行政"相对应的,是凶、军、宾礼。军礼涉及师、均、田、役、封等军事及田赋力役制度;凶礼涉及丧、荒、吊、禬、恤等赈济社会的福利社会工作制度;宾礼则与城市交际或内部组织秩序有关。

以上所说吉凶军宾四礼,大抵依《周礼》所载而说。这些固然都属于天子京城之礼,其实各地城市也同样有这些内容,不过礼制较低一等罢了。

"市民生活"部分,相对应的主要是嘉礼,如饮食、婚冠、宾射、飨燕、脤膰、贺庆等。这是一般人都会碰上且应用着的。

这其中,有些属于特殊时日之礼,有些却是日常生活之礼。如《仪礼》所载士昏礼、士冠礼、士丧礼、士虞礼,讲的是人一生中有冠、婚、老、死等几个特殊阶段或时刻的礼,在人类学上通称此为"生命礼仪"或"生命通过礼仪"。指人生重要关口,须有此类礼仪以襄助其通过,均是特殊时日之礼,而士相见礼就只是一般日常生活之礼。

另,礼还有不由个体生命看的。由"群"的角度看,乡饮酒礼、燕礼就是群聚之礼。乡饮酒礼有四种情况:一、古人三年大比之时,诸侯之乡大夫向其君长举荐贤能之士,在乡学中与之会饮,待以宾礼;二、乡大夫以宾礼宴饮国中贤者;三、州长于春秋会民习射,射前饮酒;四、党正于冬季腊祭饮酒,所以这是尊长养老,教民孝悌的一种普及性道德实践活动。至于燕礼,也有这种群聚饮宴之乐,但道德性就较低了,是诸侯宴饮,或诸侯对有功卿大夫的慰劳,或宴请四方来聘宾客。与聘礼、公食大夫礼、觐礼类似,具有更浓厚的行政意味。

细看这些礼与城市功能的对应关系,我们就可领悟:礼实施久了,老百姓固然渐渐化民成俗,礼本身却不仅是习俗。因此古代称圣王制礼作乐。礼乐均非习俗风气所凝,而是"制作"。制作,显示了礼乐的制度意义,古之圣王,建立了一套社会制度,就配之以礼乐仪节(所谓玉帛钟鼓)予以表现,而最终影响了老百姓的风俗习惯,形成了一套生活文明。

所以礼是根据社会制度创造出的表现方式。我们这个时代、这时的城市,自然也即应依我们现在社会制度的内涵与精神,设计相应的仪节来表现我们这个时代,应有属于我们这个时代与城市的吉、凶、宾、嘉礼。礼乐并不只是用来教养百姓知礼行礼的,主政者更该担负起制礼作乐以化民成俗的责任。

三、礼乐的时代性与历史性

由这些意义说,"礼,时为大",每种礼都具时代性,依循古礼决不可行。历史上每个朝代都要制礼作乐,即由于此。

但礼也从来不会有革命式的新创,除非制度幡然丕变。例如婚礼,从周公制礼以来,历代虽多变异,但基本性质及框架不变。任何民族之婚礼,只要是男婚女嫁,其礼仪就都大体相似。只有不采父系制,如摩梭族那类母系制或某些地方的一妻多夫制,以及某些同性婚制,婚礼才会不一样。

因此,礼虽从时而变,事实上并不会差很多。因为社会制度尚未迥异,用以表现制度之精神内涵的"礼义"也没什么改变,仪节自然也就只能小调整。如古人皆戴冠,今人一般不戴,冠礼之加冠形式,可能就会调整为戴巾或其他什么仪式。不过加冠以象征成年、勖其志气的那个意义仍是延续的。

此所以礼多半只是因革损益。革少因多,略加损益,便成新礼。既有传承性,也有创新感。

四、城市礼乐建设的时代意义

我们这个时代是特殊的。大的趋向是现代化,而现代都市本身即现代化的标志之一。

故现代都市皆有现代性之癌。例如堵车、拥挤、空气污染、噪音等无法改造且不断恶化之生态环境;工作竞争剧烈,生存压力倍增,科层化官僚体制蔓延到一切工作领域;精神空虚、价值与信仰空无,只剩物质与肉欲之追求,等等。

城市越大,这些问题就越严重。市民患有沮丧、挫折、压力大、疏离感等症状,精神官能症者逐渐增多,乃不得不发展瑜伽、禅修、催眠、SPA、应用心理学等产业予以救济。

在这样一个时代,强调城市的礼乐文明建设,虽未必就能治癌,但无疑可收救治之效,减缓病症、降低病情,渐渐调整思维,改变发展方向以后,则竟获愈亦未可知。

这首先是神圣性的补充。

现代社会,由经济上看,是工业革命后技术发展来的;由政治上看,是脱离神权政治后形成的;由精神上看,是理性化"除魅:解除世界魔咒"后产生的。因此它不仅以世俗性为特征,且以此为荣,认为打倒了封建迷信,人可以开始以自己的理性、计算及科技开创天地。戡天役物,自为主宰之结果,却是生态问题一塌糊涂,人对天地鬼神什么也都缺乏了敬畏,乃至肆无忌惮,物欲横流,人文世界遂亦因而很难维持。

例如婚礼,过去西方人上教堂,中国人则在祠堂在家。在祠堂,是因新妇要庙见,在家也有"天地君亲师"和祖先的牌位,这些都是具神圣性的。因而,婚姻除了男女欢欲和"合两姓之好"这种世俗意义之外,还增添了它的神圣性。这种神圣性未必即能保证婚姻更巩固,绝不生变,但至少是一种提醒与祝愿,显示了更深邃的意义,给予了更深的祝福,比只在酒店里大吃大喝、胡闹一通,陷入更深的饮食男女层次要好得多。现今因婚礼嬉闹无状、扒衣性侵者时有所闻,令人慨然!若在教堂寺庙,焉得有此?

现代城市人已无祠堂,家中亦无祖宗牌位,则孔庙或许是可以选择的场所。我曾在都江堰孔庙试办过,反响热烈,足证尚符社会之需。

我所办,以汉代婚仪为主,参照《仪礼·士昏礼》,其中就有许多文化道理可讲。例如婚礼在黄昏举行,不甚举乐,至汉末还时兴唱挽歌,乃是尊重女方嫁女惜别之心情。由女性角度看,凄惶哭别父母之后,随即欢天喜地嫁入夫家,须有一心境转换之过程。故婚礼合卺时,仅与夫婿共食而已,公婆都不必在场。次日才见舅姑,三日才庙见,融入整个大家庭中。这些细致精微处,透过礼仪展示出来,令在场记者都恍然有悟夫妻婚姻之道。所以神圣性的补充,事实上又是人文意义的强化。

从个人层面推广来看一个国家或社会,如祭三皇祭五帝,祭孔、祭先贤先烈之类吉礼,本身就是表达对历史文化的尊重。过去有许多年没这种祭祀了,目前正在恢复中。恢复的过程,却出现了不少笑话。如曲阜之祭孔,几乎连年被骂,至今仍未改善;陕西黄陵、河南郑州之祭黄帝,甘肃天水之祭伏羲、泾川之祭西王母等,均多谬误。但致祭的诚心很可贵,只要能秉此诚心,逐渐改善,自能渐入佳境。怕就怕在借此做旅游、想捞钱或升官,那就把神圣性事业又降入世俗化的泥淖中去了。而且其实并不需要任何城市都祭三皇五帝,祭与本城市有关之先圣先贤即可,或恢复祭山祭海、祭拜天地也都甚好。

其他如宾、凶、嘉诸礼,不是说祭的对象属于神圣的(如天地、贤圣那样),而是透过这些礼可以让本来只属于日常事务者获得神圣感,就如上文所说的婚礼、冠礼那般。现在我们许多行业在开工执业之前也都会办个小典礼、小仪式,就显示了人与神圣性重新结合仍是现今社会所需要的。

其次，是历史性的强化。

人的生命是继承自父母的，谁都不可能如孙悟空般由石头里进出来；文明也是历史发展而形成的，源远流长。因此人无论如何都不可能摆脱其历史性。

现代工业文明的历史观却在这一点上大申异议，强调文明的断裂，高喊革命、创新，对之前的文明采取否定、打倒、推翻、批评之态度，认为如此才能不断进步，挣脱历史的包袱与束缚。

这种新历史观，十分特殊，确实推动了现代文明的发展，但弊病也非常明显。破旧、革命，清洗掉了无数古迹、文物，更切断了我们生命中与古老文化联结的精神纽带，人总是带着憎恨父祖的情绪在过活，世界也只剩下一个单一的现实面向。

要拯救这种被马尔库塞所批评的"单面向的人"的精神处境，需在审美和历史性等各方面努力，重新让人与历史文化联系起来，令精神有其厚度与深度，使生命立体化。

礼乐的传习，正是能达成这一目的的有效方法之一。前文已说了，礼乐多由历史因革损益而来。无论中西，凡行礼，礼服必是古衣冠，或复古，或带有古意的，音乐也绝对不会采时兴流行曲，就是这个道理，特于此显示人与历史的联系。要通过习礼、演礼，礼在历史上所蕴含的文化意义，才能因而浸润入心，使人从生命的内在形成改变。

因此，最后还该一谈的是人文意识的深化。

礼本身就是对自然生命的人文梳理，所以虽然仍是一天二十四小时，仍是日出日落。但元旦、中秋、清明、端午这些日子就会与平常时日不同，显得特别有意义。这一天都有相应的礼俗，靠着这些礼仪，才能让这一天与其他日子区隔开来，而豁显其义，予人体会之。

同样的,生命礼仪也与节日一样,结婚的意义要靠婚礼的仪节来点明,丧礼、祭礼的意义要依丧、祭的仪式来表现,使那一天那一刻显得特别不同。

人都在生老病死、岁月流转中过着,一天又一天,若没有这些节日与生命礼仪,生命便平淡而无波澜,且亦无法体会或咀嚼生老病死和岁月生涯。所以人是透过礼乐才能让自己的人文意识苏醒并深化的。

一个城市的文明,不显示在它的建筑上,而在于它的市民是否具有文明素质。文明素质不能靠法制强力去捏塑,也不能靠道德训诫、知识告示去教导。文明素质是一种对生命的态度和人文精神之显现,必须让市民对生活与生命真有感悟、真能体会其人文意义,否则法制徒令人惧,道德规训徒令人烦,都是绝对不能奏效的。

五、当前中国文明建设的需求

众所周知,公民素质是衡量一个城市文明程度的重要标尺,是文明城市创建和精神文明建设的重要内容和基础工作,也是一个城市整体形象的重要体现。而随着我国经济的快速发展,国际地位已迅速提升,加强文化建设、提升民族形象的工作就变得十分迫切。

自改革开放特别是中共十六大以来,思想道德的建设即不断受到中央重视。各地区、城市也不同程度地深化群众性精神文明创建和志愿活动服务,这些举措明显促进了公民道德素质的提升。

但至今整个国家社会的道德文明领域仍然存在着不少问题,例如公交车内有时无人为有需要之人让座、盗窃或毁坏公共设施、随地吐痰、公共场合大声喧哗、诚信缺失、人性冷淡等。人与人之间，应对进退、老少长幼、亲疏远近的礼仪节度，一般人也常不能把握，更不用说生老病死、婚丧岁时的仪俗了。这些问题，皆引发了国民对"美丽中国的文明底线"的严肃质疑和拷问。由此亦可知，城市道德文明的建设已不仅是国运所需，更是民心所向。对此，政府提出"爱国、守法、诚信、知礼"的现代公民教育方针，并依此展开了相关的教育活动，确是十分可喜的现象，每个人都该为此奉献自己的一点力量。

因此，我们希望借由礼乐的传习，从根源处改善这一系列道德文明的问题。礼乐传习旨在传播中国传统的礼乐文明，塑造一个浓厚的礼乐文化氛围。如此，不但能丰富市民的精神文化生活，增加市民对礼乐传统知识的了解；而且能在耳濡目染的教化中，提升市民的文明素质，涵养市民的文化内涵，形成人人讲文明、懂礼仪、遵守社会公德的好风气。

清明祭黄帝

此次在成都办侠文化节,不甚理想。由于地方政府配合情况不佳,以致会务颇显混乱,会务流程杂芜,人员安置备受訾议;且台湾戏曲学校师生八十余人不准上台表演宋江阵,有点莫名其妙。幸而各门派之武术演示仍甚可观,否则岂不一无是处?

不过各门派均纯朴武人,不懂舞台演示之服饰、道具、运用,也不擅长节目的搭配组织,故仍有改善之空间。

此次大会,另还颁发武侠传承、武侠贡献、武侠论著,以及影视动漫各种奖项,打造了一批宝剑,有金剑、银剑等,也可说是一时盛事了。

我们在龙泉驿举行侠文化节时,该地也正在办桃花节。春暖花开,此类桃花、樱花、梨花节已在各地次第展开。但目前此类节庆仍是农村游的形态,没什么文化气息,令人遗憾。

返北京后,休养数日,又于4月1日飞西安,参加今年祭黄帝陵的活动。

会前陕西省副省长接见与会学者。这本是礼仪式活动,但我趁机建言，说现在各地热衷祭孔、祭黄帝、祭炎帝、祭这祭那，实际上大都是胡整乱搞。祭礼、祭器、祭服、祭仪甚多荒谬之处，且以促进旅游，办成一出舞台剧为主流。如此岂能餍全球华人之心哉？

斯语既出，领导们当然惊疑不定，忙辩称他们也很谨慎从事，且无商业性操作，颇有考证云云。彭林乃继而站起来说："龚先生讲得对，前次祭黄帝我就去过，确实颇多错误。"接见会乃匆匆结束焉。

4月3日，我与电视台工作人员先去黄陵准备。次日两岸公祭大典，台湾有新党主席郁慕明等人参加，中央电视台、台湾中视、陕西电视台联合转播，央视鲁健、台湾高惠宇和陕视李菲共同主持，另由我与北大哲学系王博当嘉宾，协助解说。

在主播台上晒了一上午太阳，勉强解说完毕，善祷善颂一番，据说效果很好，场面也颇隆重感人，很能振奋人心。

但实际上祭礼很成问题。目前黄陵祭典已列入国家非物质文化遗产，渐渐形成传统。然祭仪正如我上文所说，大堪可商榷。

一、公祭广场的建筑就成问题。徒矜宏阔，与黄帝陵墓和庙宇皆不相连接，以致祭祀只是在广场上的一场表演，非真祭于庙也。

二、祭祀广场把号称九鼎八簋的各种祭器都塑铸于两侧，变成广场上的造景摆设，而不是放在神前的供筵上，甚且根本没有供筵供桌，只搭了个舞台。

三、鼎簋里面也空空荡荡的，没有任何祭物。祭黄帝，是否应用九鼎八簋，虽不无争议；但鼎簋既列，乃竟以空钵献祭，毋乃荒唐，况簋鼎根本放错位置乎？

四、根本没有祭品，光摆上一堆花篮。然后各界政要一一献花。

这是祭吗？祭者，依字形看，就知道那是持肉供神之意，无肉即不能称为祭。现在不但无肉,连酒水米果,啥都没有,是什么玩意?

或曰:杀牲为祭,乃古之陋习,现在改革之,有何不可?

这是错了以后还要再用一套说辞来文过饰非,错上加错,比不懂而做错了更可恶。

凡礼,就要讲规矩的,否则何必谈什么礼呢?依规矩,祭黄帝以太牢。太牢是杀一活牛。清代把太牢降了两级,改为牛、羊、猪三牲,成为犆＞特＞太牢＞少牢的规制。犆仍是用活牛,特用活羊。祭上帝、五帝、日、月均用最高级别的犆祭。礼,是用形式来表现尊敬的程度,故必须有此讲究。现在大家才学着开始祭祀呢,却把礼的规矩首先打破了,有这道理吗?

若说杀牲残忍,更可笑,且是伪善、假慈悲。你在家每天大鱼大肉,市场上也每天宰牲无数。现在好不容易祭祖一次,却连一杯酒水、一块肉也不奉祭,还讲得振振有辞,有这道理吗?何况,《论语》老早记载了:"子贡欲去告朔之饩羊,子曰:'赐也,尔爱其羊,我爱其礼!'"

五、无祭品,只献花篮,读祭文时居然照例说:"尚飨!"尚飨是请祖宗来吃的意思。可是根本没祭品,叫祖先吃花篮吗?

现在的花篮供祭不是中华文化,是学老外祭拜墓地、纪念碑时的做法。

六、祭祀大员也都未着祭服,表演人员倒是穿着该穿的衣服。不管他们穿得对不对,至少比祭祀大员们懂礼。

目前国人出席任何典礼都不知该穿什么,因为没有礼服,故常以西装为正装。西装固然可以为正装,但祭孔、祭黄帝这类传统典礼,民族文化意涵极浓,穿西装是极不合适的。试想若美国总统去祭拜其开国元勋、忠烈将士而穿中国长袍,你不觉得好笑吗?

其实1943年时已成立国立礼乐馆,1943年又在重庆北碚温泉召开礼制讨论会,制定了《中华民国礼制》,对服装早有规范。台湾中枢遥祭黄陵或马英九祭孔时穿的长袍马褂,即属此类礼服之一。如今马褂或可不穿,穿个长衫不也甚好吗?黄帝垂衣裳而治天下,中国又是世界上最早发明缫丝制衣的国家,服饰文明冠于全球。如今以夷服来祭之,黄帝有灵,当为子孙之不肖而痛哭!

七、祭祀开始时,击鼓三十四响,据说象征三十四省;鸣钟若干下,据说又象征什么。这当然全属自作聪明的杜撰。

自古以来典礼开场皆击鼓,何况鼓这种乐器据说即黄帝所创,故击鼓是对的。但敲钟就不然。古来虽也有钟鼓齐鸣之说,然若分奏,必是鼓开场、钟结束,以鼓激扬而钟悠远有余韵故也。所谓鸣金收兵,以钟钲代表收煞。只有方外僧家倒过来,暮鼓而晨钟;又或金与玉配合时,金声而玉振。因此祭黄帝,不当开场又击鼓又敲钟。而鼓打三十四下象征三十四省,更是无聊的附会。

那么,该怎么办?没什么,依历来旧法,击鼓三通即可。一轮鼓为一通,三代表多数,三通就够了,不需乱掰。

八、祭文读毕之后是告祭乐舞。内含四个部分:《序·心香》、《雅·云翘》、《风·土德》、《颂·龙帜》。

这也是胡说八道!风、雅、颂乃《诗经》之结构,硬套这结构来祭黄帝,以后世之周乐去扣和黄帝的事功,可谓关公大战秦琼挨不上。且风乃各地土风,雅是朝廷乐章,只有颂才是宗庙舞乐,故风雅都是和祭黄帝这类事搭不上边的。

九、具体跳舞时,中间是佾舞,两旁是武舞,也就是舞干戚。

这些舞都属仪式舞,有传承,有章法。每个动作均有固定之含义。如今重编,讲究舞台效果,实则大失本旨。佾生用少女,特显其娇媚之姿,占据主场,以与两旁的武舞之男性的刚猛相对衬,可能编者还颇自以为得计,殊不知把佾舞变成了"女乐",孔子见之,亦将愤而出走矣。

十、整个祭祀,前后有乐,祭时却无,亦大可笑。

黄帝乃音乐之祖,自作鼓,又使伶伦造乐,还作了《云门》《大卷》《咸池》之乐,张乐于洞庭之野。如今他的子孙居然不知该用什么音乐来祭他!

现今古六代乐固然失传了,但历代祭礼,都是跟音乐配合的,主事者应当考证考证。

主持这部分的,是陕西演艺集团公司,我不怪他们。他们想弄懂这些,本来也不容易。但如今文化复兴,各地祭孔、祭黄帝、祭炎帝、祭伏羲、祭文王……不可胜数。政府有司对这些祭典就不能请一些专家好好研究研究吗?

四月三日,西安关中书院重开祭孔礼,也同样问题多多。这些礼,真有那么难吗?唉!就算不来问问我,《圣门礼乐统》《文庙祀典考》《泮宫礼乐疏》《古今图书集成·礼仪典》等书具在,翻翻也就都懂了。祭祀多误,大约只是既不上心又不读书之故!

十一、祭祀,除了这个大官献花、那个大官献花之外,就没别的了。献祭分为初献、亚献、终献,只要下乡去看看,各乡村祭祖、拜宗祠,也都还广行此礼,包括许多少数民族地区皆然,我还知道有些地方祭拜时还唱《诗经·小雅·鹿鸣》诸诗哩!可叹城里人却忘光了!办祭典的人,即使没工夫读书,若有心,回家问问老人也就明白了,不至于把自己这十几项错误透过电视直播广传于世。

清明祭贾岛

清明,我去西安,转赴黄陵,参加两岸公祭黄帝大典。陈兴武则与我国学院同仁等去北京近郊访祭贾岛。这两祭,一彰民族之大义,一显文人之幽绪,本不好比较。不过,祭黄帝虽是政府主导,其实谬误甚多,反不如他们祭贾岛之简素如法。故特将其祭仪、祭文、祭诗记录于后,以备观览,并存掌故。

公祭贾岛墓

时间:壬辰清明节上午十一时(公历 2012 年 4 月 4 日)

地点:北京市房山区石楼镇二站村贾公祠

主祭单位:北京龚鹏程国学院、燕鸣诗社

主祭人:陈兴武

参祭人:陈世东、贾勤、刘凯宁、朱兆虎、李晓霞、田光辉、李成晴、宋哲、张若辰、李元森、严旭等若干人。

司仪:李浩、李元森

礼生:邓世謇

祝使：宋哲

祭文撰稿：郁震宏

录像：邓诗荣

礼仪规格：用"三献礼"

祭品摆设顺序及祭拜程序

一、前期准备

1. 墓地打扫

2. 碑文描红(念)

3. 压纸(墓碑石顶端压横押十二张银锭,闰月则压十三张;墓内胎均匀压上十二张五至七圈草纸,闰月加压一张)

二、祭具及祭品摆设次序

1. 摆设香炉

2. 摆设烛台

3. 摆设茶杯(3杯)、茶叶

4. 摆设酒杯(3杯)、酒壶

5. 摆设斋果(苹果、橙、糖饼等)

6. 摆设羹饭、面干、米粉、豆腐、花生(用盘、碟盛,以上摆在案桌上)

7. 摆设三牲、盐、牲刀(柄向墓碑,以下摆在拜诞下)

8. 摆设草纸(给墓主)、银锭(给土地神)、冥币、纸折、鞭炮(缺),置碑身左侧请神,右侧辞神。

三、正式祭拜

1. 盥洗(请祠堂提供脸盆、毛巾、热水)

2. 点蜡烛

3. 斟茶三次

4. 焚香(念)

5. 诣香案前,上香

6. 开樽,酹酒三杯

7. 三献爵

8. 读祝文(四版折纸封面中间用红纸条书写标题)

9. 烧纸(念)

10. 撤祭(念)

礼仪概要

到墓地后,将墓前、墓身边的野草、杂树拔掉,将坟墓打扫干净。

长者用红漆把石碑上的字重新描红。

在墓碑石顶端压横押十二张银锭,闰月则压十三张。

墓内胎均匀压上十二张五至七圈草纸,闰月加压一张,俗称"挂纸"、"垫纸"。

案桌上摆三杯茶、三杯酒、果品、饭类。

拜诞上摆三牲,刀柄向石碑。

点烛、烧香,喊礼读祝,依辈分高低轮流拜坟。

酒三巡,香烛过半,烧元宝纸,鸣放鞭炮。

撤祭。

描红时念:

今于壬辰年三月十四清明日,阳居龚鹏程国学院、燕鸣诗社全体师友,敬具香楮、烛锭、清茶、美酒、三牲一筵陈列墓前,拜请守墓童子、守墓童郎手拿钥匙，打开墓门，引出墓主唐长江主簿贾公尊魂。

烧香时念：

又当拜请本山后土福德，兴旺龙神，暨左右墓邻百客，墓前朱雀，墓后玄武，墓左青龙，墓右白虎，墓上三官，墓下小娘，左右伯公、伯婆以及一切尊神，凭此香烟，飞身降驾，到位就座。东来东坐，西来西坐，南来南坐，北来北坐，中心结起莲花大座。神来理当开樽酌酒，千神共三盏，万神共三杯，杯杯鉴过，盏盏鉴赏，今具金钱银钱，丙丁火化，共烧各领，三牲一筵摆墓堂，不成敬意。

烧纸时念：

请各路神仙庇佑，国泰民安，风调雨顺……

撤祭时念：

小小酒筵，不敢多言，小小酒礼，不敢多语，伏望守墓童子、守墓童郎，引转墓主，安居墓堂，辞去尊神，逍遥各方，多蒙庇护，事事呈祥，永享大康，后有所请，伏望再降，稽首奉送，元亨利贞。

祭祀礼仪牲仪：

准备祭品和牲仪。（请祠堂提供脸盆、毛巾、热水）

祭具：柜桌、香炉、烛台、茶壶、茶杯、酒壶、酒杯、牲刀、盘、碟等。

祭品：香烛、金银锭、冥币、纸折、鞭炮（缺）、酒、茶、盐、斋果、羹饭、面干、米粉、豆腐、花生等。

三牲：猪、鸡、鱼。

三献礼仪式

【主祭、司仪若干人，礼生一人，祝使一人】

礼生：主祭者就位

助祭者就位

司仪者就位

【主祭及众人面朝墓碑；礼生、司仪（执事）、祝使面对众人，全体肃立】

参坟鞠躬

兴

拜

兴

拜

兴

拜

兴

平身

盥洗

焚香

诣于贾公尊神香案前鞠躬

上香

酹酒

降神

叩首

兴

拜

兴

拜

兴

平身

进牲

行初献礼

诣于贾公尊神前鞠躬

献爵（酹酒）

献爵（奠酒）

再献爵（奠酒）

三献爵（三奠酒）

叩首

兴

平身

【读祝文者鞠躬、主祭、助祭（众人）皆鞠躬】

【读祝文】

【读祝文毕】

叩首

兴

拜

兴

拜

兴

平身

奉馔

【行亚献礼】

主祭者诣于贾公尊神前鞠躬

献爵

献爵

再献爵（奠酒三杯次）

叩首

兴

平身

奉馔

【行三献礼】

主祭者诣于贾公尊神前鞠躬

献爵

献爵

再献爵（奠酒三杯次）

叩首

兴

平身

奉馔

侑食

献茶

献财帛

众人皆鞠躬

化财帛（焚财帛）

化祝文（焚祭文）

辞神（辞灵）鞠躬（四次）

兴

平身

礼成

【化完财帛后撤馔】

祭贾主簿文

郁震宏

维华夏共和，百有一年，岁在壬辰，清明吉旦，京都龚鹏程国学院，暨燕鸣诗社全体师友，谨以清酌脯醢之奠，敬祭于故唐诗人长江主簿贾公之灵曰：

呜呼先生！产出范阳。仁贤渊薮，蔚起李唐。幼有内美，芳菲弥彰。重以修能，荷衣蕙裳。棘闱坎壈，乃礼空王。住诗生心，当时无双。风吹渭水，叶满上京。天之未丧，再启文章。继孟风雅，立韩门墙。赐也始可，入室升堂。水部协律，惟时之良。公于其间，一军自张。初服既返，行彼周行。不谓党人，蓁葹室藏。申以谣诼，谓椒不芳。荃荪不揆，替以蕙纕。道污数奇，永叹增伤。邺路辽远，眸处异乡。逢此百罹，哀时不戢。蹭蹬一簿，竟殁南荒。一帙诗格，十卷长江。撢究奥旨，牖启多方。房山巍巍，易水泱泱。先生之风，历祀永光。今我同人，陟彼高冈。魂兮归来，伏维尚飨！

祭贾长江诗

拟祭贾岛　　　岭东　陈兴武

见说衣冠此尚存，合将酒脯慰诗魂。

吟哦镇日人嗟瘦，结纳移时语冀温。
折俗缘蒙京兆赏，遗贤才愧主司抡。
松楸寂寂知何处，畿辅西南认有村。
去国身嗟万里遥，诗魂千古倩谁招。
枌榆素仰衣冠盛，爵里长随姓字标。
绝惜俊髦怜范郡，故凭英物吊唐朝。
可怜遇合浑无准，岂但先生恨未消。
未必微吟自苦辛，一时风靡拜芳尘。
清癯果见推敲瘦，警策端知锻炼真。
际遇何惭京兆尹，声华无忝范阳人。
高名许共藘庐在，留取余光合照邻。

古体遥祭贾岛

南阳　王金龙

范阳苦寒地，生就苦吟身。卓荣有瘦骨，词中自苦辛。
不嫌诗境僻，但求矫不群。二句三年得，一字重千斤。
其人虽已没，其诗万古春。不满轻俗者，宜将贾公亲。
俦侣多意气，啸聚贾公村。惭吾不能往，代慰贾公魂。

题贾公祠

清华　李成晴

孤吟兰若人间远，

（韩愈《赠贾岛》："天恐文章中断绝，再生贾岛在人间。"）

微步桑干易水秋。

(贾岛《渡桑干》:"无端更渡桑干水,却望并州是故乡。"《怀博陵故人》:"孤城易水头,不忘旧交游")

几处幽燕寻碣石,

(贾岛自号碣石山人)

江楼月色满皇州。

(贾岛诗:"江楼到夜登,还见南台月。")

龚鹏程的有字天书[①]

龚鹏程先生在书法展会场解说云篆

云 篆

篆字种类很多,唐韦续《五十六种书》中就讲到了八九种:"大篆

---

① 家世道教,又系六十三代天师张恩溥真人义子,故对道教与书法的关系甚为关注,曾撰《有字天书:以文字掌握世界》、《书法与道教》、《书法史与道经研究之交涉》等,对书法界与道教研究界都有很大的影响。精娴符篆,所办书法展偶出一二云篆天章,辄令人耳目一新。本文是从书法角度对云篆的说明,用以开示后学。

书,周宣王臣史籀所作也","复篆者,亦史籀所作,汉武帝用题建章阙。小篆者,周时所作,汉武帝得汾阳鼎,即其文也","仙人篆者,古者所有,李斯善辨古文字,改为篆形也","转宿篆者,宋司马以荧惑退舍所作也,象莲花未开形也","细篆者,李斯摹写始皇碑序,皆用此体。垂露篆者,汉章帝时曹喜作也","悬针篆者,亦曹喜所作。有似针锋而名,用题《五经》篇目"。

云篆,是篆书中一种,即韦续说的仙人篆。但非李斯改为篆形,而是出于天地造化之初。云气撰结,纠缪成文,遂为宇宙一切文理法度之原型,是世界创造的根源。因此道教中灵宝派之经典《度人经》说:"无文不生,无文不成,无文不光,无文不明,无文不度,无文不立。"文字创造了一切。道教重视符箓,理论基础即在于此。云篆,则是符箓中较早期的书体。

《云笈七签》卷七:"八龙云篆,明光之章,自然飞玄云气,结空成文。字方一丈,肇于诸天之内,生立一切也……篆者撰也,撰集云书,谓之云篆。"陶弘景《吴太极左仙公葛公碑》:"云篆龙章之牒,炳发于林岫。"杜光庭《胡常侍修黄箓斋词》:"金科玉律,云篆瑶章,先万法以垂文,具九流而拯世。"讲得都差不多,我写过不少文章讨论过。

如今,书法与道教的关联,一般书法家都已不熟悉了,能写云篆者更几乎没有。道士嘛,六朝时陆修静已感慨当时道士胡乱画符,鬼也不识,施法焉能奏效?如今道流又益尘下。符书精妙者,我兄龚群卒后,殆成《广陵散》矣!因此我近年除了在论述中较多阐发道教与书法之关系外,也开始在展览时写示云篆等符箓文字,以明书法之渊源,而广开篆体之门户。

云篆结体纠缪,用笔较大、小篆更圆劲绵长。然若无书写大小篆之功夫,就会变成画字。而且云篆玉书,既是天章神化,自须有太古高逸之气,不能有一点市井道士那种涂抹撇画之陋习,此所以难!

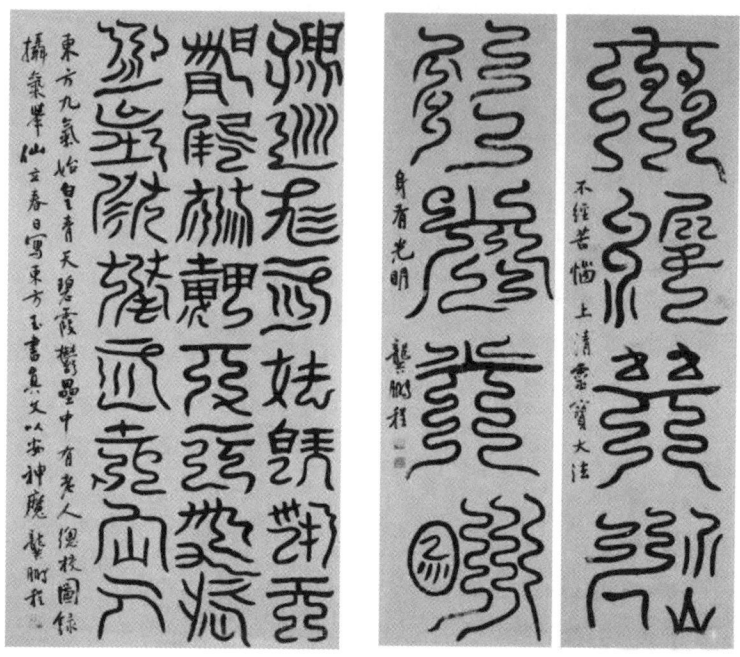

龚鹏程先生作品欣赏

赋咏湖湘文化

近年湖南文化出版颇著嘉猷,故岳麓书社等友人辟建展示馆以志湖湘文化之盛,并命我撰文以彰厥美。稽延已久,昨日旅英归来,乃沘笔为之。酷暑难当,挥汗如雨,愧不能工也。

湖泽麓野,云梦潇湘,尝辟神农之圃,惯听渔父之章。故人怀逸志,物蕴奇芳。然帝子游行乎苍梧,屈平憔悴于江乡,古时端绪,未若尔后之丕昌也。

唐宋以降,士多嘉构,足蔚国华,学殖渐邃,文采艳葩,书院既领袖于海内,声教乃风行于幽遐。若考亭夫子南轩先生之说,欧阳信本怀素上人之书等,皆已启沃诸方,沾溉靡余。而岳阳一楼,永州八记,性情见于山川,忧乐关乎天地,尤能使沅沣芝兰,俱成瑚琏雅器。于是人仰衡岳之云,家有邺侯之懿,湖湘文化,始昭晢其名义。

盖经史为其本、性理治其心、功用在经世、辞章有清音,学问之涂,一举综之。兼摄知行,含茹古今,格局则广大悉备,气象多掉臂直寻。甚且人亲气类,云豁胸襟,故虽水调别弹,实唯海内同钦。

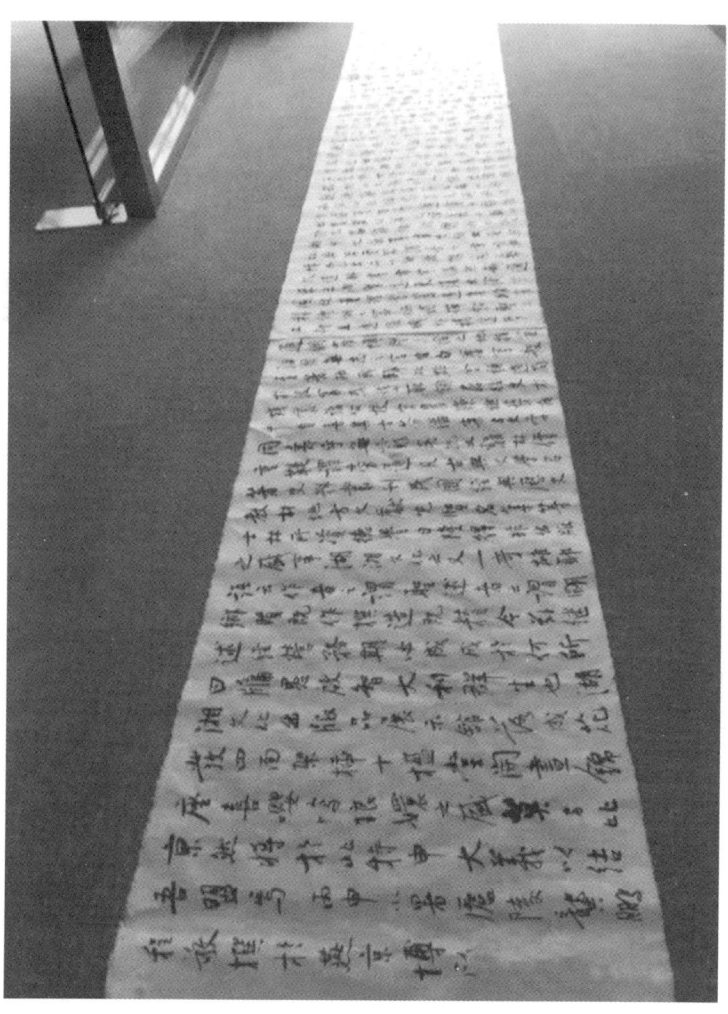

龚鹏程先生手稿

汩及近世，愈为伟烈。船山之遗书既发，湘乡之大军屡动，曾左彭胡，甘棠献颂。而胜残去杀，颇以文教修人极、立国栋；魏源郭嵩焘等，又咸以新知开心光、焕黎众。凡所兴作，皆区夏百年运会之枢统也。

龚鹏程先生手稿

至若公羊之经义、六朝之诗文，篇辞锦缎，体例纷纭，又湘中之能事。书生经世，居然比兴若云，不过墨守章句典坟而已。其所以能激扬风气、改造邦群者，岂偶然哉！

迩来三湘贤达，更复大阐宗风，既董理耆旧遗集，堆案积缥缃之富，炳烛殚铅椠之工；抑且远征域外，槎遥梦通，网罗博望未经之地，指画海国无志之宫，生白虚室，杀青著功。或辑比碎金，补逸简于汲冢；或伐山取铜，存往史于残丛。诸公校字晨隙，燃藜夜中，自喜其古芬溢案，与文字同寿乎无穷矣。况又鸡林价重，鞮译旁通。

凡古典文学名著、史料丛刊、民国经典、历史教材、地方文献、先贤名集等，士林所资，德誉日隆，得非出版之盛事，湖湘文化之又一奇雄耶？

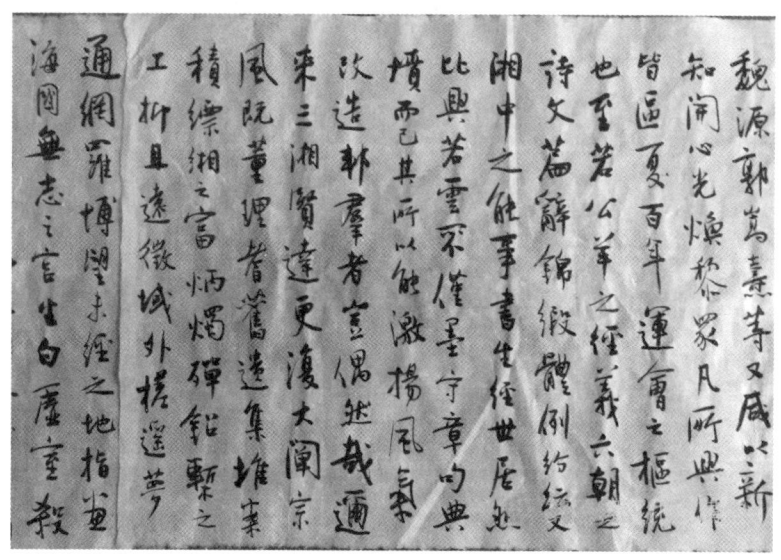

龚鹏程先生手稿

龚鹏程先生手稿

语云:"作者之谓圣,述者之谓明。"乡贤既作,撰造既精,今兹继述经营,务期必成。成于何所?曰:牖愚启智,大利群生也。湖湘文化出版品展示馆落成,花发四面,架插十楹,堂开昼锦,座喜嘤鸣,琅嬛之盛,莫与比京。然将于此特申大义,以结吾盟焉。

丙申大暑,庐陵鹏程敬撰于燕京博望馆

辑二

众生皆苦，但你是甜的

诗家比兴，多用草木鸟兽虫鱼，故孔子说读诗可以帮助人多识草木鸟兽虫鱼之名。但是，为何他老先生只说草木，不说花呢？

花当然也属于草木之一部分，然而后世论及草木，恐怕更多想到的是花。口语上说花花草草，花都在草之前。古代却不然，所以明谢肇淛《五杂俎》说："古人于花卉似不着意，诗人所咏者不过苤苢、卷耳、蘋蘩之属，其于桃李、棠棣、芍药、菡萏间一及之。至如梅、桂则但取以为调和滋味之具，初不及其清香也。"

是的！《诗经》所咏，如荇菜、茆、苹、藻、唐、萧、蓝、绿、苤苢、卷耳、薇、蕨、蓊、菲、莫、桑、蒹葭、杷、芹、椒等，均就其枝干叶果说，甚少谈到花。仅有的，不过"桃之夭夭，灼灼其华"而已。梅、李、木瓜，讲的还都是它的果实。即使是"赠之以芍药"（《郑风·溱洧》）的芍药，也非类似牡丹那种，而是名为辛夷的药用植物。与《楚辞》说的"餐秋菊之落英"相似，重在它的食用价值，而非审美情趣。《楚辞》无疑比《诗经》有更多的赏花态度。如《九歌》云："瑶席兮玉瑱，盍将把兮琼芳。"(《东皇太一》)"采芳洲兮杜若,将以遗兮下女。"(《湘君》)"折疏麻兮瑶华,将以遗兮离居。"(《大司命》)"折芳馨兮遗所思。"(《山鬼》)都是折花采花赠人的,为汉代《古诗十九首》中"涉江采芙蓉,兰泽多芳草。采之欲遗谁?所思在远道"之先声,对后世影响深远。但若细看,你就会发现《天问》、《九章》、《远游》、《离骚》诸篇和《九歌》并不一样,虽或也谈及草木,却极少甚至根本没谈到花,采花赠人之事亦未发生,如《九章》里就只有《橘颂》篇谈及花而无专门赏花的。其他如《惜诵》说:"捣木兰以矫蕙兮,糳申椒以为粮。播江离与滋菊兮,愿春日以为糗芳。"指的还是吃草木。《涉江》说:"露申辛夷,死林薄兮。"《思美人》说:"擥大薄之芳茝兮,搴长洲之宿莽。惜吾不及古之人兮,吾谁与玩此芳草?解萹薄与杂菜兮,备以为交佩;佩缤纷以缭转兮,遂萎绝而离异……令薜荔以为理兮,惮举趾而缘木。因芙蓉以为媒兮,惮褰裳而濡足。"《悲回风》说:"折若木以蔽光兮,随飘风之所仍……藐蘅槁而节离兮,芳以歇而不比。"讲的全是香草,仅一处讲涉江采芙蓉,也还是因"惮褰裳而濡足"(《思美人》)而没采成。《天问》、《远游》、《卜居》、《渔父》则未涉及草木,遑论花卉。言草木最多的是《离骚》,长吁短叹,翻来覆去,美人香草,连篇累牍,是从前没见过的,但它主要是讲香草而非鲜花,香草可用来佩戴或食用。说到花的,只有一处,是说要趁花还没落下,赶紧采来送给女郎。不过跟《思美人》一样,终究没有送成。整个论述中,显然尚无赏花、戴花、插花之举。所以相较之下,《九歌》实在甚为特殊,与其他篇都不一样。《九歌》的来历,本来就有许多推测,一般认为它未必出于所谓屈原之手,可能是秦汉求仙博士所为。总之,从花草意识上判断,似乎它也确实有近于汉人而远于战国之迹象。

依考古材料看,目前所知最早的簪花形象,也仅止于西汉。洛阳八里台出土两汉彩绘人物砖,上面有簪花三女;成都羊子山西汉墓出土女陶俑,发髻上也插着一朵菊花,边上还有好几朵小花。东汉这类东西就更多了,甚至有戴花环的。东汉崔寔《四民月令》说:"京师立秋,满街卖楸叶,妇女儿童皆剪成花样戴之,形制不一。"确乎不假。到晋朝,嵇含写《南方草木状》就说:"凡草木之华者,春华者冬秀,夏华者春秀,秋华者夏秀,冬华者秋秀。其华竟岁,故妇女之首,四时未尝无花也。"四季簪花,至此久成风俗矣!也就是说:早期人们对草木,其意识是混而未分的。对草木的花、枝、叶、果、草,一体重视,并不特别重视花的观赏价值。因此,与后世相较,先人对草木反而显得有更多的关注;对食用、药用之价值乃至气味,也与后世特重眼睛审美者不同。重视花,始于汉代,其后又不断地受到强化。因为开始以簪花饰花为美,风气起于汉,而开始以花供神,则是受佛教的影响。

中国的祭祀都要有牺牲,因为"祭"字本身就是一双手持肉奉神之形,以肉祭神之后,与祭者大家分食祭肉方能成礼。平民不能祭,只能荐。春荐韭、夏荐麦、秋荐黍、冬荐稻,搭配韭的是蛋,麦用鱼,黍用豚,稻用雁,没有人用花做供品的。佛教却以花为最重要之供品,《妙法莲花经·法师品》说:"花香、璎珞、末香、涂香、烧香、缯盖、幢幡、衣服、伎乐,合掌恭敬。"十种供品中,花巍然居首,何以故?《佛说业报差别经》解释道:"若有众生奉施香花,得十种功德。何等为十?一者处世净妙如花;二者身无臭秽;三者福香戒香遍诸方所;四者随所生处,鼻根不坏;五者超胜世间,为众归仰;六者身常清净香洁;七者爱乐正法,受持读诵;八者具大福报;九者命终生天;十者速证涅槃。是名奉施香花,得十种功德。"以花供佛,仅是佛教对于花的重视与使用之一端,其他还有"天女散花"、"拈花微笑"、"一花一世界"等各种说法及故事。佛法本身也被形容为花。仿佛众生皆苦,唯有它是甜的。故善于说法的,会被形容为是舌灿莲花;佛法深妙之经典,会被命名为《妙法莲花经》。凡此等等,自然大大推动了汉魏南北朝期间社会上对花的喜好,花也由整个草木之思中突显出来,获得了更多的关注。

对花草之食用药用功能之重视,则由汉代开始,逐渐归入"本草学"中,为医学之中坚。诗人虽仍然读《诗经》、《楚辞》,但对那里面种类繁多的草与木,渐渐就已不能辨知了。注疏家若要考证,除了由训诂书及字书中去爬梳之外,主要即须取资于这些本草书,如《神农本草经》、《本草纲目》,等等。日本茅原定《诗经名物集成》凡例明言:"名物正辩,必归诸本草之书。自炎皇及汉梁唐宋,下迨明末,纂述群氏旧矣。第其中《纲目》为精备。"即指此言。茅原定自己的书就参考了《证类本草》及各种医学资料。

而诗家取象或赋咏草木却越来越简略,多仅是泛说概说。如宋谢翱曾做《楚辞芳草谱》,可是唐宋诗词中说芳草,大抵就只是"记得绿罗裙,处处怜芳草"(牛希济《生查子》)、"波渺渺,柳依依,孤村芳草远"(寇准《江南春》)、"萋萋芳草忆王孙,柳外楼高空断魂"(李重元《忆王孙》)、"芳草长堤,隐隐笙歌处处随"(欧阳修《采桑子》)之类。芳草没有"芳"意,所取只在其春草碧色而已,淡化了它的香气。而草,除了一个描述字"芳"以外,到底是什么草,词人亦皆不细究微观,仅是"平芜一望"或长堤远眺,看见了一堆绿草罢了。这跟《诗经》、《楚辞》不是差别太大了吗?《诗经》写到的荇菜、葛、卷耳、蘁、苤苢、蒌、蘩、蒴、苓、茨、唐、蕗、葖、苇、蘿、萧、游龙、茹、蕫、荬、薂、苦、荞、纻、菅、鹝、芅楚、稂、蓍、蒌、壶、重、穋、苴、果蠃、台、蒿、莱、莪、芑、蓫、葍、莞、蔚、绿、蓝、茬菽、柜秭等草,后世不是根本搞不清楚这些到底是啥,就是放弃了不写。某些草,如游龙、蓝、鹝,你可能还以为是动物呢!

江湖侠骨已无多

在剧烈变迁的社会中,知识分子常表现为侠。例如汉代末期,社会与文化都面临着剧烈的变动,士风便往往表现为侠行,《二十二史札记》卷五就指出:"自战国豫让、聂政、荆轲、侯嬴之徒,以意气相尚,一意孤行,能为人所不敢为,世竞慕之。其后贯高、田叔、朱家、郭解辈,徇人刻己,然诺不欺,以立名节。驯至东汉,其风益盛……举世以此相尚,故国家缓急之际,尚有可恃以撑挂倾危。"但这一时代的侠,毕竟只是消极的抗议者,只能以比一般人更刻苦更艰难的方式,去显示侠行的可贵,却不能积极地铲除社会的不义,以超越社会体制、打倒规范的行动,"绝出流辈"。这是由于那个时代的社会问题还不严重,文化变迁还不剧烈,晚清就不同了。

晚清社会是文恬武嬉、官贪民刁的时代,知识分子自觉对时代有责任,所以也就更向往正义之实现,也更期待英雄,或自己愿意成为拯救时代的英雄。对于各种现存的社会体制,更是力予批判,意欲"冲决网罗",以获得个体的自由和群体的解放。在这种存在的基础上,他们的性格往往就倾向于侠。如龚定庵说:"陶潜诗喜说荆轲,想见停云发浩歌,吟到恩仇心事涌,江湖侠骨恐无多。"他不但自认为侠,也以侠客视陶渊明哩!深受定庵影响的《新民丛报》及革命党人,更常以侠士精神为号召,如《秋瑾号》、《鉴湖女侠》、《吴樾号孟侠》,章太炎写《儒侠篇》,他的弟子黄侃也写过一篇《释侠》,他们均提倡复仇,赞扬侠以武犯禁。

侠与儒是不一样的两种人,两种生命形态。儒者之学为己,侠客之行为人;儒者沉潜内敛,侠士激昂跳脱;儒者循义,侠则行多不轨于正义。但儒家学问中也有激昂抗烈的一面,如《礼记·儒行》所记载者,刚毅之行、勇决之操,即近于侠客。在这个困塞晦暗的时代,章太炎等人便特别把儒家这一面抉发出来,希望能够儒兼侠,替时代开拓一个新的局面。这种作为,跟谭嗣同"墨有两派,一曰任侠,吾所谓仁也,在汉有党锢,在宋有永嘉,略得其一体"(《仁学自叙》)之说意义相同。不论其溯源于儒抑或墨,共同的主张即统合士风与侠行。儒或墨,代表知识分子,在汉末、宋末,这些知识分子都曾因时局的刺激,而表现出与侠相似的生命气质。晚清自不例外。当时维新一派,如梁启超撰有《中国之武士道》一书,鼓吹侠刺精神。杨度、蒋智由序,亦皆强调中国应该恢复侠风。谭嗣同更是"少好任侠"的人物,直到他因戊戌政变而死,但仍留下了大刀王五的故事。革命派比维新派更激烈,主张暴力革命,所以也特别鼓励暗杀、复仇。

那时不仅许多人以侠为名为号(如上举的秋瑾、吴樾),也有不少人以剑为名。像南社,柳亚子的书斋叫磨剑室、高旭号剑公、俞锷又字剑华、朱慕家号剑芒、傅钝根字君剑、王锐字剑丞,诸如此类,其心情恰好可以俞锷的一阙词来说明"只怕雄心还未灭,遇冤魂骤把钢刀起,可酬得平生意"(《金缕曲·题与冯心侠合影小照》),希望能消弭人间的不平。这种儒侠合一的、经过转化改造后的侠客精神,可说普遍流布在那个时代的知识分子心中。撇开著名的任侠人物如章太炎、谭嗣同不谈,我们从整个《南社诗文丛选》中去观察,将更能说明这个现象。《南社诗文丛选》中所录各诗,多伤同志之死难、哀生民之流离者,而其中即往往有直标侠义,以当鼓吹之作,如方荣杲《题红薇感旧记》提到"那知侠义出平康,羞煞邯郸击剑郎",刘国钧的《并游侠行》歌颂游侠"一朝时至成勋业,要遣功名到狗屠",周亮《侠士行》亦云"手不斩仇人头,口不饮仇人血,侠士替天平不平,其情如山心如铁",沈砺《吴中杂咏》则说"要离冢外五人冢,犹占吴门侠气多"。高旭又曾画《花前说剑图》,同社诸人吟咏殆遍,因为这是他们共同的心声,他自己题诗云:"提三尺剑可灭虏,栽十万花堪一顾,人生如此差足奇,真风流亦真雄武。"也确是豪气干云。钱剑秋别有《秋灯剑影图》,柳亚子题云:"乱世天教重侠游,忍甘枯槁老荒邱?""我亦十年磨剑者,风尘何处访荆卿?"也把他们这一伙人共同的想法点出来了。郑叔容在给柳亚子的信上谈到整个南社的诗文时,他用"蹑扶风豪侠之景,歌旗亭杨柳之词"来形容,可见这个革命团体确实也给了大众一个激扬侠风的印象。这种印象,跟他们自己的自白,相当一致。

由于侠有面对死亡的体会,儒侠于生命自有一种苍茫之感。俞锷题柳亚子《梦隐第二图》竟百感交集、愁思万端,因复作短歌行以寄所谓"梦里图中俱无那,伤心一样可奈何!可奈何!拔剑为君歌短歌",即指向这种百感交集的生命苍然之感。从现实上看,"客天涯无多侠骨,雄谈还健,此地从来逋逃薮,一霎风流云散",叛逆的英雄不断地凋零死去;从道理上说,人生苦短,忧患实深。英雄们行走在人生道路上，也越来越觉得孤寂苍凉。负荷时代苦难的担当精神和体会人生悲苦的宗教意识，本来是有些冲突的。因为宗教意识常在体会人生悲苦空虚之后，超越于人生之上，以解脱空苦。但这些儒侠们往往只是能知超越之理，而不能真正超越，无法以澄观之心，超越地抚平人世的激情。反而，他们太过浓挚的担当精神，除了负荷时代的苦难之外，也同时要负荷人生的苦难。所以，宗教意识所体味到的人生空虚感，不仅不能解脱他们在现实世界上的激切之情，还倒过来，强化了他们的担当与负荷，以至于他们的激情，从现实层面透入了生命存在的本质。其中，定庵就把这种心境称为"箫心剑气"。他小时听巷口有人吹箫卖饧，心神辄痴，仿佛生病一般。这沉沉然、阴阴然，极混眇又极真切感人、让他如痴如病的箫声，逐渐就变成他内在心灵幻动的一种征象。这种难以明言的郁伊幽奇之心，他称为箫心。在《又忏心一首》中他描述心潮鼓荡："来何汹涌须挥剑，去尚缠绵可付箫。"又在《秋心》诗中说："气寒西北何人剑，声满东南几处箫。"诗中凡幽、香、灵、艳、缠绵、美人云云，都跟他这箫心之发动有关。但箫心只是心的一面，偏于沉、静、缠绵、幽怨的一面。心还有奇狂、鼓荡、激昂的一面，那他就用剑来象征。"按剑因谁怒，寻箫思不堪。""一箫一剑平生意，负尽狂名十五年。""沉思十五年中事，才也纵横，泪也纵横，双负箫心与剑名。""长铗怨、破箫词，两般合就鬓边丝。"都是双提箫剑，这代表了他的心绪，也代表了他的生平。这个生平，既有儒的经世济民，又有侠的跌宕不羁，但毕竟一事无成，徒留苍凉——"少年击剑更吹箫，剑气箫心一例消。谁分苍凉归棹后，万千哀乐聚今朝"（《己亥杂诗》）。所以他要参禅学佛，以求脱解超越。却不料，情执未解，"万一禅关砉然破，美人如玉剑如虹"（《夜坐》）！美人如玉剑如虹,这种箫心剑气,委实让清末民初诸儒侠们向往不已。周实《哭洗醒》便说:"尘寰从此知音稀,剑气箫心谁与抗?"

在这样侠风激扬的时代,《水浒传》受到重视是很自然的。以南社的奇人黄摩西为例,他便不同于金圣叹之大骂水泊强梁,欲一一将之正法。他正面肯定《水浒》"纯是社会主义。自有历史以来,未有以百余人组织政府,人人皆有平等之资格而不失其秩序。山泊一局,几于乌托邦矣"。梁启超也说:"《水浒》一书,为中国小说中铮铮者,遗武侠之模范,使社会受其余赐。"《小说丛话》作者之一的定一说:"《水浒》者,人以为萑苻宵小传奇之作,吾以为此即独立自强而倡民主、民权之萌芽也。"这些言论,意味着在激情时代中,《水浒》"痛快淋漓,能为尽豪放之致",故为人所乐读。而那种企求冲决网罗、扫荡不平的心理,也恰好可以在书中得到满足,因此他们在《水浒传》中看到了民主、民权与平等,认为"施耐庵独能破千古习俗,甘冒不韪,以庙廷为非,而崇拜草野之英杰,此其魄力思想,真足令小儒咋舌"(眷秋《小说杂评》);"《水浒传》者,痛政府之恶横腐败,欲组成一民主共和政体,于是撰为此书"(燕南尚生《新评〈水浒传〉》)。

这是不足为奇的,诠释本来就依读者存在的感受来,而这种见解及呼声,不也促成了近代史的变革吗? 只是,现今《水浒》英雄的行径已不获鼓励,以法治民成了正义之手段,江湖侠骨柔情便都远去了。遥思距今不远的晚清民国侠风,真成隔世。定庵说得不错:"江湖侠骨恐无多!"

奇门秘技

我跟一般学者不同,别人黄卷青灯,在书斋里皓首穷经;我则东飘西荡,游以抒怀。人家往来无白丁,谈笑有鸿儒;我却三教九流、鸡鸣狗盗,无不交往。有时甚至偏激地认为:"仗义每多屠狗辈,负心多是读书人。"他们文采儒雅,我却不免剑气纵横,且杂于星历卜祝之间。生涯如此,焉得不常有奇遇?迩来浪迹神州,在各地饱览奇山胜水之外,也就顺道查访异人,或打听相关奇闻。

例如我幼时爱听家父讲述江西老家的乡野传奇。据说某次邻村有人来我村偷鱼,村人去制止,双方拉扯了一阵,对方悻悻然离去。其人返家后,双眼红如朱砂。我父看了,知是一门叫"五百钱"的功夫,忙请族中长老去邀了邻村保长来做见证,说盗鱼之是非姑且不论,却是不该下此重手,烦请施术者出来解救,否则数日即死。邻村保长见了也很着急,不断道歉。但施术者已藏匿他处,一时无法找回。我父乃快船去吉安,找位青帮的朋友赶来救治。用药之后,病人泻了一脸盆黑血,才得痊愈。依家父说,这门功夫是该村人从一凤阳婆处学来的,幸而学得尚不地道。后来他还把此事始末写入他的自传《花甲忆旧集》里。

这当是闭穴法的一种,万籁声《武术汇宗》虽亦言之,而不得其详。各武学医科伤科典籍中,也都未载其法。故一向我只视为传奇,不以为真能得见。后来才访知江西万载县袁州府黄茅地方仍存"字门",尚传此技。习者先交五百钱学点穴,再交五百钱学解法,所以名"五百钱"。分明暗两种:明手拿其一穴,控制全身,又称大手,多在技击时用之;暗手则在与人握手、拍背、递烟、搂抱、拉扯之际施之。受伤后只有下手人才能解救。若不解救,重者顷刻吐血而亡;轻者数日、数月、数年而亡。其法以指尖发劲,有"点、拍、摸、闭、拿"等阴阳手法之分。按下手轻重、穴位位置、时间长短不同,而产生不同之症状,去医院检查也查不出。解救后,伤处仍会呈现犹如铜钱般的紫色手指印。江西民间习此技,有"三十六大穴、七十二小穴"之说。但黄茅的郭仪师傅用的是五十三穴,这是他那一派的独得之秘。家父说的凤阳婆传技,或是讹传,或是凤阳另有传承,亦未可知。字门别有符法,说是可以止血止痛。弟子拜师时,用刀刺手,以符止痛止血来证验。又有脱绳术、五雷定身术、九龙化骨水等。化骨水可以使人当场吞筷子和绣花针,然后喝水化之。画五雷字,亦可以把蛇定住,号称真武定蛇技。不过我没见过,不好乱说。

当然,这类医武奇术,台湾也多的是。但我觉得好奇的,是为何大陆经历过这几十年翻天覆地的变动,大传统(great tradition)几乎整体出现断层,而乡村民俗代表或传承的小传统(little tradition)竟能存活下来?例如真正的道教茅山派科仪道法,几已断绝;而民间的茅山术,什么寄打、退煞、青龙过江、隔山打穴、翻天印、铁板印,却仍在民间用自己的方式流传。许多江湖门派,也是如此,改革开放后一一恢复,且有掌门人等授受谱系。为何如此?这个问题,有时比那些术法更让人觉得神秘。

改革开放后的新社会,好像也没让他们适应不良,反而活得更畅旺。过去依口传心授,现在是光盘、函授、教材教具,更胜于学堂。过去仅在乡里秘传,今于通都大邑遍设分部坛口。过去只知闭门苦练,现在有各种特色培训,完全针对现代生活之节奏与需求来设计,而且推陈出新,根本不限于传统的门派窠臼。

比方我知道有个华山派,竟然有"密传华山紫霞功"和独孤九剑。紫霞功跟独孤九剑?那不是金庸在《笑傲江湖》里掰出来的吗?不要紧,现在真有个华山派了,而且真有紫霞功和独孤九剑了。紫霞功发为紫霞掌,双手便亦出现金庸所形容的紫色,据称可以隔物碎砖、切碑断石,你怕不怕?哈哈,别忙,还有更厉害的。金庸《天龙八部》中不是说有个逍遥派吗?今我在河北邢台也访到了。其逍遥迎风掌,据云可以隔山打牛、隔空削砖、百步之外击人。其纯阳内功,修习百日,即能开碑裂石,一头撞倒砖墙;再练,更可飞身上屋、踏雪无痕,胜过铁掌水上飘。就是不知跟天山童姥、丁春秋相比如何。另有一个河南石佛镇的五毒门,号称仙剑合炉,颇令人联想到畅销电玩《仙剑奇侠传》。但该派讲移魂出窍,不仅可呼风唤雨,更能驱动僵尸。练的是五毒夺魂掌,中者七日之后溃烂至死。此外,它还传一种迷魂药、催情功,乃古代房中术、拍花门之流裔。

对这些稀奇古怪的新旧功法数术,我或信或不信,但都无碍我查访着好玩。有时蓄疑已久,忽然觅着头绪,如前面说的"五百钱",就更是高兴莫名。如我小时曾练铁沙掌,故对一位铁沙掌前辈顾汝章与江湖奇侠柳森严的故事,深感好奇。此事又牵连大侠杜心五,而杜心五练的是自然门的武功。自然门功夫,万籁声书中可见端倪,但我在台湾未见其传承。其来历尤其模糊,连万氏都说"本门渊源,不得详考"。后来我自己做过一篇考证,查到赵避尘的《性命法诀明指》,知其道脉本于了空了然,武技本于徐矮子。可是仍不晓得徐矮子究竟是谁。方今之世,更有谁见过杜心五、万赖声,可以从容叩问?不想,某次在成都,逢筋经门王庆余先生,谈起来才知他不但见过,且由杜心五介绍,拜在青城山欢喜道人李杰门下。听他讲述杜心五袖短剑走镖,徐矮子作羌人装束,飞身立在桌角上等事,不胜企慕。武林旧事,一霎纷来眼底。访寻奇门秘技,其乐往往如此。

不如吃茶去

茶史考证,都说先秦已知有茶这种植物,甚至已开始饮用,真正确定,却须迟至东汉。晋张载《登成都楼诗》说:"黑子过龙醢,果馔逾蟹蝑。芳茶冠六清,溢味播九区……"讲成都饮茶之盛,令人推想此风可能由来已久,只是尚少文人为之揄扬,故仅属一般民俗,而未普及于全国。北方人的饮品以奶、酪为主,尤其喝不惯这种苦水。

唐代文人喜欢喝茶,咏茶、论茶者也就越来越多,李白、王昌龄、岑参、钱起、卢纶、皎然、白居易、刘禹锡、韦应物、卢仝等均有作,对饮茶风气大有推波助澜之效。卢仝能喝七碗茶,更成为一典故。嗣后最著名的,是写了《茶经》的陆羽,号称茶博士。此后文人品茶,竟成传统。茶书多出自文人之手,如温庭筠有《采茶录》、沈括有《本朝茶法》、蔡襄有《茶录》、魏了翁有《邛州先茶记》、杨维桢有《煮茶梦记》、罗大经有《建茶论》,等等。温庭筠是词人;蔡襄之书法,东坡推为宋代第一;沈括著有《梦溪笔谈》;曾慥编过唐诗选;罗大经著有《鹤林玉露》;魏了翁为南宋大儒;杨维桢为元末"文妖",号铁崖先生,更不用说欧阳修曾主盟文坛了。当时这一批重要士大夫文人对茶风茶道的提倡,自然就塑造了一种生活方式,使得人人均来追求。最特别的是宋徽宗也写过一本《大观茶论》。大观是其年号,序文说:"天下之士,励志清白,竞为闲暇修索之玩。莫不碎玉锵金,啜英咀华,较箧笥之精,争鉴裁之妙。虽下士于此时,不以蓄茶为羞。"他竟夸耀是因为他把国家治理得好,所以天下人都能从容地追求品茶的妙处。徽宗本身也是一个文人,他对茶的描述和议论,自然也就让我们体会到了一代人风靡茶道的气氛。

不过早期饮茶大抵仍如喝粥,郭璞注《尔雅》时说"茶树似栀子,冬生叶,可煮做羹饮",即由于此。故《茶录》云:"茶,古不问食,自晋宋以降,吴人采叶煮之,名为茗粥。"称茶为羹或粥,可见茶是极稠的,里面还要加上盐、冰片和其他佐料(冰片又称龙脑,到赵宋时仍大量入茶)。现今客家地区之擂茶,把茶叶、黄豆、玉米、绿豆、花生、白糖等并在一起,放入擂钵,捣成糊状,再予冲泡,泡时再加芝麻、花生粉等,古风犹存,即可令人想象古人喝茶景况。只不过现在擂茶多用冲泡,古则煮食,且不用糖而用盐。煮茶又称煎茶,到宋代才开始出现点茶,略似今日冲泡法,但更繁复。然而,无论煎点,都仍是要加料的。黄庭坚《煎茶赋》讲得很明白:"或济之盐,勾贱破家,滑窍走水,又况鸡苏之与胡麻?涪翁于是酌岐雷之醪醴,参伊圣之汤液,斮附子如博投,以熬葛仙之垩,去菽而用盐,去橘而用姜,不夺茗味,而佐以草石之良,所以固太仓而坚作强。于是有胡桃、松实、庵摩、鸭脚、勃贺、靡芜、小苏、甘菊,既加臭味,亦厚宾客。前四后四,各用其一。"加入了姜盐、甘菊、胡桃、靡芜乃至鸭脚,再加以熬煮,滋味如何,诸位可以揣想揣想。

有一年,我在日本京都三十三间堂游览出来,看见寺前有茶棚奉茶,立刻去请领一盏,一饮而尽。不料其中梅盐杂投,如喝方便面汤,我猝不及防,一时噎呛,竟差点喷呕出来。山谷道人嗜茶,所作茶词最多,晚年号涪翁。涪州茶历来有名。《茶录》云涪州宾化荣为蜀茶之最。白居易诗云"渴饮一盏绿昌明",亦涪州茶。而不想他之品味如此,实与今人悬绝。但此风在唐宋极盛。林洪《山家清供》甚至还主张再加点葱,说可以清除眼花、解疲劳。元明以后,此法未绝。元人编《居家必用事类全集》诸茶品中还记载了十种掺入了冰片、枸杞、桂花、茉莉、蜜柑花、煎绿豆、牛油的茶。其中制兰膏茶法云:"将上等好茶叶一两,仔细磨细,再把上好牛油一两半融化,加入茶粉中,然后不断搅拌。夏天加入冰水,冬天加入滚水……使其变成雪白色即可。加入少许盐,风味更佳。"竟与现今蒙、藏、宁夏、新疆地区的奶茶、酥油茶的做法类似了。瑶族打油茶、裕固族酥油炒面茶、土家族油茶汤、侗族豆茶,也都属近。到明代高濂《遵生八笺》中论点茶,也说试茶三要:一、涤器;二、汤火盏;三、择果。择果,不是准备喝茶时的果饵茶食,而是选择适当果品配入茶汤中。如今西北回族、东乡族流行的三炮台盖碗茶,以茶叶配上冰糖、桂圆、杏干、葡萄干等,用滚开水冲泡,即其遗风。《金瓶梅》里西门庆家喝的茶大部分即属此种,什么瓜仁泡茶、福仁泡茶、胡桃夹盐笋泡茶、木樨芝麻熏笋泡茶、蜜饯金橙子茶等都是。但风气渐变,对于饮茶而加这一大堆佐料,渐渐就有人不理解甚至不认同了。如明末大评书家孙矿,著《坡仙食饮录》,曾说:"唐人煎茶多用姜,故薛能诗云:'盐损添常戒,姜宜煮更夸'。据此,则又有用盐者矣。近世有用此二物者,辄大笑之。"他是大学者,又精熟苏东坡谈饮食的文献,对唐宋人饮茶用盐都还如此陌生;一般人听说饮茶居然还用这些,自然更要讪笑了。清佚名《茶史》载周吉父批评:"汉唐宋元之人,谓之食而不知其味可也。陆季疵著为《茶经》,在今日不足以为经矣!"即代表这种态度。陆羽《茶经》介绍的正是唐代熬煮如粥的茶汤。

烹煮茶、点茶、泡茶,是中国饮茶法变迁之几大类型,详情诸位可查各种茶书。我这里要谈的不是茶法茶技术,而是茶的观念与文化,而这部分正是与文学密切相关的。

敦煌变文中有一篇奇文:《茶酒论》,抄写的年代是开宝三年(970),作者则应是天宝年间人士,说茶和酒争辩谁对人类贡献更大,吵来吵去,互不相让,最后水出来说:"两位没搞清楚吧,没有了我,你们谁都成不了事。"此文是一种民间调笑戏谑之体,把当时社会上茶酒盛行、不可或缺的状况乃至利病都做了极有趣的铺陈。其中茶说当时茶之流行:"浮梁歙州,万国来求;蜀山蒙顶,骑山蓦岭;舒城太湖,买婢买奴。越郡余杭,金帛为囊。素紫天子,人间亦少。商客来求,船车塞绍。"茶在社会上显然已饮用成风,而且已成为重要商品,获利空间不小,所以商贾转贸,流通四方。印证以白居易《琵琶行》所说:"商人重利轻别离,前月浮梁买茶去。"益知饮茶久已成为社会风尚。所以《茶酒论》说:如经营茶业生意,可以早上把茶买进来后,"将到市廛,安排未毕,人来买之,钱财盈溢,言下便得富饶"。

到了宋代,饮茶更盛。《松漠纪闻》说:"燕京茶肆,设双陆局,或五或六,多至十。博者蹴局,如南人茶肆中置棋具也。"《梦粱录》说:"今之茶肆,列花架,安顿奇松异桧等物于其上,装饰店面,敲打响盏。歌卖……茶肆楼上专安着妓女,名曰花茶坊。"南宋《市肆记》则载:"平康歌馆,凡初登门,有提瓶献茗者。虽杯茶,亦犒数千,谓之点花茶。"《都城纪胜》还记录:"水茶坊,乃娼家聊设桌凳,以茶为由,后生辈甘于费钱,谓之干茶钱。"这些都是市井茶,一幅都市中饮食男女之景象,洋溢纸面。可是,中国茶书百余种,你若想找这类材料,几乎是查不到的,何以故?

凡文化,都有两层,现实层和理想层。现实层是熙熙攘攘,皆为名来、俱为利往,男盗女娼,孳孳营营。理想层则是礼义廉耻、忠孝节义,孔曰忠恕、老曰清静。凡是著书立说,除了我们现今这个时代,没有人会去提倡前者,都是教人应清虚克己、忠恕待人的。因为这才显示了我们这个社会的文化理想、人生的意义追求。而前面那一部分,只是表现自然本能的饮食男女,何待提倡?有何可说?不说、不提倡,现实上也不会减少,它是社会永远存在的现实。讲文化的人,虽不断提倡文化理想,揭示价值方向,冀人遵循,以稍减现实社会人欲横流之病,走向上一路,却也只能是稍减而已。俗人的社会,终究不可能完全使其变雅。

于茶饮一事,亦当如是观。市井茶饮是饮茶的现实面,这一面一直十分兴旺。现今市肆茶楼及茶商贸易,与《茶酒论》、《松漠纪闻》所载,其实也没什么不同,可能还更甚。但茶书茶谱茶品茶乘所显示的,乃是茶的文化理想层面,体现着与市井流俗人饮茶不同的文化取向、价值观。包括上文所述,对茶中添入盐梅蜜果之排斥、提倡饮清茶,均是这类文化价值观之显现。这种文化价值观的提倡者是哪些人呢?就是唐宋元明清的文人群体。

仍回到我刚才的介绍,茶在社会上早已盛行。开门七件事,柴米油盐酱醋茶,虽是晚出的俗语,但汉王褒《僮约》已说到"武阳买茶",可见此已是僮仆日常要涉及的事。晋张孟阳《登成都白菟楼》:"门有连骑客,翠带腰吴钩。鼎食随时进,百和妙且殊。披林采秋橘,临江钓春鱼。黑子过龙醢,果馔逾蟹蝑。芳茶冠六情,溢味播九区。"如此云云,也可看出成都饭馆里的热闹劲,啖江鲜、饮芳茶,不亦快哉。然而,文化发展历来都是朝转俗为雅的路子走的。喝茶不会只停留在这个层次,还要有向上一路。因此,魏晋南北朝茶文化转化的途径,就是朝"雅人深致"方向走,强调茶与"高士"的结合。高士不会像市井俗人,以庸脂盛馔为美,故茶独显其为清品。《晋中兴书》载一故事,说谢安要去拜访吴纳,纳的侄儿见他毫无准备,就好意私下安排了盛馔。等谢安来时,吴纳招待客人的仅有些茶果而已,他侄儿赶紧把准备好的大餐推出,珍馐俱备。不料谢安告辞后,吴纳竟把他侄儿痛打了一顿,说:"汝既不能光益叔父,奈何秽吾素业?"吴纳当时是吏部尚书或吴兴太守,是大官,珍馐不会安排不起;他侄儿好意安排了,他还不领情,显然在人情与嗜好上,他另有与一般人不同的态度,追求清淡而非浓艳。招待谢安这种风雅大名士,居然推出一台盛宴,他是深以为耻的,所以才恼羞成怒,把侄儿暴打了一顿。陆羽把这则故事,抄录到《茶经》里,显示了这种人生态度乃此辈茶人们所认同所追求的,与成都酒楼、浮梁茶商、平康歌馆里的茶,迥然异趣。所以这类茶人所交往的茶侣,都是些名僧高道、修洁自喜的人。后来许多茶书抄来抄去、互相转录的一段话:"煎茶非漫浪,要须人品与茶相得,故其法往往传于高流隐逸,有烟霞泉水石、磊块胸次者。"大抵即为此辈心声。

高流隐逸,多方外僧道;烟霞泉水石、磊块胸次者则为名士。南北朝隋唐时一种清雅脱俗的饮茶法,就被这些人提倡起来了。《茶录》载:"王子尚、王子鸾去八公山拜访昙济道人,道人设茶茗,子尚味之曰:此甘露也,何言茶茗?"当时方外僧道多擅制茶,名士也喜欢去找这些人喝茶、欣赏他们的茶。陶弘景说丹丘子曾饮茶成仙,故道士种茶饮茶久为风俗,也强调茶的保健养生功能,造了许多传说。入山采茶的人,又常遇着道士丹丘生。故茶与道士的因缘是很深的。唐僧皎然《饮茶歌送郑容》说"丹丘羽人轻玉食,采茶饮之生羽翼",即指此事。杜牧《春日茶山病不饮酒因呈宾客》云"谁知病太守,犹得作茶仙",也用了茶与仙家的典故。裴汶《茶述》记荆州玉泉寺产一种茶,僧中孚拿给他看,共同定名为仙人掌茶,有诗相赠答,讲的也是和尚们尊重茶与道教神仙传说的渊源。宋代道流,仍保有此一传统。欧阳修《送茶与许道人》、道士白玉蟾《茶歌》都是例证。黄震《送道士宋茗舍归江西序》说道士以茗舍为名,准备回江西老家去种茶,故黄震写序送他。亦是一例。苏东坡还有一说法,谓不应将茶形容为佳人,因为佳人太浓丽了,恐不宜于山林。若一定要用好女子来比拟,那么当比为毛女、麻姑"自然仙风道骨、不涵烟霞"。其他可说的还很多,如温庭筠曾写过《采茶录》,亦有《西岭道士茶歌》,颇称许其茶:"疏香皓齿有余味,更觉鹤心通杳冥。"宋以后,道士之擅茶者还有吕洞宾、白玉蟾两祖师。据说吕游大云寺,僧请他啜茗,举丁谓诗:"花随僧箸破,云逐客瓯圆。"吕认为句虽佳,未尽茶之理,另做一诗说"玉蕊一枪称绝品,僧家造法极功夫"。白玉蟾则以茶修内丹,说:"吾侪烹茶有滋味,华池神水先调试。丹田一亩自栽培,金翁姹女采归来。天炉地鼎依时节,炼作黄芽烹白雪。"白玉蟾的道场就在著名的茶区武夷山,故其咏武夷六曲曰:"仙掌峰前仙子家,客来活水煮新茶。主人遥指青烟里,瀑布悬崖剪雪花。"茶与修道,密迩难分矣!

后世论茶,喜说"茶禅一味",对茶与仙家渊源甚为陌生。原因是僧家钻研茶道，后来居上。到唐代中期，已然僧寮遍是茶寮了。僧家饮茶源于道家，这由皎然中孚诸僧之表现看即可明白。皎然与陆羽相熟，乃茶道大师，但他《饮茶歌诮崔石使君》说崔君喝茶不行，未得真趣。真趣是什么呢？"孰知茶道全尔真，唯有丹丘得如此"，充分认同道家饮茶可以全真之观点。饮茶可以成仙者，葆真、养生，自然就可长生了。僧家于茶，正继承着这一态度，故其虚雅清净，咸与仙家相同。但唐代僧人于此道也有发展。主要有二：一见《博物续志》，该书说："北人初不识（茶），开元中，泰山灵岩寺，有降魔禅师者，教人以不寐，多作茶饮，因以成俗。"茶是否因此才普遍传及北方，尚待考证，但这个记载提示了我们：僧家看重茶能破睡的功能，故提倡饮茶。这与西方基督新教徒提倡喝咖啡以振奋精神，实有惊人的相似性。他们以咖啡取代社会上的酗酒风气，中国僧人则以此扭转饮品独以酒为尚之传统。所以前举的敦煌出土《茶酒论》，抄写流传的，就是知术院弟子阎海真。本着这种提倡新风气、新生活态度的想法，种茶、制茶、饮茶"因以成俗"的，即不在社会上而在寺院，成了寺院的新事业、新传统。各地寺院均热衷于此，寺院遂一跃而成为社会茶商茶场之外另一大群体。

僧人饮茶，与仙家不同而对茶道有推展的另一点是：仙家山居幽隐，饮茶是与他们自己轻举羽化相关的；僧家则以茶为弘法之媒介，虽亦远离世情，但颇擅长以茶交结四方檀越，如王昌龄与诸君茶集于天宫寺诗即为一例。这类茶集，各地寺院都有，如韦应物《澄秀上座院》说"林下器未收，何人适煮茗"，柳宗元《巽上人以竹间自采新茶见赠酬之以诗》说"犹同甘露饭，佛事熏毗耶"，钱起《过长孙宅与朗上人茶会》说"松乔若逢此，不复醉流霞"，释清昼《顾渚行寄裴方舟》说"伯劳飞日芳草滋,山僧又是采茶时",以及刘禹锡《西山兰若试茶歌》等均可证。另有些故事,如说"觉林寺志崇收茶三等,待客以惊雷荚,自奉以萱草带,供佛以紫茸香。客赴茶会者,皆以油囊盛余沥以归",或《灌园史》云"唐彦范精戒律,所交皆知名之士,所居有小圃植茶,常云茶为鹿所损。众劝作短垣隔之,诸名士悉乃运石"。《芝田录》说李德裕取惠山泉、昊天观泉水各一瓶,再杂以其他水八瓶,让一僧人挑选,僧只取这两瓶好水,令李大为叹服;《河南通志》说济源县有卢仝茶泉,玉泉寺僧汲之煎茶。又,《檀几丛书》云:"唐天宝中,稠锡禅师,名清晏,卓锡南岳,涧上泉忽迸石窟间,字曰真珠泉。师饮之,清甘可口,曰:得此瀹吾乡桐庐茶,不亦称乎!"都说明了僧人、寺院在茶艺推广上的作用。茶会茶宴茶集,在僧家是极普遍的,后来"茶寮"一词,即由"僧寮"而来。

僧道饮茶,其茶侣自然非一般市井尘俗,而是文人雅士。清程作舟《茶社便览》茶侣一条就特别说:"茶侣:翰卿墨客,缁流羽士,逸老散人或轩冕之徒,超轶世味者。"这一条,其实在明代茶书中是常见的,如徐渭《煎茶七类》里就有。徐渭把此篇托诸唐代卢仝,也或许可代表唐宋以来这批人的共识,嗜好颇与俗殊。

因此,非常有趣的是明代李日华《六研斋笔记》有这样的言论:

> 茶事于唐末未甚兴,不过幽人雅士,手撷于荒园杂秽中,拔其精英,以荐灵爽。所以饶云露自然之味。至宋设茗纲,充天家玉食,士大夫益复贵之,民间服习寖广,以为不可或缺之物。于是营植者拥溉孳粪,等于蔬簌,而茶亦颓其品味矣!

这样的言论,何以说它有趣呢?因为这正是文人雅士长期提倡清雅饮茶趣味后,文人自己习染于其中既久,遂以为茶本来就是清品,不近流俗;到宋代以后,民间才开始流行,茶也才开始成为生活必需品,因而才有茶产业。这样,其实是把茶史整个弄颠倒了,不晓得茶饮不但初起于民间,甚且可能还由西南少数民族地区传布起来。后来是以其药用功能及山林气,为幽逸隐栖之道士们所欣赏,继而为僧家所提倡,再为文人所鼓吹。而在文人高士方外合谋的这场茶之旅以外,饮茶自仍有市井一路,相承不衰。如《梦粱录》、《都城纪胜》诸书所载者即是,只是不为文人所重罢了。所以,像前文所述各种熬煮或杂投梅盐葱姜果饵松仁的喝茶法,越来越不受文人青睐;只饮清茶而赏真味的思想,越来越强。就是茶里放花,早期也算是求雅之一法,后来便以浓艳而减价了。熬煮,明清还盛行于民间,如《金瓶梅》二十三回,吴月娘就吩咐底下人说:"有六安茶,顿一壶来俺们吃";袁枚也说:"我见士大夫生长杭州,一入宦场便吃熬茶",可见其盛行。但袁枚痛批此法曰:"其苦如药,其色如血。此不过肠肥脑满之人吃槟榔法也,俗矣!"花茶,明程荣《茶谱》尚谓:"木樨、茉莉、玫瑰、蔷薇、蕙、兰、莲、桔、栀子、木香、梅花,皆可入茶";但著于万历间之徐(火勃)《茗谭》已大不以为然,曰:"顾元庆《茶谱》,取诸花和茶藏之,殊夺真味。闽人多以茉莉之属浸水瀹茶,虽一时香气浮碗,而与茶理大舛。"屠本畯《茗笈》也说:"茶中着料、碗中着果,譬如玉貌加脂、蛾眉着黛,翻累本色。"可是我在上文已说过了,现在民间乡下及少数民族地区仍多以果仁等与茶并冲的熬煮旧法亦不罕见。清代乃至民国时期,北方更是花茶的天下,龙井、碧螺春、毛尖等清茶,档次与价钱均比不上花茶。皇宫王府所饮,实亦以花茶为多,品味与文人雅士可谓截异。《红楼梦》一味求雅,论及饮茶的场面,都是明代文人茶的套路,以清茶为主,又是雪水煮啦,又是讲究雅人雅茶具相配啦,纯显文人趣味,与当时真正北方富贵人家饮茶之态度其实颇异,乃南方文人的茶饮情韵①。

而《茶社便览》之茶社,本身亦是文人对僧家茶集、茶会之发展。在唐代,茶集茶会茶宴只是一般聚会。到五代开始起了变化,"和凝在朝,率同列递日以茶相饮,味劣者有罚,号为汤社"(陶谷《茗荈录》),变成固定社团,为整个唐宋文人社集发展中的重要一环。文人高士对茶之影响力,是伴随方外僧道而起的,但整体影响,非僧道可比。因僧道方外毕竟只是方外,文人士大夫却是社会的主流群体,代表社会的文化价值方向,他们又能诗擅文,掌握了绝对优势的话语权,自然影响深远。而且我们应注意:文人话语,不只是旁观者的歌颂描述赞叹,更是转换了角色,把植茶、艺茶作为自家的艺事创作,取代了老农老圃。陆羽的出现,就代表这一意义。陆羽以前,文人仅喝茶而不种茶、制茶、亲自品水、执爨、煎烹。陆羽开始把这一套原本应由老农老圃、童子婢仆们干的事,变成了文人自己的技艺。据说当时陆羽曾因此受辱,被士大夫们瞧不起,讥为"茶博士",以致愤而另著《毁茶论》。"茶博士"乃市井卖茶人的称呼,难怪陆羽会一时心理受不了。不过,《毁茶论》不传,流传广远的是他的《茶经》,内分源、具、造、器、煮、饮、事、出、略、图十部分。出讲茶产地,事是茶故事,略是外出时比较简便的煮茶法,特点是既如农书般详细可操,又能指出向上一路,求精求雅。具讲煮茶器物,例如茶碗,强调要用越瓷,鼎州、婺州、岳州、寿州、洪州最好不用。邢瓷则不如越,因为"邢瓷类银,越

---

① 另详见:龚鹏程.红楼丛谈.济南:山东画报出版社,2012.

瓷类玉，邢不如越，一也。若邢则类雪，则越瓷类冰，邢不如越，二也。邢瓷白而茶色丹，越瓷青而茶色绿，邢不如越，三也"。晋杜育《荈赋》曾说："器择陶拣，出自东瓯。瓯，越也。"茶碗不同，影响的不过是视觉，与茶汤之滋味其实无关，但亦须有如许讲究，其他一器一具，莫不皆然。这就非茶农所知了。故后来卖茶的人反而要倒过来向他学习，奉他为茶神，烧了陶像来祀拜他。后来文人写茶书，一直延续着这个传统，不仅品赏，还要能亲自动手做茶。如东坡云"活水还须活火烹，自临钓石取深清"，乃文人技艺之一端。陆羽是个弃婴，被和尚捡回抚养。老和尚竟陵大师本就精于茶道，艺传于羽。羽不愿出家，以士人身份游历江湖，但仍与皎然等茶僧诗僧来往密切，故其茶可说是文人高士与僧道方外之结合。不过，陆羽也是个转折，因为此后僧家固然仍保持其茶传统，且东传扶桑，影响深巨，但执茶艺权柄者乃是士而不是僧。此后茶录茶谱百余种，无一本是僧人手笔，全出于文人，如温庭筠、毛文锡、蔡襄、欧阳修、沈括、曾慥、罗大经、魏了翁、杨维桢、田艺蘅、陆树声、徐渭、屠隆、高濂、胡文焕、陈继儒、屠本畯、顾起元、李日华、冒襄、余怀、吴谦、翁同龢等。再加上一大批文人咏茶之零散诗文，形成了几乎所有关于茶文化的论述。

　　文人对茶的影响是多方面的，以茶具来说，各位不要看上文引陆羽说茶碗宜用瓷如何如何，唐宋茶具其实以金银为上。如宋徽宗《大观茶论》即说茶碾以银为上，熟铁次之；茶瓶宜金银。蔡襄《茶录》亦云茶匙以银铁为之，汤瓶黄金为上。陆羽论竹筴，也说要用银裹两头。沈括诗云"黄金碾畔绿尘飞，碧玉瓯中翠涛起"，正为当日实录。瓷，不过是玉盏的替代品罢了，故越瓷似玉而见重，寿州瓷黄、洪州瓷褐，就都不足珍。现今日本饮茶，标榜宋代天目碗，其色褐黑，在当时实非雅道。而这种以金银乃至玉器为尚的风气,到了明代才发生变化。朱权《茶谱》说"古人茶壶多用铁器,宋人恶其鉎,以黄金为上,以银次之。余今以瓷石为之",开始改用瓷石。朱权是对音乐戏曲卓有贡献的大行家,此举也形成一定影响,所以到嘉靖间顾元庆《茶谱》已说"银锡为上,瓷石次之"了。随后宜兴紫砂壶开始制造,被认为是更适合炒青芽茶的冲泡器具,故愈发流行,出现周高起《阳羡茗壶系》一类书,以及龚春、时大彬一类名家。时大彬固是陶人,但他"游娄东,闻眉公与琅琊、太原诸公品茶施茶之论,乃作陶壶。几案有一具,生人闲远之思",可知也是受文人濡染而然。

中国人要以吃拯救世界了吗

丹麦生蚝泛滥成灾,号召中国人民赶快去吃;澳洲三文鱼泛滥成灾,又号召中国人民去救灾。中国人听到这类消息,都当成奇谈。一方面是心理上还不适应当人类救星,一方面又奇怪:吃鱼吃蚝有啥难的?难道老外还真不会吗?是的,饮啖绝技,别人就是不懂。例如蒸鱼,多简单呀!可全世界都不会!即使是日本,其料理也仅是以生食、煮食和烧烤为主。除蒸蛋等一两样外,几无蒸菜。更不要说其他国家了。英国19世纪以后可以用水蒸气造出火车,迄今却还蒸不出一条鱼来,而中国人至少6000年前就会了。至于炒菜,中国古代也不会,宋代以后才发展了的,现在更没别的民族会。可见烹饪并非易事,不比造飞机火车容易。烹饪,既为中国人所独擅,我们的许多文化表现当然也与此深具关联。下面我略说一二。

距今约9000年前长江流域已有稻作农业,比国外发现的最早的稻作遗存要早3000年以上。距今7000年以前黄河已有栽培粟作。小麦与高粱则在5000年前已有,跟非洲高粱、西亚小麦也根本无关。

家畜驯养部分,马、牛、羊、鸡、犬、豕在新石器时代亦都已畜育成功,成为主要畜养及食用物。所以我们饮食文明起源之早,举世无匹。

国际上有些人主张中国人种外来说,认为青铜文化等也是外来的。可是,虽然苏美等其他古文明也有青铜文化,某些甚或早于我国,但我国青铜文化自有特色,饮食即为其特色。因为我们的青铜几乎没有农具,大多是礼器。而礼器,大抵都是食器。这与其他文明完全不同。如禹铸九鼎的"鼎"就是食器。直到现在,闽南语仍称锅子为鼎。而鼎又是政权的象征。鼎这种食器为何竟有如此重大的政治及权力意涵呢?礼器为何又多是食器呢?兵器、车器、农器、工器都不可能用为礼器,只有食器可以。何以食器有此地位?答案不难索解。《礼记·礼运》早已讲过"礼之初,始诸饮食",又说"礼必本于天,动而之地,列而之事,变而从时,协于分艺。其居人也曰养,其行之以货力辞让:饮食、冠、昏、丧、祭、射、御、朝聘"。古人认为人要生存就需脱离竞争抢夺资源的状况,以"货力辞让"来安排分配之,此即礼之所由起也。觅食求生是古时最基本的问题,故礼亦起于会餐分食之顷。由饮食乃有生命;有生命乃能长大成人,而遂有冠有婚有丧;有个人而后才有群体,群体间才需有祭射御朝聘等礼以"协于分艺",才能形成一个彬彬有礼的社会。这是后世儒者对礼的发展及其内涵之解释。亦唯有如此解释,才能说明礼器与食器混同的现象,也才能表征出中国政治学以"养"为内涵的特点。

礼器中鼎、彝、爵、尊、盘、瓠均为主要饮食器。"礼"这个字,原本也就是酒醴之礼,敬神或敬人即是礼。此可称为"礼食一如"。而一个民族也须如此重视饮食,才会从饮食的角度看待礼的问题,此可称为"特重饮食"。正因特重饮食,故铜器之中食器之繁,令人叹为观止。以酒器来说,有酿酒的罍、贮酒的壶、贮酒而备斟的尊、装满以备移送的卣、温酒的斝、斟酒的升、饮酒的觯、可温酒而饮的爵、可烫酒的觚,甚至盂、卮、杯、觞等,简直不胜枚举。其中爵又用为爵位之爵、尊用为尊长之尊,孔子以"觚不觚,觚哉"喻说政治抱负,庄子以"卮言日出"形容自己说话的方式,则都是饮食事物在思维活动中的延伸。

食用之法,中国以火食为特点。《礼记·王制》曾谈及南方有不火食的"雕题交趾"之民。雕题是纹身之意。纹身和生食冷食,都是中国人认为的异族野蛮原始人特征。《礼记·礼运》"昔者先王……未有火化,食草木之实、鸟兽之肉,饮其血、茹其毛",《淮南子·修务训》"古者,民茹草饮水,采树木之实、食蠃蚌之肉,时多疾病毒伤之害",《白虎通》卷一"古之时未有三纲六纪……饥则求食,饱弃其余,茹毛饮血,而衣皮韦",都表达了文明是以火食为征象的意思。孔子曾说"君赐腥,必熟而荐之",也是这个意思。至今民间童谣仍在唱:"小气鬼,喝凉水,喝了凉水变魔鬼。"中国人肠胃仍忌生冷,不像外邦人喜食生鱼、冷肉、凉水。

中国火食之早,是在周口店北京人洞穴中就已发现的了,这跟日本、韩国等至今尚喜生食冷食相较,足见其早。但更重要的,还不只是早,而是善于用火。一般民族逮到鱼兽或采集了黍稷,只会直接用火烧之;次则烧热石块以烫熟食物,或用竹筒盛水米煨烘;再不然就用泥裹食物隔火烤之。现在各式烧烤、石板烧、竹筒饭、叫花鸡等,即属此类初级用火之道。故《礼运》说:"中古未有釜甑,释米采肉加于烧石之上而食之。"许多民族的饮食方式至今也仍停留在这个阶段。用釜甑就是较高层的用火之道了。先用火烧土成陶器,再用它盛物烹煮,就是釜;鼎则是釜的变形或发展;至于甑,是利用火烧水产生蒸汽来蒸熟食物。世上各民族用煮的办法多,懂得蒸的少。中国则在河姆渡文化时期已有甑,蒸在距今6000年前便已成为东方烹饪法之特色,欧洲人迄今尚不娴熟于此。蒸不是直接用火烧煮,而是火水相与式的,有"水火既济"之趣。它和宋代以后发明的炒菜法,都是中国烹饪术对世界的重要贡献。至今世界上懂得蒸菜和炒菜的民族,也仅只我们一家。

火食之外,还有许多特点。例如刀工之繁复细致、酒曲之发明等都是,进食之法也不一样。古以抓食为主,现今非洲、中东、印度尼西亚及印度次大陆的许多地区也仍维持此种进食法。欧洲、北美洲现在以刀叉及汤匙进食,但历史不久。刀叉等起先只作为厨具,10世纪以后拜占庭帝国时期才开始作为餐具,但为传教士和上流社会所鄙弃。英格兰伊丽莎白一世女皇、法兰西路易十四都喜用手抓,后者还禁止勃艮第公爵等人当他面用叉子。英国则迟至1877年仍禁止水兵用刀叉进食。要到18世纪以后,中产阶级用刀叉才较普遍。中国人却在4000年前已用餐叉了,以黄河中游为多。用匙,更早在7000年以前。至迟在商朝时则已开始用箸。《礼记·曲礼上》说:"羹之有菜者用梜,其无菜者不用梜。"煮菜羹煮肉汤,用箸去夹也最方便。正如吃涮羊肉时绝对无法用手、刀、叉、匙,只能用箸。箸之用,当是伴随釜鼎羹汤来的。现今实物发掘固然只见到商箸,然其起源理应更早,而此后亦成为中国人主要的餐具,且影响遍及东亚大部分地区。箸,明朝以后称为筷子,在餐具中最平实、简便但技巧性最高,特色甚为明显,长挑近夹,无不如意,故亦可发展为合桌会食的型态。使刀叉,就只能各自分食,不可能像中餐一样会食了。

以上说吃,接着还要讲饮食思维的传统。

饮食是本能,如何吃却是文化;把吃视为文化中一大事、要事,更是文化。这在我们社会中固已习焉不察,视为理所当然,跟别的文明比起来却极为不同。林语堂在《中国人的饮食》一文中说:"中国许多优秀文学家写过烹饪之书,但没有一个英国诗人或作家肯屈尊俯就去写一本有关烹调的书,他们仍认为这种书不属于文学之列,只配让苏珊姨妈去尝试一下。"《隋书·经籍志》所载食经已达 71 卷,《新唐书·艺文志》则达 171 卷,郑樵《通志》则记了 360 卷,可见其多,亦可见中国人对吃的重视。司马贞注《三皇本纪》说"太昊伏羲养牺牲以庖厨,故曰庖牺",则竟把伏羲看成厨师了。

一般说来,对吃再怎么重视,吃毕竟只是吃而已。可在中国就偏偏不只如此。吃不只是吃,更是几乎可以延伸到一切事物上去的活动。许多事都可以用饮食去拟况说明。所以钱锺书《吃饭》说:"伊尹是中国第一个哲学家厨师,在他眼里,整个人世间好比是做菜的厨房。《吕氏春秋·本味篇》记伊尹以至味说汤,把最伟大的统治哲学讲成惹人垂涎的食谱。这个观念渗透了中国古代的政治意识,所以自从《尚书·顾命》起,做宰相总比为'和羹调鼎',老子也说'治大国若烹小鲜。"这叫作饮食思维。此种思维并不起于伊尹,乃是中国古代极普遍的思维模式。让我以《易经》为例,来做些说明。

做《易》者是观象而立卦,但天地之间,物象甚多,可以取象者也甚多,做《易》者为何取此而不取彼、所取又以何种物事为多,这涉及了做《易》时的观念,故举其事类即可观《易》义。饮食事类,就是其中极重要的部分。《易经》中专论饮食之卦甚多,颐卦即为其中之一。卦象艮上震下,是雷出山中、春暖气和、万物长养之时,故曰:"颐,贞吉。观颐,自求口实。象曰:颐贞吉,养正则吉也……象曰:山下有雷，颐，君子以慎言语、节饮食……由颐，厉，吉，大有庆也。"颐，是指人的两腮，咀嚼食物时两腮就会动。颐卦全从饮食处立论，后世有成语云"大快朵颐"，出典即在于此。此乃借饮食事而说义理，故取象于颐。类似者尚有鼎卦。鼎，离上巽下，巽是木，木焚后火焰上腾，即炊煮之象。炊煮用鼎，所以《象传》说："鼎，象也，以木巽火，亨饪也。圣人亨以享上帝，而大亨以养圣贤。"卦象中，九三指"鼎耳革"，谓鼎耳脱落了，象征"雉膏不食"。九四指"鼎折足"，象征打翻了菜肴，弄得汤汁满地。俗语"大亨"、"革故鼎新"，都出自这个卦。其义理均由用鼎煮饭吃之中悟出。"大亨以养圣贤"更是后来儒家政治哲学中一个非常重要的观念。

另外有不少卦，非取象于饮食，而是取义于饮食者，例如豫卦。豫，震上坤下，应是象雷声震动，万物破土而出，但《象传》说："雷出地奋，豫，先王以作乐崇德，殷荐之上帝，以配祖考。"言圣王见此象，即应法象天地，飨荐祖先及上帝。由饮食论政，甚为明显。也论饮食，但与鼎、颐、噬嗑略异者，则有观卦、中孚卦、损卦等。

观，坤下巽上，这个卦是讲观天文以察时变、观人文以化成天下的。其卦辞说"盥而不荐，有孚颙若"，《象传》曰"观天之神道而四时不忒。圣人以神道设教，而天下服矣"。为什么《象传》要从神道设教来解释观卦的卦辞呢？原来，观的本义即观宗庙祭祀。盥，就是"灌"，祭祀时用酒灌地以迎神。荐，指献牲。

中孚，兑下巽上，泽上有风之象，卦辞说："中孚，豚鱼吉，利涉大川，利贞。"王引之云："豚鱼者，士庶人之礼也。《士昏礼》：'特豚合升去蹄，鱼十有四。'《士丧礼》：'豚合升，鱼鱄鲋九，朔月奠用特豚鱼腊。'《楚语》：'士有豚犬之奠，庶人有鱼炙之荐。'《王制》：'庶人夏荐麦,秋荐黍。麦以鱼,黍以豚。'豚鱼乃礼之薄者,然苟有中信之德,则人感其诚,而神降之福,故曰豚鱼吉。言豚鱼之荐亦吉也。"

损,兑下艮上,卦辞:"有孚,元吉,无咎,可贞。利有攸往,曷之用?二簋可用享。"卦为大泽浸灭山土之象,故称为损。卦辞以祭祀用二盒饭为喻,孔《疏》云:"曷之用二簋,可用享者,明行损之礼贵夫诚信,不在于丰。既行损以言,何用丰为?簋至约,可用亨祭矣。"

以上这几个卦,卦本身虽非饮食之事,亦非取象于饮食,但卦辞皆直接用祭礼等各种礼所涉及的饮食问题来说明卦义。需卦也值得注意。需卦,需,乾下坎上,是需要的意思。这个卦虽不像颐、鼎两卦全从饮食上立论,但许多部分与饮食有关,至少《象传》认为它主要仍是在讲饮食,故象曰:"云上乎天,需,君子以饮食宴乐。"这是有道理的,因为人的需要固然不仅只是饮食,然而饮食毕竟是人的基本需求。卦辞九五"需于酒食,贞吉",象曰"酒食贞吉,以中正也",即指此而言。人若能中正而行,自然能获得酒食;而有酒有肉吃,当然是大吉大利的。这个卦还有一个有趣的地方:上六说"有不速之客三人来,敬之,终吉",象曰"虽不当位,未大失也"。正饮食宴乐时,客人不请自来,即请他们一道吃。虽不尽合于礼,却也没什么大错。此亦需义,可见人不能不考虑到别人或许也有不时之需,在自己有得吃时,应随机供给别人吃,而且要"敬之",不能是施舍式的"嗟!来食"。

以上这些都是整个卦跟饮食有关的,还有许多局部与饮食相关的,就不赘述了。

《易经》论饮食事,其实尚不只于此,但排比事类,其义自显,故亦不烦一一缕述。要从这个方向来观察,我们才能理解到伊尹、老子、《尚书》以及孔子、孟子那种以饮食来说义理乃至论政事王道的方式,其实是渊源有自的。在这种饮食思维浸润弥漫的社会中,其思想文化状况又会是怎样的一番光景呢?

对食色之欲的看法及处理方式,是一个民族文化发展中非常重要的部分,甚至可能是主要的部分。由于对这个问题的处理方式不同,才形成了各地不同之民族与文化。在这些文化中,对人生、对宗教,可能会有些理论去诠说、去铺陈其理念,但它的底子,像冰山潜隐在深水中的那个底子,可能是立基于有关饮食男女的一些态度。这个态度,影响着它的整体思维方向与内涵,却未必明言,或未必形成一套理论,未必以论理的方式来表达。因此,考绎宗教、讨论哲学、研究美学的人,也未必注意及此,以致空谈概念、拟测理境,而于古人之生活世界殊少契会,亦未能洞达诸人生观宗教观之底蕴。

以宗教来说,中国本身发展出来的道教或其他各种民间宗教,无不"贵生",珍重爱惜生命。为什么?这当然可以有其他思想上的解释,但中国人以生为乐的态度观念,难道不是个关键吗?中国人的宗教,与佛教、基督教、伊斯兰教最大的不同,在于以生为乐,不认为人生有罪、人生是苦;而且缺乏彼岸之向往,没有一个死掉以后可以去享受快乐生活的天堂、极乐世界。中国人的极乐世界就在这个我们所生活的人间,所以中国人不是劝人"往生极乐",而是召唤死者"魂兮归来"。换言之,一种贵生的、此岸的、现世的宗教观,即本于一种特殊的人生态度。此种宗教观,唯有透过这般文化宗教学的阐析,才能豁然昭显。

那么,人生之所以可乐,甚且至于"极乐"者为何?人又用什么召唤魂魄归来呢?《楚辞》的《招魂》、《大招》都一样,先说魂魄四处游荡不好,到处都充满了危险,还是赶快回家吧。接着就说家中准备了好酒好菜、美丽的女人,可供你享用,所以"魂兮归来,反故居些"。死后世界阴冷恐怖,活人的生活则充满了酒的香气、肉的味道、女人的笑语,两相对比,死人能不动心吗?

这种生活的第一个特点,就是有吃喝之乐。据《招魂》说,这叫作"食多方",什么都有得吃:稻米、粢稷、穱麦,杂糅着黄粱煮成的饭。豆豉、咸盐、酸醋、椒姜、饴蜜等众味并呈。肥牛的筋肉,煮得熟烂而且芳香;调酸醋和苦汁,陈列出吴国道地的羹汤。煮的鳖、炙的羊,又有甘蔗的汁浆。酸的鹄、沾了点汁的凫,还有煎的鸿雁和鹤。露栖的土鸡、炖煮的海龟,味道芳烈而且不败。粗粔、蜜饵,又有干饴。瑶白色的酒浆、蜜制的甜酒,斟满了羽觞。压去酒滓的清酒掺入冰喝,醇酒的滋味是既清凉又舒爽。华彩的酒器都已陈列,还斟上了琼玉色的酒浆。所以说:回来吧!重回到故乡!《大招》描写吃的场面也不含糊,大约有四大段,一说吃五谷杂粮,二说吃猪狗龟鸡及蔬菜,三说吃飞禽,四说饮美酒。由这样的描写,可知饮食之乐是人活着的时候最主要的快乐,甚或可以认为是人活着的主要目的。因为有那么多东西好吃,所以人才舍不得去死,所以死掉以后的魂魄才会为着贪恋这种快感而还魂归阳。这个观念,对于理解中国人的生活世界来说,真是太重要了。

可不是吗?试看《诗经·小雅·鹿鸣之什·天保》说上天保护我们,神明佑庇我们,让我们过着好日子:"神之吊矣,诒尔多福;民之质矣,日用饮食;祥黎百姓,遍为尔德。"老百姓没什么别的想法,既不求上天堂,也不想获得拯救,更不认为有什么罪孽应该清赎,只希望能好好吃吃饭、喝喝酒。质朴之愿既了,就感谢老天爷的恩德了。换言之,这就是中国人的宗教观。因此,饮食一事,既为生活世界之主要内容,也通之于鬼神。凡祭祀,皆须献牲敬酒。为什么？因为大家都相信饮食的沟通功能。我们用饮食祭献鬼神,代表我们对他们示好;鬼神吃了我们的东西,表示它们愿意"福我",莫忘了吃喝跟福报的关系。而且,因我们都爱吃,故想象神也是爱吃的。祭物越丰盛越能表示诚意。若减少了,人会嗟悔,神也会发怒报复的。《墨子·明鬼》记载:佑观辜替宋文君祷祀,因牲礼不合度,鬼怒,依附在祝史身上,用杖把他活活打死在祭坛上。故《尚同中》云:"圣王……事鬼神也,酒醴粢盛,不敢不蠲洁,牺牲不敢不腯肥。"

这种宗教观,显示了中国人具有此岸的、现世的宗教态度。而一种此岸的、现世的宗教,必以饮食男女为主要内容。杀牲祭拜,供神饮食,是其中一个特征。这个特征表现在三个方面:第一,"神嗜饮食",只有供奉他吃得满意了,他才会福报你,这是一种特殊的福报观及供养观。第二,神的饮食,其实也就是人的饮食。人喜欢吃的东西,即是神所嗜食者,并不要另外准备更"圣洁"的神的食物。祭完神之后,人即分食神所食之物,人神同食,故亦同乐。第三,道教兴起后,推本于"贵生"之观念,反对杀生祭神,也反对吃五谷杂食及肥甘醴脂。这种新的饮食观,导致它同时对神要求不再血食,对人要求不再食谷米喝酒,而应努力食气咽津。这当然是一种改革,但同样显示了以饮食男女为主要内容的宗教特点。因为这些专讲呼吸吐纳、食气咽津的修道者,跟养生学实无不同。其宗教性,只显示在他们特殊的饮食方法上。后世汉传佛教比世上任何一处的佛教都更重视"吃素",视此为最重要的修行方法,亦是此一"中国特色"之表现。

讨论日常生活之美的,在西方哲学文献中亦非绝无所见,如柏拉图《大希庇阿斯篇》即曾借苏格拉底与希庇阿斯之口,论辩过身体、动

物、器皿、技艺、制度、习俗美的问题。但是,文中说道:

> 苏:论敌或旁人也许要追问我们:"为什么把美限于你们所说的那种快感?为什么否认其他感觉——例如饮食色欲之类快感——之中有美?这些感觉不也是很愉快吗?你们以为视觉和听觉以外就不能有快感吗?"希庇阿斯,你看怎样回答?
> 希:我们毫不迟疑地回答,这一切感觉都可以有很大的快感。
> 苏:他就会问:"这些感觉既然和其他感觉一样产生快感,为什么否认它们美?为什么不让它拥有这一个品质呢?"我们回答:"因为我们如果说味和香不仅愉快,而且美,人人都会拿我们做笑柄。至于色欲,人人虽然承认它发生很大的快感,但是都以为它是丑的,所以满足它的人们都瞒着人去做,不肯公开。"

首先,苏格拉底自嘲:"不知道羞,去讲各种生活方式的美,却连这美的本质是什么都还茫然无知。"因此他讨论的其实并非日常生活之美,而是去追究何谓美、美之本质为何?与中国人在生活中欣赏、体验美,进而创造生活之美的态度,迥然异趣。其次,论美而以视觉、听觉为主,说"美既然是从视觉听觉来的快感,凡是不属于这类快感的,显然就不能算美了",所以饮食的味觉与嗅觉、男女的性欲也都不能算是美的。这岂不也与中国人的看法南辕北辙?

美,这个字的意思本来就是由羊大会意的,羊大为美,正如鱼羊为鲜,均是以饮食快感为一切美善事物之感觉的基型。而《后汉书·襄楷传》云桓帝"淫女艳妇,极天下之丽;甘肥饮美,单天下之味",《管子·戒篇》云"滋味动静,生之养也",《左传·昭公元年》云"(医和曰:)天有六气,降生五味",这些随手拈来的文献,也无不告诉我们:美色与美味在人的审美活动中居非常重要的地位。

甘,《说文》云:"美也,从口含一。"肥亦是甘,孟子问齐宣王:"肥甘不足于口欤?"甘亦是乐,《玉篇》云"甘,乐也",《淮南子·缪称训》云"人之甘甘",高注"犹乐乐而为之",《左传·庄公九年》云"请受而甘心焉",杜预注"甘心,言欲快意杀戮之"。从甘味、甘甜到甘心,其美感与快感之结构,正如旨,本指美味(《诗》云"我有旨酒",《礼记·学记》云"弗食不知其旨也",又据说禹时仪狄发明一种旨酒),但旨趣宗旨之旨,亦由美味中得来。

甚至于"滋味"一词,在字书里一向被用来描述宇宙自然的整体状况,如《说文》云"味,味也,六月滋味",《史记·律书》云"未者,万物皆成,皆言有滋味也"。也就是说,依据汉人的宇宙论,在午时阳气冒地而出之后,未时万物成就,犹如食物已经成熟而有滋味了。后来对个别事物之美,也用"有滋味"来形容,如钟嵘《诗品》说五言诗为众作之有滋味者,司空图论诗说要得味外味。欣赏诗文称为味之、品味、含咀、咀嚼。品味什么呢?品味审美对象的"气味"。这些都是以味觉去经验其他的事物。至于那些不直接使用甘、旨、味等的字词,也未必不是如此,像《风俗通义》卷一就说五帝中帝喾之所以名为喾,就是因为"喾者,考也、成也,言其考明法度,醇美喾然,若酒之芬香也"。

这便可见苏格拉底所说的"我们若说味和香不仅愉快而且美,人人都会拿我们做笑柄",在中国是大大不然的了。苏格拉底毕竟活在一个不懂吃的社会里呀!

且食羊

时序入冬,北京四处尽是吃涮羊肉或羊蝎子火锅的店。铜炉银碗,配以冰啤二锅头,吃得整座城都似乎弥漫着羊羔味。

若论饮膳,古今多变。本来华北地区主要是吃狗肉的,所以《三字经》还提到:"马牛羊,鸡犬豕,人所食。"犬乃六畜之一,先秦两汉,不仅有屠狗的行业和以之为事的闾巷豪侠,出土的画像石上,凡庖厨图,亦辄有宰狗为馔的场面,如山东诸城前凉台及河南南阳英庄出土者皆然。但南北朝隋唐期间发生了重大的变化:牛马渐渐不准吃了。唐律规定:"马、牛,军国所用,故与余畜不同。"不准宰杀,杀者徒二年半,见《唐律疏议》卷十九"贼盗律",也就是说私宰者以盗贼论。开元五年又有诏谓:"马牛驴皆能任重致远,济人使用,先有处分,不令宰杀……非祀祭所须,更不得进献马牛驴肉。"此后不断重申此一禁令,于是遂成风俗,汉人基本上都不吃牛马。元代以后,回民渐渐多了,才又开始吃牛。但迄今吃牛肉的风气依然不盛。在北京,乃至整个北方,要找碗像样的牛肉面吃都很困难。令人望风怀想,忆念起台湾的牛肉面,口水便几乎要滴了下来。牛马之外,猪狗也渐少吃了,羊的地位却陡然高升。本来华北农耕区主要畜养物是猪,但自十六国后,食羊成风,猪便远远不及。北齐时甚至聘礼也改用羊而不用猪了,百姓家生两男的,还要赏羊五口。唐代五品以上,每月供羊九口;三品每月十二口;二品以上每月二十口。皇帝呢?《册府元龟》记载后唐明宗时的统计,是每年"御厨及内史食羊每日二百口,岁计七万余口"(卷四八四)。单是宫中用羊就如此之多,足以管窥一斑。目前北京地区这种吃羊肉之风,亦正是承袭自隋唐以来之习俗而然,并不如一般人所以为的是受了回民饮食习惯的影响。

如今吃羊,除了火锅外,主要是炙烤。要烤得脆嫩、润滑、渗含汁液,牙齿咬扯着还会滴油才好。不过,卖烧烤的,大抵非本地人,或非本地之法,不是新疆式的烤羊肉串,就是蒙古式的烤全羊。华北古代烤炙之术,如《齐民要术·炙法篇》所载者,尽失传矣!失传或罕见的,还不止此。如古代一种灌汤,把羊肉切细,剁成肉糜,调和碎葱白、盐、豉汁、生姜、椒末,装进洗净的羊肠里去烤,再割下来吃,如今就吃不着了。另有一种据说从外国传来的"胡炮法",把羊肉切成丝,调和豉、盐、葱白、姜、椒、香草等,装入羊肚后,缝合,再放进灰坑中去煨烧。今在蒙古尚有近似之法,北京则亦吃不到了。且现今吃羊都只是单吃,不善于搭配。只有少数火锅店晓得用鱼汤做锅底,或放一尾鲫鱼进去提味。烧煮炙烤,无不皆然。其实这是较原始的吃法,如今返璞归真,固然甚好,但于烹饪之道,不免少了损益变化之趣。吃羊又罕知煮为羹臛之法。把羊肉或蹄脚、骨、内脏煮了,添加调料,加菜就是羹,不用菜就叫臛。此羹臛之美,亦非仅吃涮羊肉的人所能懂的。

当然也仍不乏传习古法的。例如肉夹馍这种街摊小吃,看来简单,却也有其来历。我在《齐民要术》中曾看到一种"胡饭法",指一种由外国传入的吃饭法。但那个饭,其实就是饼,而且是卷饼。把酱瓜切了,和上生杂菜、烤的肥肉,用饼卷了,沾上胡芹、酢等拌料一齐吃。这不就是卷饼夹肉或饼夹馍一类吃法吗?它原来还是从外国传来的,比汉堡可要早上一千余年呢!像汉堡这样,本来已有类似之物,后来又另传入且渐成新流行的,还有吃生鱼。十余年前,华北一带仍是不吃生鱼的,如今日韩生食在此间渐成时尚,虽冬冷,亦仍有不少人去吃生鱼片。可是谁也不晓得原先北方人本来就是吃生鱼的。《二十四孝》中有个"卧冰求鲤"的故事,即是因为王祥的继母想吃生鱼。生鱼的吃法,是拿来做脍,孔子说"食不厌精,脍不厌细",就指这种做法。讲究刀工细致、片肉薄细,再拌上姜、蒜、芥末、酱醋等。食材以鲫鱼鲤鱼为主,鲂鲷鲈次之。此风宋元以后殆绝。如今在北方已吃不到这种斸刀细切的生鱼脍了,仅有日式生鱼片,让人聊以忆旧而已。

回头再说那肉夹馍的馍,也就是饼的问题。我在北地吃饼,总觉得若有憾焉。每返台,则必再去找豆浆店吃烧饼油条,或去街头寻觅葱油饼摊、火烧摊解馋。感觉上,北方人做饼,技术颇不及台湾,更比不上古代。本来中国人做饼乃是学自外国的,故释慧琳《一切经音义》卷三七说:"胡食者,即烧饼、胡饼、搭纳等是。"烧饼,是用羊肉、葱白、豉汁和盐等烧制的。胡饼则是现今我们早餐店最常见的烧饼,上面撒了胡麻籽,也就是芝麻,贴在炉壁上烘烤而成。只不过现在很少有人用炉子贴烤了,大抵均以电烤箱,只有路边小摊偶尔可见炉烤。可是电烤箱完全没味道,烤炉又往往面厚碱重,不够酥脆。遥想《唐语林》中所记的唐豪家"起羊肉一斤,层布于巨胡麻饼,隔中以椒,润以酥,入炉迫之,候肉半熟食之,呼为古楼子"的吃法,口水又几乎要流下来了。友人见我如此情景,乃来劝我同去吃涮锅,曰:"且食羊,且食羊,莫论古今,使人心发慌!"

天公造酒又造爱

酒,这种能沟通人我、协畅众神的好东西,传说是杜康或仪狄所造。但在公元前4500年前的大汶口文化遗址中,即有灰陶尊、白陶豆、黑陶杯等酒器,足证我国饮酒文化之早,远在夏朝仪狄以前。《礼记》载尧时有酒尊称为"泰",亦可证明尧时已流行饮酒。后世依托于神农氏的《神农本草经》,叙酒之性与味颇详;依托于黄帝之《黄帝内经》,论酒之药用功能也极广。其书虽未必即为神农黄帝时作,但饮酒成风当不晚于神农黄帝之世。饮酒既久,酒种遂多,周时已有酎、醪、醇、醴、醑、醹等。但基本上是酿造酒,以谷稷及蔬果制酒。这跟西方盛行葡萄酒的情况是一样的。直到金元之间,才因道士炼丹,无意中发现了蒸馏酒的制造法,而最重要的产品就是高粱酒(有些学者以为这种技术是阿拉伯人发明的,不确。他们找了很多证据,却缺乏基本常识:伊斯兰教是禁止饮酒、赌博、拜像、求签的,认为那都是秽行、是恶魔的行为,见《古兰经》筵席章90~91节。因此不可能去发展造酒术)。蒸馏出来的高粱酒,饮之确实令人飘飘然若登仙境,以致风靡宇内,成为中国酒的标志之一。后来蒸馏制酒法,与中国的造纸、缫丝、印刷术一样,传遍世界。某些其他国家地区也能据此法制出很好的白酒来,但高粱酒仍推中国独步。在我国,高粱酒也是最普遍的酒种。某些酒仅限于局部地域,如江浙的绍兴酒,并不行于北方。高粱则南有贵州茅台、西南有四川泸州五粮液等、北有北京二锅头、西有新疆伊犁特曲,但凡名酒,几乎都属高粱系统或以高粱为主。

酒与地气、民情、饮食菜肴相结合,此一现象,并不偶然,其中当然是有许多道理可供探究的。台湾金门高粱酒厂,始建于1958年,距今历史并不长,但酒名远播,盛誉久昭。先是流行于军旅中,后则广受民间欢迎。然而,好酒只知拿来喝,不知酒本身就是一种文化,饮酒也需有文化,否则不能得酒中真趣。因此,酒厂20世纪90年代即与我合作,举办诗酒节,后来更扩大规模举办高粱酒文化节,着眼于文化的提升。办高粱酒文化节时,我曾设计了一场开幕祭酒仪式及夜宴宾客时的迎酒神仪典。

古代其实并无独立的祭酒典礼,因为酒本身就是礼器,人用酒醴敬神谓之礼。故什么礼都须用酒,《周礼》曾设酒正之官,并说"凡祭祀,以法共五齐三酒以实八尊。大祭三贰、中祭再贰、小祭壹贰,皆有酌数",就是这个缘故。酒既以敬神,故亦不再祭酒(反而主祭者会被称为祭酒,如荀子在齐曾三为祭酒)。但北魏贾思勰《齐民要术》中记载了造酒曲及制酒时祷祭的风俗及其祝辞,见其《造神曲并酒篇》。这也是祭。祭天神五土,祈求禾黍丰收,制酒成功。另外,明朝公安派文学巨子袁中郎也在《觞政》一书中,建议为酒建立祀典,其《祭篇》更推尊孔子为酒圣(因为孔子喝酒,量豪而不及于乱)。余仿孔庙配享之例,以嵇康、刘伶等为十哲,李白等酒徒则列于两庑。我就是根据这些制作的典礼。先击鼓净场,再搏钟,奏编钟舞乐。这个曲子,名称就叫"祭"。钟乐声中,主祭官、陪祭官就位,然后献花、献果、献爵。然后赞颂酒德。酒德颂,以刘伶之作最为有名。但"死便埋我",固显酒徒之豪情;任诞颓唐,恐非励世劝化之好语。故祭典所用,改采宋朱肱《北山酒经》里一段话,说:"大哉,酒之于世也。礼天地、事鬼神、射乡之饮、鹿鸣之歌、宾主拜、左右秩秩,上至缙绅,下逮闾里,诗人墨客,渔夫樵妇,无一可以缺此。"颂毕,奉禾术,献高粱,并祝祷,希望高粱丰收,造酒成功。礼成,则奏"八音合鸣,楚调"。宴宾客之前,另举行迎酒神活动。先颂诗迎宾,由女高音独唱李白《将进酒》,黄辅棠钢琴曲伴奏。宾客就列后,奏乐迎神,击编钟乐曲《神人畅》。再赞歌,歌《诗经·周颂·丰年》:"丰年多黍多稌,亦有高廪,万亿及秭,为酒为醴,烝畀祖妣,以洽百礼,降福孔皆。"歌毕,奉神及宾客入座,奏各种酒歌。如筝独奏彝族《酒歌》,崔若芝箜篌独奏《阳关三叠》、俞逊发笛子独奏《杯底不可饲金鱼》、女声山歌演唱壮族《喝酒啰》、箜篌独奏朝鲜族《五谷舞曲》、器乐合奏哈萨克族《金色的麦子》、朱昌耀二胡独奏《阳关三叠》,以及编钟乐舞《大飨礼·楚宫宴乐》,等等。

古代饮酒之礼,一为朝廷燕享,《诗经》大雅、小雅中所述,多属此类。二为乡饮酒礼。这个礼的仪节,详细记录在《礼记·乡饮酒礼》里。在金门喝酒,本来也即是乡饮酒,但此次高粱酒文化节,外宾甚多,诗人、墨客、艺匠、酒徒骈集于此,其意义已非乡饮酒礼所能赅,故依旧礼而略变其制。

身处今日,借高粱之酒,为制礼作乐之事,其中当然不会没有一些文化情怀的寄托在。但即使仅就酒言之,若能扭转社会上粗俗牛饮、滥醉狂欢式的喝酒风俗,建立一个足以与古代优雅、精致、礼度妥宜的酒文化相辉映的典型,不也是一桩大功德吗?

丝绸路上来者何人

一、历史的拼图

"一带一路"现在再热门不过了,多少人都在往这个项目或概念上靠。丝路,已汇聚了无数思路。在大家打破头地胡思乱想的同时,对这两条千年古路,以及路上的人和事,其实又极为陌生,根本搞不清楚。所以心理上虽发着热,脑子却一片空白。这也不能怪国人无知,一带一路,自古就多谜团,尤以北边这条丝路经济带为甚。

尤根·欧斯特哈默(Jurgen Osterhammel)《亚洲的去魔化:18世纪的欧洲与亚洲帝国》第九章,曾介绍当时欧洲有个"鞑靼地区"的概念。鞑靼地区并不仅指鞑靼人、蒙古人、满洲人,而是一个更宽泛的地理空间,范围在伏尔加河和中国之间。自罗马以降,鞑靼地区住着"无数民族",即已是文献上习惯的用法了。只不过,这些民族到底是谁,却又一直争论不休,难以确指。

欧洲人的困惑,我们在阅读诸史《西域传》等文献时也同样会碰到。首先是范围无定。"西域"可能包含玉门关以西直到印度北部这么广袤的地区,典型例证便是记述玄奘西行的《大唐西域记》。其次是民族无指。在这么大的范围内,民族无数,却皆难以确指为何族、居何地。历来对民族的辨识,一依血统、二依住地、三依风俗文化。但此地民族大抵以游牧为生,居处无恒。即使建立邦国,也仍多属于行国性质,无固定疆域,如匈奴大月氏,本皆行国也。由于移动飘忽,人种之交杂、文化之融合当然也就增多了,如此自亦增加了不少民族辨识的困难。再加上缺乏本身的文献传统,对其民族之描述往往只能仰仗异族人,如中国、希腊、罗马之介绍与转译。语音歧讹、认知有误,乃是必然的。

二、塞人建国乌孙

以汉朝最亲近的乌孙国为例。这个国家,一般都说是塞人建的。塞人,可能是西方史讲述中的 Sake,或 Saythian,其故地在雪山以北。但也有人认为即是释迦牟尼那一族的释种人。据玄奘说,释种于佛灭度后四散,其由西迁往东,逐渐进入中国。另外,荀济《论佛教表》说:"塞种本允姓之戎,世居敦煌。"允戎居敦煌,早在鲁僖公二十二年以前,这一年"秋,秦晋迁陆浑之戎于伊川"。又,《左传·昭公九年》载"故允姓之戎居于瓜州,伯父惠公归自秦而诱以来,使逼我诸姬,入我郊甸",可见允戎此时已由敦煌迁到河南伊洛。

如果记载属实,则塞种东来已久,在公元前七八世纪时已东抵甘肃、陕西、河南。其事皆在释佛陀以前,因此又颇有人认为塞人是生长于中国的本地民族。《左传·襄公十四年》赵宣子曾描述这一段塞种东迁史,谓是被秦所逐,是战败以后进入了河南。塞戎再次西迁,是受到月氏的压迫,往葱岭南奔。月氏当时是受到匈奴的攻击而西徙,路过瓜州时,顺手攻破了那时塞人建立的一个小国家:乌孙。那时整个塞族分布甚广,乌孙只是其中一个住在敦煌附近的小国。塞王则在伊犁。大月氏先攻破乌孙,后又击破塞王,占有其地。后来王子得匈奴之助复了仇,再趁单于死而脱离匈奴自立,遂为西域大国。

三、乌孙在西域的地位

大宛国可能也是塞种所建。汉武帝时李广利伐大宛时,乌孙与汉朝关系正好,不得不出兵,但态度消极,只派了二千骑。须知此时南北两道进攻大宛,势在必得,光北道就用兵三万人。乌孙此时约有兵五万,却仅派二千人去,且拖延不肯前去,估计就因大宛与乌孙原系同种之故。另外,塞种建立的可能还有大夏。大夏曾为大宛属地,《新唐书》说它就是吐火罗,所以应当是南下的一支塞族,据说其王为Asii种,其音与乌孙古音相近,似即乌孙之一部,后并于希腊。乌孙本身则是借匈奴之力击破大月氏复仇之后,脱离匈奴自立为国的。当时乌孙是汉朝在西域最重要的盟友,也是汉朝最早嫁公主去的国家。汉昭帝时,车师与匈奴共侵乌孙,公主向汉求救,说:"唯天子出兵以救公主。"于是汉发十五万骑,五将军分道并出,大破匈奴。自此以后,乌孙便代替匈奴,成为西域的最大国:"户十二万,口六十三万,胜兵十八万八千八百人……最为强国。"汉朝也尽力扶持它,所以"宣帝时,乌孙公主小子万年,莎车王爱之。莎车王无子死,死时万年在汉。

莎车国人计欲自托于汉,又欲得乌孙心,即上书请万年为莎车王。汉许之,遣使者奚充国送万年"。莎车遂因此成了乌孙的羁縻。当时也是汉室声威最盛的时候。《汉书·西域传》说那时"罽宾自以绝远,汉兵不能至,其王乌头劳数剽杀汉使。乌头劳死,子代立,遣使奉献"。罽宾在犍陀罗一带,亦是塞种所建。距长安二万二千里,是汉代势力所达之西端。到东汉永元元年(89)窦宪大破北匈奴,三年又出塞五千余里。而其所能如此纵横西域,当与乌孙之支持脱不了关系。

四、乌孙人的形象及其后裔

虽然如此,汉人对乌孙并不十分了解。这也不足为奇,当时西域邦国众多、民族杂居,本来就不易闹明白。加上距离辽远,地理的隔绝与想象力的作用,不免使人产生搜异猎奇的心理。欧洲人在大航海时期流行的亚洲独角兽与巨人传说即生于此类状况中。在中原也流传过一种对乌孙人的描述,那是唐代注解《汉书》的颜师古的一段话:"乌孙于西域诸戎,其形最异。今之胡人青眼赤须,状类弥猴者,是其种也。"乌孙本塞种,但它取得大月氏居地后,自然也包括了不少大月氏种,已非单一民族。其后与周边诸民族来往通婚,境内有赤须青眼者,并不奇怪。因雅利安民族在汉代亦曾东进至于阗、疏勒一带,于阗还可能是希腊的殖民地,大夏且有希腊王。现今新疆与河西走廊还发现过不少希腊钱币与文字,迄今还有不少罗马军团遗留在中国境内的传说,故乌孙国有碧眼儿是完全可能的。但颜师古以此推论整个乌孙民族都是赤须青眼的,那就完全离谱了。况且塞人本允戎,久居河南一带,岂亦青眼赤须乎?颜师古乃大学者,这些史料及道理不可能不知,所以他把乌孙特殊化的做法,或许只是为了强调乌孙至唐代仍有其影响罢了。

尔后乌孙遗裔在历史上还有许多作为。如北魏时的库莫奚,是辫发射猎的。据杨宪益《译余偶拾》考证,即为乌孙后裔。此民族一直活跃到10世纪后,才不复见于中土。而这时西方历史上却出现了一种库蛮人(Cumani)。西方人称它为淡色或黄色民族,曾在埃及建一个王朝,在保加利亚建两王朝,其文字为一种东方突厥语。因此它可能是库莫奚往西迁徙的结果。未西迁的乌孙后裔则在明代成为瓦剌,在清代成为准喀尔。

五、多元交流的历史

以上对于塞种人及乌孙的简要描述,必然不能让人满意,内中恐仍有不少矛盾或疑点。但我建议把整个塞族或乌孙放进一个大背景大框架中去了解。这个大背景大框架就是"多元交流史"。

众所周知,西域乃著名的中西交流孔道,所谓丝绸之路,贯通亚欧两端。但这条路线上,交易的绝不只是丝绸,其起源亦不会晚至秦汉。例如苏联C·N·鲁金科《论中国与阿尔泰部落的古代关系》提到他们发掘苏联阿尔泰地区古墓,发现了一些中国织物、中国镜、四马驾的马车等,推测可能是汉朝遣来的和亲公主的墓。此外他们还获得数千件艺术品,其年代可早到公元前8世纪,而其形制则或许影响到中国的战国镜和秦式镜。

这种中亚草原文化影响了中国的观点,曾是国际学界的主流。中国学界通称为"青铜西来说",谓青铜技术与造型多由西方传来。

可是到底由西方什么地方传来呢？欧洲的学者大抵强调由希腊、苏美、古伊朗来，苏联学者说由中亚来，日本学者则依违于两端。反之，中国学界较倾向说中国自身的独特性，认为主要是自成体系的发展，甚或还有向外传播的例证。大家的讲法可能都对，只是各得一偏。在这片长条形的土地上，交流频繁，既有由西向东的影响，也有由东向西的，还有许多自己的东西。

希罗多德《历史》第四卷曾记载：公元前7世纪前半叶，希腊诗人阿利斯铁亚斯曾沿着"斯基泰贸易路"，从黑海沿岸的塔纳伊司出发去东方。翻过乌拉尔山，抵达阿尔泰山脉。在布迪诺伊，见到一座周长五点五公里的希腊殖民城市。在最远的贸易地阿尔吉派欧伊，希腊商人是通过7名翻译，使用7种语言来交易的。他所说的这条斯基泰路，又被称为黄金之路。因阿尔泰山又称金山，希腊人把住在阿尔泰山的部落称为"守护金山的狮身鹰头兽"。斯基泰人就是来此贸易金子回西方去卖的，希腊人尾随而至，还建立了殖民地。可见这条商路已非常成熟，而卖去的当然也不只是黄金，来自中原的丝绸、漆器、铜镜亦由此西传。叙利亚的帕尔米拉出土的汉锦，便是一例。阿尔泰巴泽雷克古墓出土物中，有欧洲风格的毛毯，有斯基泰纹饰的马镳，有秦式镜，有中国花鸟图案的丝绣等，也见证了这段交流史。其时间则在公元前5至4世纪。也就是说，西至黑海，东抵蒙古，这条商路早成通衢。而商路上主要的民族，似乎就是斯基泰。具有斯基泰独特纹饰的金与铜制动物纹饰片，由黑海到蒙古绥远都有发现，足堪印证。

斯基泰，或译称伊塞顿、塞克、塞种。据希罗多德说，可分三支：水塞、尖帽塞和牧地塞。水塞居里海附近，牧地塞居印度伊朗之间，尖帽塞则居中亚中部。可见分布是极广的,刚好横亘于欧亚大陆之间。明白了这个道理,才能解开历来一些困惑。例如塞人族族源及居地,过去许多人视为是西来的,且是雅利安或日耳曼民族;有些人则据《史记》《汉书》等中国史料,主张是由祁连敦煌间向西迁的。实情或许两者都对。塞人分布既广,其族源可能在西;但东来已久,于殷周之际即已久居敦煌。秦人逐之则西走,晋人抚之则内附。除这一支以外,其他地方亦有塞人各部。故小国乌孙虽在敦煌,伊犁河谷一带却自有塞人王国。大月氏灭乌孙,又破塞王,占有其地。其地正是塞人古商道之中心,以致小王子离匈奴之后立即回取其地以重建乌孙。

六、乌孙商道

伯恩斯坦《塞族考古》说伊犁河流域曾是塞王之境,又为乌孙前身,大抵近乎此意。他据伊塞克湖出土人骨推测其中八成属欧罗巴型,其他却多是蒙古种的短头型特征,可见塞人因久与蒙古利亚种为邻,至迟在公元前5世纪便已逐渐蒙古利亚化了。人种与文化一样,有着交流的痕迹。远古的塞人商道,后来也一直承担着这种交流功能。目前大家所说的丝路,指的是汉武帝在河西设立四郡后,经河西走廊通过塔里木盆地的这一条。但原来的塞人商道依然热络。据苏北海《哈萨克族文化史》考证,在唐代,穿越哈萨克草原的丝路是由敦煌至蒲类(巴里坤),经北庭(吉木萨尔),达轮台(乌鲁木齐),然后分为两道,在伊犁弓月城(阿力麻里)会合后,往西到碎叶。乌孙之都赤谷城,是这条商路的必经之地。1966年发现的高昌县上安西都护府牒残纸,记:"在弓月城举取二百七十五匹绢。"一次竟可以提这么多绢向外运,可见丝绸贸易之发达。由弓月城到碎叶,既是如此商贸繁荣,自无怪乎唐代诗人屡屡吟咏了。大诗人李白生于碎叶,其父名李客。历来对其身世有许多猜测,认为若非贵族西逃避祸,那就很可能是因经商才来到碎叶的。由其身世,亦可侧面证明当时此一路在东西交流上的作用。碎叶于唐代隶属西突厥汗国,玄奘亦曾路过其地。公元8世纪末,西突厥汗国灭亡后,突骑施部统治其地,建为突骑施汗国,并以碎叶为大牙帐、以伊犁之弓月城为小牙帐。依此建制看,当时伊犁河流域已以突厥文化为主了。

七、与中原文化的渊源

曾经统治过伊犁河谷及伊塞克湖四周的民族,有乌孙(西汉时期,公元前2世纪至2世纪)、突厥(6世纪中叶)、葛逻禄、回鹘(10世纪至12世纪)、哈剌契丹(12世纪)、克烈、乃蛮、钦察(12世纪末至13世纪)等。西突厥汗国时期,乌孙与康里、杜拉特、乌古斯、铁勒、葛逻禄、拔悉密、突骑施诸部便已俱归其辖。疆域辽阔,位处唐、印度、波斯、东罗马诸大国间,纵横捭阖,商贸十分发达。除了主宰东西交通经济命脉外,其主要成就是城市建设和创造了古突厥文。据玄奘说其文"字源简略,本二十余言。转而相生,其流寖广……粗有书记,竖读其文,递相传授,师资无替"。这古突厥文,是西域许多文字的先导;19世纪以来出土了不少史诗性突厥文碑文,亦可证明那就是哈萨克史诗之雏形。由早期塞人文化发展到乌孙、突厥的一条链索,可以观察到许多文化绵延与变迁的问题。但这其中最不可忽视的链索,就是与中原文化的渊源。

中原早在殷商时与西域之交通就极频繁了,曾大量采玉于天山、昆仑山,其器形因而对此地塞族有所影响,并不奇怪。苏俄吉谢列夫《南西伯利亚古代史》曾说卡拉苏克时期叶尼塞河中游的居民,属高脸、圆而高的眼眶、中等高度、低或扁平的鼻子者占相当大的比例,接近华北型东方人。这会不会是殷商移民呢?谁也不知道。但显然在铜器上已留下了交流的印记。

乌孙原是西戎一支,《尚书·禹贡》早已说过:"织皮、昆仑、析支、渠搜,西戎即叙",可见那时接触的西戎已深入新疆各部。殷商又往西大量采玉,《逸周书·世俘解》记载:"武王俘商旧玉,亿有八万。"玉是殷周礼祭重器,如此大规模的玉石贸易,说明了当时此地与中原之关系已极为紧密。因此张骞到西域,已见到蜀中贩来的筇竹杖。

前文所述殷商青铜器对塞人的影响,亦可见交流之一斑。汉武帝元封年间细君公主嫁至乌孙,更扩大了这层关系。公元前60年汉朝设西域都护府后,从政治体制上看,其地更已不折不扣纳入中国版图了。而这又绝非军事及政治上强力之行为,实有深厚之文化渊源与认同基础。因为1995年,民丰县尼雅遗址就出土过一方蜀锦护臂,上用隶字绣着"五星出东方利中国"字样,与另一方"讨南羌"护臂可合为一幅。这句话出自《史记·天官书》,云:"五星分天之中,积于东方,中国利;积于西方,外国用(兵)者利。"此锦在新疆出土,充分证明了此地人已自居中国,以讨南羌。

唐代后期,伊犁地方的主体民族是突厥旧属葛逻禄部。葛逻禄与回纥、牙格马部曾联合建立了喀喇汗王朝。它虽是我国历史上第一个信奉伊斯兰教的地方政权,但其钱币上显示其汗自称"东方与中国之君",其渊源即本于"五星出东方利中国"。此地人民自居中国,亦是不言可喻的。另外,史谓黄帝曾派伶伦往嶰谷伐竹制笛以吹凤凰之声。嶰谷,一般认为即是今克什米尔地区。这虽是传说,但《竹书纪年》等书曾载西王母屡赠中土君主白玉管,亦当是玉笛之类乐器。正式把西陲音乐纳入体制,则见于《周礼·春官》之鞮鞻氏。这种乐官专掌"四夷之乐及歌声"。其中西戎之乐名为"离",又译作侏离。足以证明至迟在周代,中原与西戎的音乐歌舞交流已体制化了。

到汉代,交流的规模愈大。《西京杂记》卷三载,刘邦的戚夫人侍儿贾佩兰"七月七日,临百子池,作于阗乐。乐毕,以五色缕相羁,谓为相连绥",似乎于阗乐当时即已流行。而汉乐府所用横吹曲,更是明确使用胡角。《晋书》记:"胡角者,本以应胡笳之声,后渐用之于横吹,有双角,即胡乐也。张博望入西域,传其法于西京,惟得摩诃兜勒一曲。李延年因胡曲更造新声二十八解。"张博望就是张骞,其所传摩诃兜勒曲,可能即来自乌孙。李延年的二十八解,则至晋犹存黄鹄、出塞、折杨柳等十曲。

到了隋朝,西域音乐传入更多,《隋书·音乐志》说:"其歌曲有〈善善摩尼〉,解曲有〈婆娑伽儿〉,舞曲有〈小天〉,又有〈疏勒盐〉。"这当是鄯善、疏勒一带流行之曲,婆娑伽儿则应出于娑伽儿。娑伽儿又译为塞克或塞人。塞人也就是汉唐时期久居伊犁河谷的乌孙人。这些是西域传入中原的。中原传入西域的也不少。最明显的是解忧公主嫁到乌孙,后来曾送所生女回长安学音乐,而此女又嫁给了龟兹王。《汉书·西域传》说:"乌孙公主遣女来京师学鼓琴。汉遣侍郎乐奉送主女,过龟兹。龟兹前遣人至乌孙求公主女,未还。会女过龟兹,龟兹王留不遣,复使使报公主,主许之。"即指其事。值得一提的是:嫁到乌孙的公主,无论解忧,还是细君,都是精通音乐的高手。唐李颀《古从军行》说:"行人刁斗风沙暗,公主琵琶幽怨多。"讲的就是乌孙公主。后来人们常想到的王昭君抱着琵琶唱歌出塞情景,其实就是把乌孙公主的事张冠李戴而成的。据晋人《琵琶赋》说:"汉遣乌孙公主,念其行道思慕,使知音者裁琴、筝、筑、箜篌之属,作马上之乐。"唐人《乐府杂录》也说:"琵琶,始自乌孙公主造。"解忧公主70岁以后才返回汉地,两年后去世,又18年后才有王昭君出嫁的事呢!

多元文化交流格局中的乌孙,亦因如此才特别值得我们玩味。乌孙是一个剪影,通过这个剪影,或许你也可以理解活在这条商路上的其他民族。

刷金币,买青花

我二十多年前在台湾办南华大学时,一时兴起,办了华人世界第一家欧洲研究所(此前都只是分国别的科系,例如德文系、法文系、英语系之类),自己还开了一门课。

讲什么呢?讲中国印象,也就是欧洲人的中国观。这本来是闹着好玩,硬拗着搭截出这样的题目。但讲起来甚为有趣,且也趁机读了不少奇奇怪怪的书,可说是意外的收获。其中有一本科斯马斯的《基督教世界风土志》,很可介绍。该书其实是关于6世纪上半叶这位年轻人漂泊经商时,航行于地中海、红海、阿拉伯海,遍访西奈半岛,甚至到过印度、锡兰等地的纪录,所以不像书名那般吓人。当然它也不会与基督教毫无关系,却是神学与地理学奇特的杂拌儿。用《圣经》和神父的理论来证明地球不是圆的。说大地乃长方形平面,长度是宽的两倍。天从四面垂到地上,顶上则是宛如马车拱顶状的顶篷。这种宇宙观,虽扯上神圣的教义,看上去却仿佛是他住惯了旅行帐篷而得来的灵感。据他说,长方形的大地,中央就是海水包围着的人类居地。隔着海,那靠近宇宙边缘的陆地,人还没去访问过,而极乐园就在那块陆地的最东边。此说似乎暗示了西方人对东方的神秘向往。

中国未必是这个东方圣境,但它在居地最东,其值得向往程度大概就仅次于极乐园了。它在大地的尽头,因此最接近极乐园,而且它产丝。当时谁也不会缫丝,所以都要设法来中国买丝回去转卖。丝绸,对那时人来说,是顶神奇的东西。天孙织锦,华丽绚彩又轻柔细致,仕女皆争用之。我看过一些资料,都说罗马帝国之亡,就亡于女人爱用丝绸,以致侈靡亡国。初以为是笑谈,后来想想也有道理。当时举国疯迷,争购缯绢,岂不与清朝时外邦倾销鸦片来我国,我举国嗜食阿芙蓉,结果白银大量外流,遂令国贫民弱一般?两者都使得好用奇货的国家迅速衰亡。而当时爱上这奇货的,并不只罗马一国,乃整个世界。西罗马灭亡以后,东罗马即拜占庭帝国复兴,仍然喜爱丝绸,热情不减。但它发现应自己来占有丝绸贸易的利益,不能老让居间的商人奇货可居,吃得肥肥的,所以便大力推动与中国和印度的贸易。那时,为了应付欧洲庞大的市场,海上与陆上两条丝路都热络非常。可是因萨珊王朝势力正雄,长期垄断陆路丝绸贸易,拜占庭即不得不努力于海上的拓展。科斯马斯就是在这种情况下到了锡兰,跟活跃于该海域的阿拉伯人、拜占庭商人、阿比希尼亚人一起贸易丝绸。但科斯马斯终究没到达中国,他在《基督教世界风土志》里描述的中国地理,皆由旅途中听商人与水手说来。他看着、摸着那些光华艳丽的丝绸,想着中国,听人谈说中国,心情不知如何。科斯马斯同时代,还有多少类似他这样的人,谁也不知道。但在中国境内发现的大量波斯萨珊王朝银币和拜占庭金币,正泄露着一些消息。中国货币,向来不用金银。早期只用贝或铜,更没有金币银币。可是波斯银币在中国已发现了三十四批,多达一千多枚。拜占庭金币略少些,也有三十批,四十二枚,从新疆蒙古到河南河北都有。时间由4世纪到7世纪中,甚至还有仿制品。可见当时商贸往来之热络,金银币亦不免通过丝路流入了中土。这些金银币,我见过几枚。久经沧桑,或已扭曲变形,看来不甚起眼,谁知竟含有这曲折复杂的故事,令人感怀难已。

可是更堪感叹的是这丝绸贸易。中国的丝绸,在唐代中叶因与阿拉伯战败,技术传入西方以后,神秘绚丽的丝绸天国就不复存在了。宋代以后,东西方贸易之主角,转而由陶瓷与茶叶担纲,唱了几百年的好戏。西方人贪慕中国瓷、中国茶,就跟早年上层社会疯魔丝绸一样。所以一船一船的瓷器茶叶载往欧洲,去换回一笔笔的白银。中国本不用银,这时却因白银大量流入中国,而也改用白银为通用货币了。陆上丝路,此时便趋于没落,渐渐湮没在无边的沙尘中。这时,陶瓷或茶早已取代了丝绸,成为中国的身份与符号。直到鸦片贸易兴起、鸦片战争结束,这个陶瓷娃娃才被敲碎,差点被扫进历史的垃圾堆里。如今,丝不用说了,在国际市场上,中国丝只是次级品,外国厂商有时则采买它来加工。陶瓷亦然。无论艺术瓷还是日用瓷,英国、德国、意大利、日本的瓷,都比中国瓷更受好评。最能象征此一地位之变迁的,就是瓷都景德镇。

景德镇由北宋迄今,已近千年,旧时的辉煌,那是不用说的了。但如今国际瓷器名牌,如德国麦森、英国韦奇伍德、英国皇家道尔顿、丹麦皇家哥本哈根、日本Noritake等,都远比景德镇著名。2003年,中国工艺美术协会就把"中国瓷都"的名号授与了福建德化,2004年,中国轻工业联合会又把此一封号给了广东潮州。名没了,实呢?整个景德镇的产值大概还不及潮州一家上市公司。故目前正在改革中，引入外资、细分市场、扩大规模……可惜我在景德镇看来看去，并没有看见什么新气象，仍是青花、釉里红、古彩、薄胎。技术上没突破，风格又陈陈相因。我并不是说要骛新求变才好，但守旧其实更难，因袭和有意识的复古守旧完全是两回事。看来景德镇似乎只是因袭，尚沉浸在往日的荣光里。

  回到南昌，有地方领导安排我看演出，大型歌舞剧，新排戏码就名"青花"。略谓一瓷工努力烧瓷，屡试不成，其女青花跃入窑中，才终于练成举世瞩目之青花瓷云云。时至今日，居然还搞不清楚青花瓷是与阿拉伯世界交流的产物，连青花颜料都是舶来的，真是令人愕然。我看着头痛，未终场就逃席而出。走出剧院，想着丝绸与陶瓷的兴衰史，想着拜占庭的金币，想着现在仍只能借歌颂古代的光荣来自我安慰的老瓷都，想着中国的景德镇、景德镇的中国，在夜风中我竟发了呆，一时找不着回去的路。

衣冠楚楚

"九天阊阖开宫殿,万国衣冠拜冕旒",是唐代诗人王维描写大明宫早朝时的景象,可以令人想象大唐声威远播、万邦来朝之盛况。借这句诗,让我们重新思索一下中国与外邦的服装关系。

到唐朝时,来朝的各邦,皆已具衣冠了。但在古代,在中国人以衣冠为文明之表征时,周围之部落或酋邦却还多处在赤身裸体的阶段。此语,不具轻蔑之意,只在说明一种现象及伴随它的观念。因为古代各民族主要的装饰行为并不表现在衣服上,而是在纹身及羽饰上。涅面、纹身或羽饰,不但具美观之效果,更有礼仪目的,例如用以代表已成年、已婚、权威、勇敢等,增加自己在同族中的地位。即使过世了,也常要在尸身上施以彩绘,将尸体圣化。我国直到春秋战国时期,吴越一带还仍保有此种风俗,故《庄子·逍遥游》说吴越之人"断发纹身"。台湾原住民在明清汉人移入时,亦尚是如此。近世欧州妇女帽饰,还常插着羽毛呢!相对于周边各民族纹身、插毛羽、饰兽皮的情况,中国较为特殊,是以衣裳代替纹身的。《易·系辞传》说尧舜

"垂衣裳而治天下"。衣裳就是中国文明与其他民族区分的标志,不断发,故具冠;不纹身,故具衣裳。其所以如此,当然有技术上的原因。古代纺织之术不发达,人就是想具衣冠也很难办得到,只好以纹身饰羽之类方法为之。可是古代中国纺织术发明甚早,黄帝时缧祖采丝制衣之传说固然未可尽信,但从仰韶文化西阴村遗址所发现的半割蚕茧,不难推断:至少在新石器中期就已发明了丝绸技术。其后,丝更成为中国特产,唐代中期以后(12、13世纪),抽丝剥茧的技术才传入欧洲。距中国以蚕丝制衣,迟了4000年。余姚河姆渡文化所发现的织机,距今也在3000到5000年前。纺轮则各地遗址出土极多,可见纺织术在中华大地已甚普遍,中国乃世界上制衣最早、最盛的区域。

以现今出土材料观察,新石器时期衣服以贯头式、单披式、披风式为主,不加剪裁,大约是剪裁技术尚不发达之故。殷商就有剪裁了,衣以上衣下裳,交颈窄袖为主,宽带系腰,可能已穿裤,质料则锦、丝、绮、绸、罗都有。染料的运用也很成熟,如茜草红、栀子黄,都能掌握得非常好。湖北江陵马山楚墓所发现的提花针织品,以棒针织衣,更是世界上最古老的针织品。当时制衣技术业已如此发达,看到周边民族仍披着兽皮、插着羽毛,或仍光着身体,一种文明的自豪之感自然会油然而生,自认为是"衣冠上国",并把衣裳视为文明的代表或象征。

《易》坤卦六五:"黄裳元吉",象传说:"黄裳,元吉,文在其中",即指此而言。黄是中央之色,元吉是内外均吉之意。穿着中央正色的服装,体现出有文明的样子,正是大吉大利之象。文明之"文",其意义也出于此。文,本是花纹之纹,虎豹身上有花纹,人的花纹则在衣服上表现。因此天之文是日月星辰,地之文是山川原隰,人之文就以衣裳为主,"文"、"文章"二词,古代本不指文字或篇章,而是指黼黻章甫。也就是说,服饰在中华文明中有特殊之地位,是中华文明的代表。服装是古代中国人对文明的体会与思考之基点,穿衣的和不穿衣的,即是文明与野鄙之分。肉袒示人,象征羞辱他人(如弥衡击鼓骂曹时要肉袒)或屈辱自己(如廉颇负荆请罪时或勾践投降时也要肉袒);赤身露体,则是出乖露丑的不礼貌行为。相较之下,欧洲古代或古印度就无这种服饰文明观,所以都把身体视为文明之基点,研究体相、审美裸体。

古印度婆罗门盛行相法之学,要研究大人之相。因此婆罗门之智慧,就很强调相人之术。如《佛本行集经》卷三中:"(珍宝婆罗门)能教一切毗陀之论,四种毗陀皆悉收尽。又阐陀论、字论、声论,及可笑论、咒术之论、受记之论、世间相论、世间祭祀咒愿之论。"所谓"世间相论",与婆罗门五法中的"善于大人相法",都是相术。可见相法是婆罗门极为重要的才能。

古希腊亦甚重视人的形相问题。亚里士多德《体相学》说:"过去的体相学家分别依据三种方式来观察体相;有些人从动物的类出发进行体相观察,假定各种动物所具有的某种外形和心性。他们先议定动物有某种类型的身体,然后假设凡具有与此相似的身体者,也会具有相似的灵魂。另外某些人虽也采用这种方法,但不是从整个动物,而是只从人自身的类出发,依照某种族来区分,认为凡在外观和禀赋方面不同的人(如埃及人、色雷斯人和期库塞人),在心性表征上也同样相异。再一些人却从显明的性格特征中归纳出各种不同的心性,如易怒者、胆怯者、好色者,以及各种其他表征者。"可见体相学在希腊也是源远流长的。由于盛行体相学,身体之美便被他们研究并欣赏着。大量雕刻均可证明这一点。

中国体相观的第一个特点却是不重形相之美,亦无人身形相崇拜(为了强调这一点,往往会故意说丑形者德充、形美者不善)。第二个特点是形德分离,"美人"未必指形貌好,通常是说德性好。第三个特点是不以形体为审美对象,而重视衣裳之文化意义及审美价值。

古人论美,常就"黼黻文绣之美"(《礼记·郊特牲》)说。说容,也不只指容貌,而是就衣饰说,如荀子《非十二子》:"士君子之容,其冠峻,其衣逢;其容良,俨然、壮然、祺然、棣然、恢恢然、广广然、昭昭然、荡荡然,是父兄之容也。"这衣冠黼黻文章,就是古代"文"的意思,一民族、一时代乃至一个人的文化即显示于此。像希腊那样以裸身人体为美者,古人将以之为不知羞,谓其野蛮、原始、无文化也。历来帝王建立新政权亦无不以"易服色"为首务、重务。这即是以衣饰为一个时代文化之代表思想的具体表现。推而广之,遂亦有以衣裳喻说思想者,如颜元《存性编·桃喻性》说:"天道浑沦,譬之棉桃:壳包棉,阴阳也;四瓣,元、亨、利、贞也;轧、弹、纺、织,二气四德流行以生万物也;成布而裁之为衣,生人也;领、袖、襟裾,四肢、五官、百骸,性之气质也。领可护项,袖可藏手,襟裾可蔽前后,即目能视、子能孝、臣能忠之属也,其情其才,皆此物此事,岂有他哉!不得谓棉桃中四瓣是棉,轧、弹、纺、织是棉,而至制成衣衫即非棉也,又不得谓正幅、直缝是棉,斜幅、旁杀即非是棉也。如是,则气质与性,是一是二?而可谓性本善,气质偏有恶乎?"

另外,《尚书·益稷》载舜向禹说道:"余欲观古人之象:日月星辰山龙华虫作绘、宗彝藻火粉米黼黻絺绣,以五采彰施于五色作服,汝明!"把日、月、星辰、山、龙、华虫绘在衣上,把宗彝、藻、火、白米、黼黻绣在裳上;或加以差参变化,如以日月星三辰为旗旌,以龙为衮,以华虫为冕,以虎为毳;或以之为上下级之分,如公用龙以下诸图案,侯用华虫以下诸图象,子用藻火以下各象,卿大夫用粉米以下,等等。此即为象也。象非人体形相,乃秩宗之职、章服之制、尊卑之别,整体表现于衣饰上。观此图象,即见文明。故舜问禹曰:"汝明白乎?"这就是"以五采彰施于五色作服"以为文明的想法。象不以形见,文明不由体相上看,故《易》论"文",以虎豹之纹为说。人身体上的衣服,则如虎豹之纹。其论文明文化,也从不指人体。坤卦六五"黄裳在其中,而畅于四肢,发于事业,美之至矣",即为一证。此不仅可见文明文化是由衣裳上说,更可见中国人论美,不重形美而重视内在美,是要由内美再宣畅于形貌四肢的。

相对于中国,他们其实并不重视衣服。因为衣服在以身体本身作为审美对象或文明对象时,是不重要的,只起一种装饰作用或遮掩作用,或利用它来表现肌肉、骨体,重点其实皆不在衣裳而在躯体。那时的衣服,大抵亦只如我国新石器时期,以贯头式、披风式、披肩式为主。这亦有无数雕塑与画像可证。后来的服装,当然剪裁搭配不断进步,但把衣服视为身体的附件或身体的延伸,仍是欧洲主要的思路。通过衣服,企图表现身材;或以衣服修饰身体,构造出一种身体的假象(苏珊·朗格《情感与形式》一书,曾用艺术是一种幻象〈illusion〉或假象〈virtual image〉的观点,描述建筑是一种假的民俗领域〈virtual ethnic domain〉、雕刻是假的运动容量〈virtual kinetic volume〉、舞蹈是假的活力〈virtual vitality〉、文学是假的生活或历史。若依其说言之,则欧洲的服装艺术也可说是创造了一种假的身体)。

时至今日，欧风东渐，中国人早已尽弃传统服装而改穿洋服了，时尚界更是唯欧美马首是瞻。把衣服当作身体的延伸，或以衣服创造出身材假象的观念亦早已"全球化"，中国这种真正的服装文明观却乏人闻问。观古鉴今，实在令人感慨万端。

目前不是没有东方主义式的想法，但大体是在服膺西方身体观的情况下，吸收东方元素。东方，被拆解成一些元素，例如用色、用料、图案、襟扣、袖口、裙边，等等。其实这些元素，脱离了中华服装观的整体思维，只是一堆零碎的符号。拼贴镶嵌之，固然可在欧西时尚中增添一抹风情，但那就像各处随意挪置拼组欧洲建筑语汇盖成的房子一般，不伦不类，常是要令人失笑的。

须知"服装的文明观"与"身体观的服装"，基本思路是不一样的。例如要体现人的骨架，衣服自然就会突显肩胸，有时甚至要用垫肩来修饰体架不够挺拔之病，连女装也要垫肩。中式服装却是圆肩的，衣服由领口直接垂至腕上才接袖，不把接口拉到肩上，这样的上衣和宽长的下裳配合起来，才有"垂衣裳以治天下"的感觉，人显示为一种坐如钟、立如松的形相。这种感觉与形相，非自然之身体感，而是一种文化感。可是目前许多人做中装或穿中装时，丧失了这种文化感，照着西装的剪裁与板型去做，接袖、垫肩、突胸、圆髈、全剪裁，跟西装根本没什么差别，只是加上对襟扣，或绣龙刺凤，印上大团花罢了。不仅粗俗难名，整个感觉就都是不对的，又像寿衣，又像员外装，又像做错了的中山装。

服装文明观还有一个重点，在于服装是用以体现礼乐文明的，服装与礼文的关系至为紧密，而我们现在基本上就丧失了这个面向。社会不同阶层、不同流品、不同职务、不同场合该穿什么、怎么穿，无人讲究,早已看不出服装与礼的关系了。国家领导人跟出租车司机一样,都穿着西装。而礼是社会的稳定性因素,目前服装界则以流行、时尚、求新求变为主,关于礼的"服制"问题,当然也就少人问津了。

再者,中华文明,既是由服冕文章开端的,则后来发展起来的艺术或文明形式,诸如文字、书法、绘画,自然也就常汲源于衣服。舜说的"古人之象:日月星辰山龙华虫作绘、宗彝藻火粉米黼黻絺绣,以五采彰施于五色作服",正是尔后中国艺术取象之源泉。可惜这部分,近人也很少关注了。

总之,"服装的文明观"与"身体观的服装",这种种对比,还有许多文章可做。经由这种对比,相信也必能激发中国服装界许多新的创意,走出一个突破欧美服装观的新格局。谨提供这个历史的角度、比较文化的方法,以为参考。依我看,只有这样做才有前途。目前服装界之所谓新设计、创品牌,不过是欧美的山寨版而已。

辑三

天下有风

风气声乐以生万物

五四运动后,对中国哲学的解释,强调理性精神。故对汉儒阴阳五行之说颇多非议,并认为经典中阴阳气化的讲法都是后起的,出于战国晚期,篡改或伪造于早期典籍中。

这样的解释,方向弄错了。气,才是商周时期最重要的存有学概念。当时人认为一切物类及整个宇宙,都充满着"气",一切的生成变化与感应沟通也都是因气使然。气动则成风,风动才有声音。一切动植物,包括人类,其化生及感动,同声相应,同气相求,莫不由气。

为什么会这么认为呢? 一点也不奇怪,人本来就得靠呼吸才能存活,一息尚存的仍有生命,若没气了,生命也就结束了。所以生本于气,气充塞于天地之间。如《黄帝内经·素问》论到生理病理时,即贯穿着"生气通天"的道理。谓上古"真人"能呼吸"精气",故能长生得道。而真正能从实际生活环境中养生的圣人则是"处天地之和,从八风之理,适嗜欲于世俗之间,无恚嗔之心"。为什么说八风?因为气动则成风,人体的气与自然界"风气"的运行相通,能顺应者乃得健康快乐,乖逆则病苦。此文虽不可能真是黄帝时的文献,这种宇宙观、生理心理观却是古代中国音乐、诗歌、文学,乃至一切思想的基本观念。

《易·系辞传》说:"故火水相逮,雷风不相悖,山泽通气,然后能变化,既成万物也。"又说:"精气为物。"宇宙依气化而生成万物,气的变化、运动就是风。故气是就存有的性质说,风是就它的活动说。

《东方九气符》

风动则有声,声律就是风动状态的显示。动的状态不同,声律也就不同。因此,论气化又常关联于声律说,听声律,即可以知风动的状态、风的变化。气动而生风,风动有声,声律感人,人又以气相应。所以《荀子·乐论篇》说:声可感人,气应声而"成象"。所谓"成象",应该是形于舞蹈音乐歌诗之类,亦即风之状态借着歌诗舞蹈表现出来。《吕氏春秋·音律篇》对此说得更明白:"天地之气,合而生风,日至则月钟其风,以生十二律。"又说:"天地之风气正,则十二律定矣。"《音初篇》又说:"凡音者,产乎人心者也。感于心则荡乎音,音成于外而化乎内。是故闻其声而知其风,察其风而知其志,观其志而知其德。"《礼记·乐记》论音乐的发生:"凡音之起,由人心生也。人心之动,物使之然也。感于物而动,故形于声。声相应,故生变;变成方,谓之音;比音而乐之,及干戚羽旄,谓之乐。"接着根据《易·系辞传》而推演说:"地气上齐,天气下降,阴阳相摩,天地相荡,鼓之以雷霆,奋之以风雨,动之以四时,暖之以日月,而百化兴焉。如此,则乐者,天地之和也。"(《礼记·乐记》)天地气运,生各种风,形成各种声律。人与天地万物,因同气相感,故闻其声而知其风。

《易》有云:

> 风行天上,小畜,君子以懿文德。
> 风行地上,观,先王以省方观民设教。
> 风自火出,家人,君子以言有物而行有恒。
> 天下有风,姤,后以施命诰四方。
> 随风,巽,君子以申命行事。

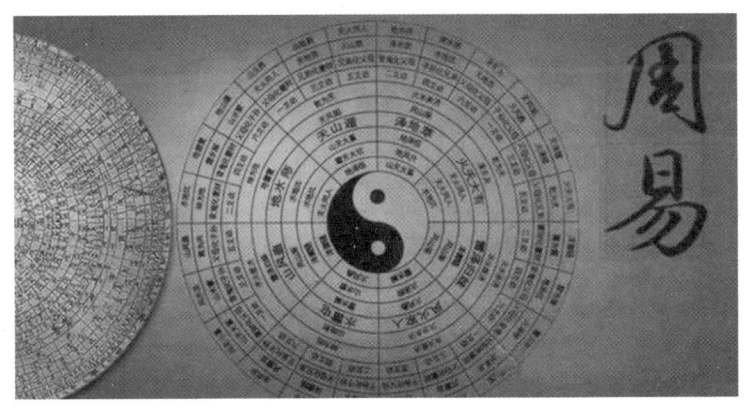

周易八卦图解

君子要观风、观乐,以知吉凶,以"察其风而知其志,观其志而知其德"。《易经》本身的卦爻辞就是如此的。所以观风就可以具有观风化、风动、风教的意涵,具有伦理意义。

另外,因古人相信充满天地万物的气分布各方乡土,其风气自亦有异。这各地不同的风气,生出不同的音乐,便叫作土风。《左传》成公九年(前582)记载楚囚钟仪抚琴"操南音",范文子说他:"乐操土风,不忘旧也。"应用于歌诗,便叫作国风,如《诗经》中的各国国风。而个别作者所作的诗,也可称为风,如《大雅·嵩高》说吉甫之诗"其风肆好"。

得山水清气,极天地大观

这些音乐、诗歌都由风气鼓动感人而生,也就可以动人、感人、教化人、讽刺人,甚至还可以"动天地,感鬼神"。因为天人同气,故亦可以共感。这都是从气充满宇宙、天人交感、天人合一的观念发展出来的讲法。

风的意义,还不止于此,更与性和生殖有关。因为前文说过,宇宙因气化而生万物,气之运动变化就是风,故风与生同意相关。试看《国风》中许多诗就以恋爱和婚姻为说。其实早期所谓"风化"和"风俗"诸词,本来也就包含这种意义。"俗"字从人从谷,前人早已有释为人欲之所趋的说法。后世所谓"有伤风化",也于无意中保留着"风化"的初义。余如"风月"、"风流"、"风骚"、"风情"等后起的词汇和含义亦然。风有性诱惑的意思,更是见于很早的记载,如《易经》蛊卦辞"蛊,元亨而天下治也",蛊就是风诱之意。《左传·僖公十五年》记卜徒父对晋侯问蛊卦时就说:"蛊之贞,风也。"《尚书·费誓》曰"马牛其风",贾逵注:"风,放也,牝牡相诱谓之风。"《左传·僖公四年》曰"唯是风马牛不相及也",杜预注引贾逵、服虔疏意同。《吕氏春秋·季春之月》"乃合累牛腾马,游牝于牧",注曰"累牛父牛也,腾马父马也,皆将群游从牝子牧之野风合之","风"字亦是牝牡相诱之意。后来俗语说男女"争风吃醋","风"字也仍有这个意思。

风有这种意义,因古人相信生命是由风来的。例如《黄帝内经·素问》六十三《阴阳应象大论篇》以气与阴阳论人身的生理和病理,便说:"东方生风,风生木,木生酸,酸生肝,肝生筋,筋生心。肝主目。其在天为玄,在人为道,在地为化。化生五味,道生智,玄生神。神在天为风,在地为木。"在《气交变大论》里也用气之变动或"气化"来解释生理和病理,说:"东方生风,风生木,其德敷和,其化生荣,其政舒启,其令风,其变振发,其灾散落。"这虽然可能已是晚周的记载,但应是很早的传说。因为在《周易》姤卦《象传》中就曾说:"天下有风,姤。"姤一作遘,当即媾字,姤卦辞云"女壮,勿用取女",本来就是为婚媾而卜。又如《太平御览》卷九引《易通卦验》说:"八风以时,则阴阳变化道成,万物得以育生。"《春秋考异邮》也说:"风之为言萌也。"《大戴礼·易本命》引孔子曰:"二九十八,八主风,风主虫,故虫八月(日)化也。"《淮南子·坠形》略同。此虽汉人之说,犹存古义,与《尚书》《左传》风马牛之说相仿佛。《诗大序》说风,似乎不脱此义,故《国风》由正夫妇讲起。夫妇之风正,推而广之,其他各种风教风化风俗亦正,天下就太平了。

至于风正或不正,听音乐就可以明白,故《毛诗序》云:

> 《关雎》,后妃之德也,风之始也。所以风天下,而正夫妇也。故用之乡人焉,用之邦国焉。风,风也,教也,风以动之,教以化之。诗者,志之所之也,在心为志,发言为诗。情动于中,而形于言。言之不足,故嗟叹之。嗟叹之不足,故咏歌之。咏歌之不足,不知手之舞之,足之蹈之也。情发于声,声成文,谓之音。治世之音,安以乐,其政和。乱世之音,怨以怒,其政乖。亡国之音,哀以思,其民困。故正得失,动天地,感鬼神,莫近于《诗》。

论世变:从晚清到五四

一、向西方寻找真理

晚清以来的思想文化史的进程,被认为是中国知识分子受西方思想之刺激后,逐渐由排斥、融合(洋务运动及"中体西用"等说)到接受的过程。这个过程,也是对中国传统的逐步背离,以渐趋于欧化(或称现代化)。合于此一趋向者,谓为进步,否则就是保守或后退了。例如早先毛泽东说:"自从 1840 年鸦片战争失败那时起,先进的中国人,经过千辛万苦,向西方国家寻找真理。洪秀全、康有为、严复和孙中山,代表了在中国共产党出世以前,向西方寻找真理的一派人物。"后来李泽厚也说:"正如自鸦片战争以来,中国近代历史无不客观上带有民主革命的性质一样,近代中国的进步思想,更无不是在'向西方学习'这样一个前提和环境下发展起来的。"

据此,李泽厚便把早期的章太炎理解为"是自然科学和民权思想的热烈的学习者","援引古典来倡导宣传资本主义的政治、经济、思想、文化",与严复、孙中山、康有为、谭嗣同等相类似。而晚期的章太炎,则因"走上了自己独特的道路,即反资本主义的道路,反对'委心向西'",所以成为保守落后的代表。

"资本主义"的标签,可以换成"唯物思想"或其他,但这个基本逻辑是不变的。早期章太炎、康有为的作为,被解释为如马克思所说:借用古代亡灵和语言来进行革命,是一种托古改制,但就像一个人刚学会外国话,总要在心中先把外国话翻译成中文一样。等到后来大家的外国话都日渐熟稔且能运用自如了,便不再需要套穿古装、运用传统。章、康之流,遂为已陈之刍狗矣。

这样理解晚清之传统与反传统,然乎？否乎？

二、文体日渐浅白化

以语言来说,从晚清到五四,常被看作古典语言体系逐渐瓦解的过程:传统的文言文系统,随着支撑它的科举制度之崩溃,以及革命形势的需要(宣传、启迪民智等),逐步白话化,而趋近于西欧的语、文合一状态。

依这个看法,我们可以由梁启超所提议的"小说界革命",他与谭嗣同等人推动的"诗界革命",裘廷梁、汪赞卿等人办的无锡白话学会、发行的《中国官音白话报》等现象,发现晚清的文学语言,皆有逐渐倡导普遍化与平民化的趋势,以致日益脱离传统文学体系,跨入新文学的领域。然而,这看来毫无可疑的论调,可说全是诠释路向制造出来的,犹如带着某种有色眼镜在看东西,东西当然要变些颜色。因为当我们说晚清之文体日益浅俗,出现了"新民丛报体"、各式白话报刊,甚至章太炎、刘师培等人也曾提倡过利用白话以便启蒙与革命等事项时,我们都忽略了:在晚清,也同时存在着文体艰深化的趋势。例如革命派的章太炎,其文章之古奥艰涩,是众所周知的。与他并肩作战过的刘师培,文章又何尝浅俗?而这一派,在文宣工作上,显然还胜过文体浅易的梁启超新民丛风格。这一现象,是迷信为了宣传及普及思想,即必须采用通俗浅显语言的人所宜深思的。

整个晚清,在大趋势上说,恐怕正是这一艰深文风兴盛的时代。例如诗歌,乾嘉时期,袁枚、赵翼、蒋心余等的诗风都比较浅易。同治以后,则不论是王闿运所代表的湖湘派,专攻六朝,抑或曾国藩所开启,而经陈三立、陈宝琛、郑孝胥、沈曾植、林旭等人所推阐发扬的宋诗风气,都远较乾嘉深刻。所谓"同光体",其奥衍艰深,似乎还要超过他们所效法的宋朝诗。词,王鹏运、朱强村、郑文焯等人,也发展出一种接近南宋的词风。"一字不苟,觉厉氏于律之疏也;一往而深,觉张氏于意之浅也",上追碧山、白石、梦窗、钟幽凿险,理隐志微,讲究"重、拙、大"。文章方面也是如此。自魏源、龚定庵以降,文章实在不是"形成一种平实的风格",而是奇怪与艰涩。魏源序龚自珍集,谓其善于复古,"锢之深渊,缄以铁石,土花锈蚀,千百载后发硎出之,相对犹如坐三代上",自然很难说它是平实浅易的。龚氏的影响,非常巨大,吴宓即曾提到:当时稍称新党之家,案头皆有《定庵集》。所以这种佶屈聱牙的文风,实是晚清的一大特色。这受常州派影响下的文风,较为奇丽恢瑰;另一支较为雅正的文风,就是桐城派的发展。晚清桐城派如吴汝纶父子,马其昶、姚永朴兄弟等,势力极大。严复、林纾之介绍新思想、新文学作品,所倚赖的都是这一派文体。风格蕲向,乃在雅洁,而非平易。即使是正面提倡诗界革命的谭嗣同,他的新体诗,也是堆垛新名词、隐语、宗教经典中语,而具有"索解为难"的效果。因此,整体地看,晚清文风,应当是趋向于艰深的。白话固已滥觞,实仍涓细不足道也。而在这种趋向之中,更值得注意的是魏晋南北朝文风的复兴。从阮元提出《文言说》、李兆洛编《骈体文钞》以后,以汲源六朝来超越唐宋八大家以迄桐城派长期笼罩的文风,可说是一重要的倾向。王闿运暂且不论,激进者如谭嗣同,亦自谓:"嗣同少为桐城所震,刻意规之数年。诵书偶多,广识当世淹通归一之士,或授以魏晋间文,乃大喜,时时籀绎,益笃嗜之。"梁启超也说:"启超夙不喜桐城派古文,幼年为文,觉晚汉魏晋,颇尚矜练。"维新派人士如此。主张革命的阵营,亦有服膺阮元之说的刘师培。他曾作《广阮氏文言说》,撰《中古文学史》,讲授"汉魏六朝专家文",自己也擅长骈文。章太炎虽不相信阮元的说法,但他论文章,特崇魏晋,主张"持论以魏晋为法",并谓魏晋之文胜于汉朝。

  这些现象告诉了我们什么?从新旧派人身上,我们都不应忽略这独崇魏晋、上追六朝文风乃至学风的意义。例如旧派的黄侃,对《文选》极为用功,又著《文心雕龙札记》,写骈俪文,撰《汉唐玄学论》,显然浸淫六朝学至深。新派的鲁迅,也是以"魏晋文章"著名,对《嵇康集》及六朝碑拓等,下过很多工夫。甚至整个五四文学革命,刘大杰都曾表示它与魏晋文学具有相同的精神。因此,艰深雅练的文风与主张白话浅俗,在效法魏晋这一点上,却是可以相通的。那么,文章效法魏晋或其他各种艰深化的举动,到底代表什么意义呢?

三、复古以求新变

　　文体的艰深化,基本上是一种反对时代的表示,是对现存文风不满之后的变革。为了达成这种变革,思变者往往必须跨越一个文化世代,去寻找他所需要的典范来支持他的新变。

　　在中国史上,汉末至唐朝初期,可算是一个文化世代。唐朝中叶之后,直到清末,可算另一个文化世代。唐宋元明清各朝,在改革其时代文风时,往往都会上溯其前一世代。例如,唐朝中叶的古文运动,是要跨越六朝,上追秦汉;明初台阁体(清代称馆阁体)"文章尚宋庐陵氏",复古派遂上溯至"为文法秦汉,其为诗法汉魏李杜",导致后来公安派出来,"辩欧韩之极冤"。但复社继起,又认为"宋文最不足法"而欲上溯秦汉。桐城以后,唐宋文的势力逐渐巩固。到了清末,思变者乃又跨越唐宋,上追汉魏六朝以变革之。文学当然也就比较古奥了。这个文学艺术变迁的模式,书法上也相同。在帖学(由宋朝开启)长期笼罩下,阮元开始提出由北魏碑刻来寻求改革,到康有为而发展成一个严密庞大的理设体系。主张"卑唐",力贬唐以下书风,而上溯南北朝。摆脱妍美姿媚的风格,趋向艰深化,表现出一种"艰难的美"。至于诗,王闿运的效法六朝,同样具有这种意义。章太炎的诗也崇法魏晋的。所谓"同光体"诗家,固然不法六朝,但一般均相信他们不是单纯的宋诗,而是糅合消化了六朝的宋诗,例如陈散原早年的诗,深受选体影响;郑孝胥则浸淫大谢极深;沈曾植对同光体也有个"三关"的解释,说诗人必须经元祐、元和,而上追到元嘉。故其古奥艰深远超过乾嘉时期。他们不能追得太远,因为太远了又与自己那个时代隔阂太甚。适当地从上一个文化世代中撷取某些价值,才可以安心地对身处的时代与传统做一番改革。这即是魏源序龚定庵集时,特别强调"复古"的意义。复古的目的,正是为了要创新、要改革。而复古的方式,则必须通过对古的重新理解、重新掌握,方能选撷出某些价值,以便依循。浓厚的历史意识,遂在这种情况下形成。因此,复古不但在意义上代表一种革新与变迁,对"传统"而言,所谓的传统或历史,也在内容上出现了新的变化,有了新的内容,可说是替传统画了新的地图。而也正因为传统有了这些新内容,才能作为批判它身处那个时代的力量,进而颠覆那仍在它的时代中起作用的传统。这就是传统的复杂性,及其内部辩证发展的逻辑。传统与反传统完全是纠合为一的,传统的深化与强化,同时是内在批判与重构的过程。在这过程之中,改革者超越了自身所处时代及在那个时代中主要的文化势力,溯寻古代文化因素。这些因素,在他们身处的那个时代,亦非毫无遗存,只不过跟当时主要的势力相比,它们显得微弱或非主流而已。例如古文运动以后,骈文就死亡了吗?当然不!在宋朝,它仍以实用官文书公牍等形式存在着,为宋代之"时文"。明末张溥等人,在反对唐宋八大家所代表的文风时,清末从李兆洛、阮元,到章太炎、刘师培,在反对桐城派时,更都曾把这非主流因素找出来,特予标举,俾便促进改革。

换句话说,溯求前一文化世代的行动,同时也可以理解为:在传统的主流之外,寻找旁支、非主流因素,来批判主流,而达成文化变迁。晚清维新派或革命派均常采用这种方式。如谭嗣同把两千年来的文化,全部批判为荀学、为秦政,表现了浓厚的尊儒色彩,要把一切非儒的因素全部扫除,以恢复三代真儒的精神,即是溯求往古的模式。但在这同时,他的《仁学》又并非纯宗周孔,而是孔墨并举的。据《仁学》自序云:"墨有两派,一曰任侠,吾所谓仁也。一曰格致,吾所谓学也。"墨家精神在他学说中的地位可想而知。所以这是在事实上吸收了非主流因素来批判两千年的传统主流。章太炎之"尊荀",与谭嗣同迥异,但其对应时代问题的改革模式,实际上相同。自宋明以来儒家已为中国文化的主流,儒家之中,又以孔孟为主流。章太炎却"历览前史,独于荀乡韩非谓不可易","归宿则在孙卿韩非"。在儒家中抬高荀子,批评孟子的性善论、子思与孟子的五行说,并通过荀子连接到法家的传统,写《儒法》、《商鞅》等文。在哲学上,则标举老庄与佛家,用以压抑当时仍居主流地位的儒家,出现《儒道》、《订孔》及《诸子学略说》等激烈非儒反孔的文章。这跟康有为在儒家传统内部,寻找那久已"不绝者如缕"的"公羊学",批判中国两千年来皆属"新学"、伪经与莽政,有什么两样?

四、复杂的传统与反传统关系

(一)复古与中西体用论

于此做法中,援引西学,亦无不可。因为他们可以将西学视为传统的一部分,亦即传统的非主流因素。说西学中某部分即周孔之道或与周孔之道相同,只不过两千年来居文化之主流的,都恰好不是周孔之道。所以必须提倡这些西学,以追复古道。章太炎与康有为、谭嗣同等人,均常采此一模式。谭嗣同说:"势不得不酌取西法,以补吾中国古法之亡。正使西法不类于古。犹自远胜积乱二千余年暴秦之弊法，且几于无法。又况西法之博大精深、周密微至，按之《周礼》，往往而合，盖不徒工艺一端足补《考工》而已。斯非圣人之道，中国亡之，独赖西人以存者耶。"即是此意。这类做法，无论谈西学谈得多还是少，整个理论的根本处，仍在传统。西学不是被彻底吸收消化在传统之中了，就是只具有辅助性或装饰性的功能。章、康、谭都如此。故康终究只是提倡孔教，章也终究只是"国学大师"。

正因为如此，所以他们的思想中，没有"体/用"的纠缠。"体/用"问题，是从洋务运动中带出来的。在洋务运动的改革中，因偏重西洋器械知识，所以认为政教是道、机械是器。欲输入西洋机械，以谋中国之富强，并借以维持中国之政教，即是"求形而下之器，守形而上之道"。这种主张，后来彻底失败了。于是学者又提出新的论据，谓道器并不对立，而是互为表里的，透过器即可表现道，只不过道与器有体用本末之异而已。陈炽《庸书》、郑观应《盛世危言》、汤震《危言》都提出了这类主张，张之洞的"中体西用"说，则具体总结了这一派应变模式的看法。

然而，我们不要忘了张之洞提出这一说法，实乃用以对抗变法论。康、谭以及后来更激烈化、走向革命的章太炎都不采取这一模式。他们的应变策略，反而是比较传统的，与中国历代之文化变迁经验较为契合，而省去了"中/西"、"体/用"、"道/器"等纠葛。从更深入传统的方式去解构传统，又从对传统的批判来强化传统，以使传统在面临新时代的变局时，能更具活力，成为现存处境的指导。

(二)复古与修古论

　　这一模式,也与严复、林纾等人不同。在章太炎等人溯求往古或撷取非主流文化因素来进行变革之际,那遭到正面冲击的传统势力,亦必须对它本身做一些调整,并对自身存在的理由,做一辩护。林纾和严复,即代表了这一类型。严复精娴西学,林纾不谙洋文,而两人都从事了翻译事业。但是,我们不应只注意到翻译,得向更深一层看,看他们是如何做翻译的。因他们的译著,虽然一偏于政法、一偏于小说,却都运用桐城派古文。换言之,在桐城派受到魏晋文风复兴的挑战时,桐城派也相对地在变。以桐城派古文译述西方著作,事实上即是丰富其本身传统的一种方式。这与桐城另一批人(马其昶、姚永概、吴闿生等)对韩柳古文的加强研治,以重新巩固其传统,意义是一样的。所以,严复固然以译介西学为世所推重,他本人的文化理想却是要"修古而更新"。在译《法意》第十七章按语中说:"宗教、哲学、文章、艺术,皆于人心有至灵之效⋯⋯是故亚洲今日诸种,如支那、如印度,当不至遂为异种所克灭者,亦以数千年教化有影响效果之可言。特修古而更新,须时日耳。"

　　这是企图对传统修整补葺,以展现新的活力,来应付变局。我们只看到他的修补整葺,只看到他译介西学,便以为他是激进的;因此又不免怀疑他之终究归于传统,是后退与保守的。殊不知修古而更新,本来就是为了要巩固传统,所以光绪二十七年(1901)严复有信寄给张元济说:"不知教中国少年以西学,其门径与西人从事西学者霄壤迥殊。故近日所成之材,其病有二;为西人培其羽翼,一也;否则学非所用,知者屠龙之技,而当务之急则反茫然……中国之旧,岂宜一概抹煞?而西人则漫不经意,执果断因。官则无一非贪、政则无往非弊,而所以贪、所以敝之故,又非异类所知也。"

教中国人以西学时,严复真正的用意并不是要传授西学,以变中国,而是要丰富中国的传统以适变。故其门径与目的均与西人从事西学不同,且西学与中国抵牾时,他大体也是主张保有中国之旧的。他的应变模式如此,则晚年的表现较偏向于守旧,甚至从事恢复帝制的活动,亦是十分自然的。对于五四新文化运动,他与林纾也都表示了相同的反对态度,重申唐宋古文家系统对文学的信念,以资对抗。

(三)复古与传统的深化

但这种修古而更新的模式,在章太炎看来,并不好。因为他们所持之古,依太炎这一类型的人看,其实还不够古;而且既修古以更新,则此不够古之古亦已不能坚守。所以此一应变模式的积极性比较弱,也不像太炎那样充满批判精神。然而,其结果可能并没有太大的差异。因批判者援引往古,或选撷传统中的非主流因素,来反抗当时居于主流地位的传统势力时,固然对传统造成了某些冲击,瓦解了某些价值。但这同时也是把传统从某个固定的框套中释放了出来,把传统内部的丰富性与复杂度,一齐展现到国人眼前。传统遂在被摧毁的同时,活力也大为增强。晚清以降,西潮拍击之势虽然强劲剧烈,研究者观听之所在,不免较集中于中西关系;且模糊中总感觉是一个现代化或西化的过程,传统一直在崩溃中。其实公羊学今文家的复兴,从魏源、康有为、廖平、王闿运、皮锡瑞、叶德辉等,到民国的崔适、吕思勉等,一直活力旺盛。古文家,则章黄门人及其他,也有不少表现。熊十力、梁漱溟等所开启的新儒家学风,同样可以视为近代陆王学的复兴。这些复兴,不论章太炎、黄侃,还是康有为、廖平,抑或熊十力,都不是规行矩步的人物,都不是循煦守成的性格,反而都充满了纵轶喷薄、控搏激昂的气息,为世人目为狂者、怪人、疯子。这岂不是传统活力大增的一种表现吗?

再从传统在这些人身上的作用看。他们援引往古及标举传统中非主流因素时,对传统的破坏当然不小,反传统的姿态甚高。但是,如前文所述,经这一反以后,传统事实上已出现了新的内容。因为批判者用以批判传统的资源,仍然在于传统。批判者借着对传统的重新理解与重新诠释,来达成批判改革之功的同时,他与传统的关系也越来越紧密。到最后,他的理想以及理解,全部要以传统来说明,并化为传统本身的属性。例如章太炎早年是由推举法家道家来诋孔贬儒的。中年经历忧患,又加上了佛家,认为佛家之哲学最为玄妙。但他钻研愈久,愈深入传统,他所理解的庄子也就愈深刻,觉得"乃与释迦华严相会"。这时候他仍认为孔子之玄妙是不及老庄的。可是他更深入理解《易经》时,才恍然"知其(孔子)阶位卓绝,诚非功济生民而已"。

这就意味着:历史与传统不是凝固既存的,它仰赖读者的参与、诠释;它也不是自明的,需要读者思索以通、诵数以明。读者不断钻研,见识越来越明通深刻,传统也随之深刻化。因为它被高明深刻的读者看出了深刻的意义。在此情况下,读者思索理解出来的道理,也同时就是传统或经典"本身"的意涵。所以到最后,《齐物论释》既是对庄子的解释,也是章太炎自己思想的说明。那"价位卓绝"的孔子,亦非他人所理解之孔子,而即是章太炎自己理想与理解的最终典范,以致他在表述自己的意见时,也就是在解说传统。反过来说,他也必须不断讲述传统,才能表达他自己。此所以他最后去办了国学院。

透过这种诠释学的剖析,我们才能了解康有为之崇慕孔子,与太炎之归宿孔子,实代表着同样的意义。这些人早年的批判意识,即是导致他们最后与传统贴合的线索。从反传统到拥抱传统,成为传统的代言人,乃是内在逻辑的合理发展。

五、从复古到西化

章太炎这种应变模式及其由反传统到传统的历程,其实也就是五四新文化运动的模式与历程。一般我们只注意到章氏与其门人如黄侃等跟新文化运动者的龃龉,而未认真看待胡适对章太炎的感谢。对这一点我们常有忽略。

胡适在《中国哲学史大纲》自序中说:"对于近人,我最感谢章太炎先生。"这不仅是因这本书的局部论案深受章氏影响,更是因为章氏在学术方向上的影响。在《胡适留学日记》中,他已经屡屡言及章太炎了。章太炎推崇法家道家以及儒家中的荀子,抬高非主流因素以抗贬主流而启新变的作风,对他深具启发。而整个五四新文学运动,也即是一场以"语"代"文"的活动。因为在中国文化里,本来一直有主文的传统,"语"仅用以辅助文。胡适则凸显了语,以白话来涵摄一切文学,名之为活文学,批判"桐城谬种"、"选学妖孽"。依《白话文学史》来看,一方面他跨越了唐宋与六朝,更往上追到"两千五百年前的白话文学——国风"与"春秋战国时代的文学是白话的";一方面在六朝以下,找出原先非主流的民间文学、口传文学,予以标举,用来打倒几千年来主文的、文人的"文言文"。这难道不是跨越身处时代,溯求往古,以及寻找传统中非主流因素以批判他所身处之传统吗?在儒学上,他批判程朱,提倡戴震与考证式的朴学,亦属此一模式,且门径路数皆大似章太炎。不过,追白话于《诗经》毕竟太远了;继起者便提出晚明小品来。——周作人《中国新文学的源流》明白指出:"胡适之先生的主张……便是公安派的思想和主张。"这自然是对胡适说法的一种补充或修正。但此说之基本模式仍是不变的。

据此,我们也可以理解:为什么胡适在掀起反传统的滔天巨浪之后,竟逐渐埋首故纸堆中去"整理国故"了。这岂不与章太炎相同吗?"国故"一词,亦采自章太炎哩!从反传统到传统的逻辑,再一次地出现了。但是,新文化运动以后,并不是所有的人都如此"回到"传统之中,更多的人是日益其新、日益其反,此又何以故?

此亦不难理解:

(一)跨越自身时代,溯求往古,得要真积力久的工夫。不仅批判者要对整个时代传统有彻底的了解,熟知其利弊得失,更要对那已"举世不为"的上代文化有特殊的理解与掌握。此非识力超越时代,学问又真能深入文化传统内部者不办。但是这种具大气魄、大学养的人出来登高一呼,造成现存传统的崩解之后,他自己固然仍能因其本身对传统已有极深的修养,而不断深入传统;一般人却在传统崩解之际,愈来愈不容易获得有关传统的滋润与教养。对于原先所批判之传统和经过批判后重建的传统,也无法分辨;对复归传统者,又缺乏理解与尊重,以致一反不复。而被批判者,亦恒因此辈之"浅薄"而愈趋愤懑,转而益形巩固其传统壁垒,更加保守顽固。二者相激,文化变迁中的灾难，往往因此而起。

（二）揭举传统中的非主流因素，用以打击主流，甚是犀利。但主流之所以能在历史中成为主流，亦非侥幸；非主流之所以长期未能居主流，其间亦未必没有"历史的理性"在。然而，在激昂的批判意识下，强将非主流者抬高，对非主流之价值自不免有夸大矜张之弊，对主流与非主流者之间的历史关系，理解也未必得中，且易偏向于从对抗关系去了解。如章太炎论孔老，胡适论文言与白话，周作人论公安派与复古派等，均是如此。故在严格的学术检验下，这些说法都很难站得住脚；但在革命大势的趋导下，往往风起云涌，耸动一时。于是持论之已偏者，逐渐偏而又偏，有时甚至淹没了原先主张中理性的部分，使得早期的领导者也无法认同。其次，则是非主流本身常不能提供足够的、丰富的资源，来支撑整个运动的发展，或开展出一个新的传统，以致援汲非主流者逐渐流遁无所归。

（三）在中国历史中，溯求往古及援采非主流因素来达成文化变革，是最常见的模式。但那都是在中国文化内部这一个封闭自足的体系中运作，西学东渐以后，形势顿尔改观。此时非主流因素既然无法提供继续开展的资源，则势不能不加深西学的成分，因为西学所展示的是另一个丰富而完整的系统，足供采撷。所以，原先是为了改革现有的传统，以强化民族文化生命，才去吸收西学；最后却被异化了，变成为了吸收西学，即必须放弃民族文化。例如胡适提出的白话文运动，是要以《水浒传》、《西游记》、《红楼梦》的白话为主，再参酌今日的白话加以割舍、补充。这仍是援溯往古，并辅以现存之非正统因素而已。但钱玄同、黎锦熙皆谓其所采撷之时代太古，且亦不敷使用，无法处理新事理新事物。这即是对白话作为未来发展之资源时内在不足的疑虑。傅斯年则发表了《怎样做白话文》,提出写白话散文的凭借,一是留心说话,二是直用西洋词法。这个说法,前者仍属于吸收非主流因素的模式,后者却开始异化了。然胡适当时并未察觉,仍以为这是"国语的文学,文学的国语"最重要的修正案。其实这个修正案,是要将白话文成就为"与西洋文同流的白话文",故主张"直用西洋文的款式、文法、词法、句法、章法、词枝,和一切修辞上的方法",以使白话文彻底欧化,要写作者"心里不要忘记欧化文学的主义,务必使我们做出来的文章,和西文近似,有西文的趣味"。据此,他并断言:"中国语的欧化,是免不了的;十年后,定有欧化的国语文学。"然而,既已欧化,何言"国语"? 国语的文学,竟发展到有"何不爽快把中国字完全去了"(朱有昀之说)的想法;然后再到"仅废中国文字乎? 抑并废中国言语乎"(陈独秀说)的考虑;最后则强烈主张废汉语,改用世界语。这便既无所谓国语的文学,也根本无国语了。这种例子不仅存在于语文及文学的讨论上,也存在于思想内涵的研究里,导致全盘西化论的提出,以及整个知识界思维方式、思维内容的逐步西化。早期的改革者,无论康有为、谭嗣同、章太炎还是胡适,思想的底子都仍是中国的传统,且以传统反传统;后来则逐渐出现了"传统外"的知识分子,以传统之外的东西来反传统。而他们所持之"传统外",却也不是别的,正是西方人以其传统反传统的那一套哩!

(四)出现这种异化,不是必然的。因为在魏晋南北朝,佛教被讲老庄之学者所吸收时,并未如此异化,何以五四以后便异化了? 又,同样是复古求变的模式,为什么章太炎、胡适这一路便异化了,而康有为却始终不异化? 这里隐藏着一个内在的原因,那就是:他们的历史观念,是古今断裂的历史观。章太炎与胡适一样,都把历史看成自已及现代之外,以独立客观存在于过去的一段史迹;相信治史者可以靠考证的方法,揭露历史的真相。这种新史学,是从乾嘉考证学派化出来的,又与西方历史主义、实证主义史学结合了。再加上19世纪以来,西方对"传统/现代"社会的两极思考,于是"历史"与"现在"断裂成两截,只是"国故"、"国粹"、"遗产",聊可为考古与整理、保存而已,不再能激发民族文化之发展了。太炎说:"说经所以存古,非以是适今也","仆辈生于今日,独欲任持国学,比于守府而已"。胡适整理国故、整理文化遗产的口号,也是如此。然说经既非用以适今,则适今者又何必读经?此一说法,加强了传统的崩溃,也断绝了人们对传统的向往,所以《国粹学报》才会说"国粹无阻于欧化"、"夫欧化者,固吾人所祷祀以求者也"。言国粹,正所以促进西化。

(五)更进一步加深了异化状况的,是五四运动所进行的变革内容。这个变革从根本上动摇了传统"文字——文学——文化"的具体结构。在胡适提出白话文主张之前,白话文学的"势"已经出现了。例如维新派及革命党人,利用较为浅俗的文字,来宣传改革的社会政治理想;较开明的知识分子,体察到中国之积弱,在于民智未开,故创办各种白话报刊,以启迪民智,进行社会教育。这些现象,近人谈论已多,但此处宜补充两点:

1. 晚清白话文学之发展,不应只以中国遭受西方冲击后的反应面来观察,还应视为中国传统内部非主流因素势力逐渐扩大中的一个部分。因为在晚清,中国传统中较不重视或被贬抑的东西,都被提举出来,势力大为增强。民间小说戏剧评话之发展亦然,且有大量文人投入其中,参与研究及创作,如王国维、吴梅、俞樾、刘鹗等。其目的皆不在启迪民智也。

2. 以白话宣扬政见、启发民智,在晚清只是辅助系统,声势并不如今人想象中大。以革命党跟保皇党的斗争来说,革命派之章太炎、刘师培,皆文笔古奥,章氏尤甚。在宣传上却如鲁迅所说,是"当之披靡,令人神往"。为什么?因为大部分的知识分子觉得章氏的文章较有"根柢",梁启超新民丛报体,就不免有些浅薄了。所以革命派文宣之胜利,主要是他们的表达方式较符合一般知识分子的文学认知,也吻合他们的格调(当时很多人写信都用篆字,玩古董、赏古碑、论古学,也是一般知识人普遍的生活方式,且大流行于晚清)。白话固然也有人提倡,但根本上仍是重"文"而轻"话"。

以章太炎为例。他的《文始》,推语言之始,而全以文为说,可见在他的观念里,语言学乃是建立在文字学上的。——这跟现代或西方语言学有一基本之差异,所以直到现在,章氏后学之小学工夫,仍以《说文》、《广韵》之归纳分析为主,形成"以字为中心的声韵学"。由这个文字训诂之学进而到文学领域,他也认为:"有文字著于竹帛,故谓之文;论其法式,谓之文学。"(《国故论衡·文学总略》)称"文"而不采用后来习用的"文学"二字,即是把文学推回到古义,指一切文字书写品,而不仅以"流连哀思、吐属藻丽"者为文。他这一看法,有赞成者也有反对者,但怎么定义文学并不重要,重要的是此说显示了一种当时知识分子普遍的态度:相信文而轻忽语。

五四运动就不同了,白话文学的主张,高举语而推倒文,谓文言是死文字死文学,提高民间口传文学的地位,认为语之用胜于文。林纾诋其,以"引车卖浆者流"的语言来取代《史记》、《汉书》之文章,可以充分说明问题的关键所在。

这里要谈的是:这场以语代文的运动,其是非与影响如何。

文言与白话的划分,根本是虚构的。张汉良曾称文言与白话的对立,是"语言的二元论神话",因为"语体文和文言文并非对立的语言系统,两者本无先验的、独立的语言质素,足以作为彼此区分的标准。就语音、语构和语意三层次而言,两者没有本质上的差异。如果有区别,也仅在语用层次。亦即语言使用者对以上三种层次的惯例的认知、认定和认同问题。其次,所谓'语体'的白话文,和文言文一样,已经不再是口语,而是被书写过的文字"。也就是说:"白话文"一词是自相矛盾的,白话文就是文言。即使我们称它为"语体文",语体依然是文体。即使在语汇及语态上刻意模拟说话,其文词规律仍是文的而非语的;是视觉的艺术,而非听觉的美感。故文言与白话无从对立,五四以来一切文言与白话的战争,都是在这一虚构中抓瞎起哄。所以在这里我们就必须注意到胡适所提的"白话文"与"文言文"二词中的"文"字。顺着晚清如章太炎的"文"、"语"区分,胡适做了两个推展:一是承认文与语的区分,但这两者都存在于文中,文中即有语与文之分;二是逆转了文与语的价值判断,说文中之语体者,其用胜于文中之文言者。为了证成这个纡曲缭绕的理论,他先在古代文学作品中分出什么是白话文、什么是文言文;再赋予价值判断,说前者活,后者死。然而此一区分实在带有若干任意的游戏性质,例如把《诗经》、春秋战国诸子说、《史记》、《汉书》、杜诗等,都归为白话文,来跟桐城派古文家争地位;判断一文是否为白话文学的标准,又随时移易、互不相同。这样的做法,实在问题重重。不过,这一语与文的分判,也确实触及了一些文学史上重要的论题,例如语如何进入文、文如何消融吸收语,口传的或带有表演性质的艺术(如说话、评弹、戏、曲)如何与文相离相合、文人传统与民间传统的关系,等等,都在这研究观点下带生出来了。

然而,不幸的是:一方面,这含有太强烈的价值判断,推倒一面而肯定另一面,在事理未详、义理未安之际,即发展成一种独断专横的意识形态,流弊自然甚大;另一方面,语与文的区分,是指文中之语与文中之文,但此"语"与口语活动之语,时相混淆。而至"文""言"两歧,歧路亡羊,文既不文,语亦横受干扰。这也就是说,五四新文学运动,表面上推倒了文的传统,白话取得了全面优势,但实际上这个话乃文中之话,故所建立的不是一个语的传统,而仍是文,是对文另一种形态的强化与巩固。以小说为例,五四以后的小说论者,所欣赏的都是文人小说家(scholar novelist)而非民间说话传统,所偏爱的小说也仍以文采可观者为主。至于小说之写作,亦复如此。现代小说不是比古典小说更大众化,而是更文人化;作家主体意识的强化,小说形式感的加强及小说人物的心理化倾向,全都指向文人文学传统而非民间传统;小说书面化的倾向,转变了古典小说的叙事模式。这种结果,乍看之下似乎是与五四新文学运动提倡民间文学传统、打倒山林贵族文学之口号矛盾。但仔细想想,何止小说?白话新诗比古典诗更难懂,话剧也从来就不像话。可是,虽然不像话,虽然是文的深化与强化,它却又自称为"白话文",然后再简称为"白话",来跟"文言"对立对抗。这就混淆了文中之语与语的界限,以至于治丝益棼。对抗的结果,使人普遍对文言产生抗拒,文言变成保守、腐败的象征。人不再读古典文学或不能读文言作品了,不再读古书或不能读古书了,不必书写或不能书写了,文字使用能力及对文字的理解能力,也都日益低落。这真是从古未有的情况。文化界固然还在形式主义地争辩能不能全盘西化、可不可以全面反传统,固然还有许多人以保存文化为己任，然而社会上很多人普遍对固有文化心存隔阂，因为文字就是天堑，难以跨越。在虚构的文言与白话二分中，每个人都以为文言是另一套极艰涩、已死亡的语言，而古代典籍就是以这一套语言来书写的，所以望之却步。有识之士，见此情况，忧心忡忡，于是努力地替古籍做白话译述，想让现代人也能读得懂古书。

可是文言能译成白话吗？文言文与白话文根本就不是两套语言系统，所谓文言翻成白话，只是语句的自我解释与复述。如"床前明月光，疑是地上霜"，译成"看见床前明亮的月光，我以为是地面上的霜"之类。这不是翻译，最多只是训诂的关系。翻译，是在两种语言系统之间寻求对等关系，所谓文言译白，却顶多只有"以今言释古语"的训诂功能；或把原有的文句啰唆夹缠地再讲一次而已。文言译白之不恰当，不止于此。训诂的含义是开放的，每个时代也都在做训诂的工作。可是文言译白的"译"，却把意义限定了、窄化了。不但文字浅俗，意涵也浅俗化、狭窄化，且翻译者替代了经典在说话。

还有，从理论上说，现代人可以通过所谓白话翻译去理解古典，或进而阅读古书。可是一旦有了白话译本，读者就更不读古书了，因为白话译本即养成了读者的依赖心理，又教育了他：古书古文是非常艰难的。他读白话译本愈久，愈学不到东西，就愈觉得古书也没什么了不起，而且也愈来愈没有能力自己去看古书了。如此辗转循环下去，国人对传统之了解自然就从根本上出现危机。何况，古籍之有白话翻译者少，未译为白话者多，知识分子遂亦乐于借口无译本、看不懂而心安理得地不再读古籍了。

当高级知识分子都不能读古籍或不愿读古籍，都不擅长使用中国文字时，中国焉得不加速西化？五四以后新一代的知识分子，固然在理论层次上仍徘徊于"中/西"、"新/旧"之间,可是在实际思维方式、语文使用、观念架构上,均已无法再像五四前的知识分子那样深入传统,或借传统以批判传统,反倒是外文的使用日益纯熟。他们要拥抱传统时,自然便去拥抱了西方文化的传统。而西方自启蒙运动以来,对其传统之批判,也就成为新型知识分子批判意识的主要资粮。

六、文化变迁模式之再思

总括来说,近代中国的西化,有一曲折的历程。先是在坚船利炮的冲击下,欲以体用道器之说,整合中西,消纳西学。失败后,一方面寻求修古以更新之道,一方面则通过溯求往古及采汲传统中的非主流因素等办法,批判传统,以致新变。偶或援引西学,聊为参照。这两种模式,彼此竞争,成为同治中兴以后主要的思想文化变迁脉络。林纾、严复代表前者,康有为、谭嗣同、章太炎、胡适等代表后者,五四新文学及新文化运动,即是在这个脉络中形成的。但形成之后,逐步异化,渐至全盘西化了,所以近代根本不是反传统以西化的简单模式可以涵盖的。整个晚清,久成绝学的今文经学,久遭淡忘的先秦诸子学,久已沉寂的佛学(特别是已属绝学的唯识学),久遭排抑的陆王心学,久受贬斥的魏晋玄学、骈体文,久已束诸高阁的宋诗,全都复兴了。到民国,则民间文学、戏曲小说也出沉霾而见天日。在这个大趋势中,固然内部歧见纷如,争斗不断,但有一个贯通大势的理在。这个理,岂可以"学习西方"解释之?骈文复兴、书法学北魏、大讲唯识学、谈陆王心学……是学习西方什么呢?反传统健将与国学大师,又有何矛盾、落后与进步之有?过去的解释模型,岂不应好好修正吗?

传统与反传统的关系,岂不该重新思考吗?

当代史家对近代中国思想变迁最普遍的解释,从蒋廷黻、费正清等以降,都认为主要潮流是西学冲击。因为西学冲击,所以中国人开始质疑、抛弃传统,并经历一个社会解体、变革和抗拒的过程,逐步"现代化"。而又由于现代化第一阶段无法处理日益严重的动员问题,所以出现了现代化第二阶段的模式,形成革命民族主义政权和共产主义政权。列文孙(Joseph Levenson)则指出:在西学冲击下,中国知识分子也常有由挫折感与屈辱感所产生的自卑心理,故常美化传统,以重新建立"文化认同"。

这么一来,近代中国知识分子就分成了两类:前一类走向世界,向西方(不管欧美还是苏俄)寻找真理,是进步的知识分子;后一类是传统的、保守的、有心理自卑结作祟的知识分子。

这样的论案,充斥在课堂、教科书、论文中,但实在是甚为疏略。我以上的描述,希望救救大家被污染的脑子。

西游照妖镜

一

《西游记》是中国人熟得不能再熟的书,书不断翻印,影视漫画不断传播,每个人都自以为很懂了。而其实呢,它有你想不到的复杂。

现在,人人都知道《西游记》是吴承恩写的,内容是很有趣的神话故事。这,其实是胡适《〈西游记〉考证》告诉我们的。他说:"《西游记》被这三四百年来的无数道士和尚秀才弄坏了。道士说,这部书是一部金丹妙诀;和尚说,这部书是禅门心法;秀才说,这部书是一部正心诚意的理学书。这些解说都是《西游记》的大仇敌……几百年来读《西游记》的人都太聪明了,都不肯领略那极浅显明白的滑稽意味和玩世精神,都要妄想透过纸背去寻那'微言大义',遂把一部《西游记》罩上了儒释道三教的袍子。因此,我不能不用我的笨眼光,指出《西游记》有了几百年逐渐演化的历史;指出这部书起于民间的传说和神话,并无'微言大义'可说;指出现在的《西游记》小说的作者是一位'放浪诗酒,复善谐谑'的大文豪。我们看他的诗,晓得他确有'斩鬼'的清兴,而决无'金丹'的道心,指出这部《西游记》至多不过是一部很有趣味的滑稽小说、神话小说。他并没有什么微妙的意思,他至多不过有一点爱骂人的玩世主义。这点玩世主义也是很明白的;他并不隐藏,我们也不用深求。"看他的话,你就知道从前人并不这么认为。

二

西游故事来源很久远,南宋已有《大唐三藏取经诗话》,刘克庄《释老六言》中也有"取经烦猴行者"之语,可见孙猴子协助玄奘取经之故事,当时已然定型,元吴昌龄杂剧及西游平话,尤可证明这一点。

明代则有人写成长篇小说,世德堂主人唐光禄购得这部书稿,"奇之,益俾好事者为之校订,秩其卷目梓之"(陈元之《〈西游记〉序》)。可见当时并没作者题署,故"不知何人所为"。书店找人加工校订后,明清刊本或署朱鼎臣编,或署华阳洞天主人校。若问作者为谁,则一般都认为是全真七子里的丘处机。因为丘处机曾得成吉思汗之召,西行雪山。他开创的全真教龙门派,在明清间声势又大,凡修真练内丹者多参考这本小说,认为此书虽套用玄奘西行取经故事的框架,其实是假借来讲金丹大法的。因而都推尊丘祖,谓《西游记》即丘祖演法之作,为一大寓言体系。正因为如此,故大家以此为证道之书,例如明万历刘莲台刊本称为《唐三藏西游释厄传》;清汪象旭评本称为《西游证道书》,并认为书是长春道人丘处机写的,讲的是道家内丹长生之道。清陈士斌刊本称为《西游真诠》,陈氏号悟一子;清刘一明评本称为《西游原旨》,刘氏乃兰州金天观道士,又号素霞散人。以上两家也都以道教宗旨解释《西游记》。另有清张含章《通易西游正旨》,则以《易经》解之。

直到20世纪20年代,胡适才依天启间《淮安府志》载吴承恩曾著《西游记》一语,考证吴氏是该书作者。近代文学史著多本其说,其实还是有争议的。因为《西游记》是常见的书名,有不少记游的书都叫《西游记》。吴承恩那本,在清初黄虞稷编的《千顷堂书目》中亦被列入史部地理类,可见它未必即是这本小说《西游记》。何况,明代初刻时就已不知其作者,后人乃因而托始丘祖。若要确定吴承恩的作者权,还需有更强的证据。

三

明清朝人把《西游记》看成是修道之书,认为它的作者是丘处机,也自有其道理。因为在中国小说传统中,称为游记的,均与神仙有关(例外极少)。像明吴元泰《东游记》二卷,讲八仙故事;余象斗《南游记》,又名《五显灵官大帝华光天王传》,四卷;余象斗《北游记》,又名《北游玄帝出身传》、《北方真武玄天上帝出身志传》,四卷。它们与《西游唐三藏出身传》合称四游记,可见属于同一体系。清无名氏《海游记》六卷,仿《希夷梦》;明罗懋登《三宝太监西洋记通俗演义》二十卷,也同样具有神仙色彩。西方其实也是如此。《西游记》的主题与经过,就和班扬《天路历程》十分相似。班扬书中曾说道:"小子啊!你们曾听过福音真理,知道你们若要进天国,必定要经历许多苦难。也知道你们经过的城中,有铁链与患难等着你们。你们既然行了这许多路。怎能不遇见这些难关呢?"《西游记》要讲的,也是唐僧一行如何渡过这些难关。

从整个中国小说传统来看,游记均具此种天路历程之含意,四游记就是分别说玄武大帝、华光天王等如何"转化"成为神仙的。《西游记》说的也是主人公经历远游以转化成佛的。其他局部游历之描述,如《吕祖飞仙记》,第七回云吕洞宾游大庚,第十一回游妓馆,在人间游历一番之后,重回天庭,列位仙班,则是倒过来,说一位神仙,在遭贬堕凡之后,如何经过人间之游历,再度转化成仙。同样的,明邓志谟《萨真人得道咒枣记》,则记萨真人在人间如何修炼,如何四处治病济困,再如何往丰都国,遍游地府,然后上升成仙。此皆《楚辞·远游》之裔孙,所谓"转化以度世"者也。为什么会这样?因神仙或求仙者最擅长遨游,也因为他们四处旅行,方才出现地图舆记,才能逐渐使我们对这个世界有所认识。所以神仙与求仙求道者,乃世俗社会旅行家的先驱。而神仙之游、求仙求永生者之游,还有胜于世俗人的旅行之处,他们不只涉异地、至远方、观风土而已,更是要寻求生命的归宿,解除死亡的忧惧,希望转化世俗生命成为与道合一的存有。这个精神,实仍贯串于后世之游记中,影响深远。从《穆天子传》、庄子《逍遥游》、屈原《远游》以来,世俗人虽非神仙,但也同样要"远游以求道"。因为只有远游才能获得真正的自由,解脱束缚,重新与自然冥合。无论是郭璞游仙之"轻举观沧海,眇邈去瀛洲",或庄子之"大鹏抟扶摇而上者九万里",都具有离世的动作。去离此世,以至天国、仙庭、彼岸佛国、西天净土——正是远游求道时最基本的特征。

另一种远游,则是着重"异界"的描述,游者由此世进入天庭或彼岸等异界,游观美景,所谓"别有天地非人间",归来不免向世俗人详细介绍该处的种种瑞象奇景。那些暂时"假扮"为神,上升天界,或通过做梦及无意识之偶入误入仙庭者,均属此类,是《桃花源记》这一型的。后面这种,可称为"异界的记录与证明"。它与前者着重于由此界入彼界之历程者不同。前者强调历程之意义,鼓励人要舍去此世,明白生命的真谛,勇于追求解脱;后者则是借曾经游历者的证词,来让人确信异界果然存在。六朝的游记,起码在中国,便多是这类游于仙境者的记录与证验。至于游览世俗世界而写成的游记,如山水诗文,则远远晚于游仙。《庄子·天地篇》曾载华封人云:"千岁厌世,去而上仙,乘彼白云,至于帝乡。"但对帝乡如何,尚乏描绘。具体言及帝乡帝庭景况,可当游记者,仍推《楚辞》的《离骚》、《远游》等篇。其后汉人镜铭经常提到帝乡的地点位置,如"上泰山,见神人"(《小校经阁金文》),"上华山,凤凰集,见神仙"(《汉规矩铭》),这泰山、华山等处,就如昆仑、蓬莱,乃仙界,神仙所居。至曹丕、曹植,便开始有题名"游仙"的诗了。到《昭明文选》分类时,则正式列有"游仙"一目。这些游仙诗,对仙境颇有描述刻画。但此时主要是一种风景静物式的描绘,巧构形似,以造成瑰丽神奇的情调气氛,有点类似西洋早期基督教绘画所画的天堂大神天使。渐渐地,人进入天界有了故事,也有了动作,例如刘晨、阮肇误入天台山,遇见女仙,经过一段时间后,回到人世,恍然若失,想再去,却不可能了。陶潜《桃花源记》亦属此类,均可称为仙乡游记。同时,又因佛教传入中国,游者除了游入天界仙境之外,又出现游进地府的游记。刘义庆《幽明录》载赵泰游地府见府君审案事,开其先河。

那时,地面上世俗社会的游记,除了有些山水、行旅诗之外,尚不成气候,需待唐柳宗元《永州八记》出来后,才略具规模。然此时游仙窟、游龙宫,甚至唐太宗梦游地府、魏征梦斩泾河龙王一类故事,却早已讲述得如火如荼了。唐明皇游月宫,传下《霓裳羽衣曲》;樵夫入山,观神仙下棋而斧柯朽烂;包公日审阳世夜审阴,成为阎王;目莲救母,直入地狱……多少故事,流传于民间!魏征梦斩泾河龙王故事,后来还被收入了《西游记》中呢!

五四运动后,大家忘了中国这个"远游"的传统,而且世俗化的理性主义精神抬头,胡适遂把《西游记》作者权归给落拓文士吴承恩。并谓其中仅有些愤世嫉俗、玩世不恭的趣味在,并无什么神圣性的追求,更不涉及宗教性解脱问题。

四

鲁迅则说《西游记》是神魔小说。鲁迅的古小说研究颇多谬误,神魔小说这个名称更是极不贴切,因为此类书乃古来"神仙传"的通俗版。约起于明代隆庆之《钱塘渔隐济颠禅师语录》,至万历而大盛,以后则罕见,可说是隆万间的特殊现象。

万历廿五年(1597)有罗懋登《三宝太监西洋记通俗演义》,接着是余象斗《北方真武玄天上帝出身志传》、《五显灵官大帝华光天王传》,邓志谟《许仙铁树记》、《萨真人得道咒枣记》、《吕仙飞剑记》,朱星祚《二十四尊得道罗汉传》,吴元泰《八仙出处东游记》,杨志和《西游记传》,朱鼎臣《南海观世音菩萨出身修行传》,朱名世《牛郎织女传》,朱开泰《达摩出身传灯传》,潘镜若《三教开迷归正演义》,冯梦龙辑补《三遂平妖传》,以及不知撰人的《封神演义》、《唐钟馗全传》、《天妃济世出身传》等,规模甚大。这都是佛道人物传记的小说版,显示了当时的宗教气氛。有些作者也本于信仰在写作,如邓志谟或《封神演义》的作者。这位作者,难以确考,柳存仁先生认为是道家"'东派'丹法"的陆西星。若真是此公,则他评点过《庄子》等许多书,乃一有文采之丹士也。他们所写,往往题名演义或志传,也表明了它们是由讲史演义衍生出来的。

可是,这种宗教性,正是鲁迅、胡适等五四诸公所隔膜的。五四,在文化上最显著的成绩是白话文运动。在提倡白话文学时,最主要的成就,即是对中国文学史的重新诠释。胡适、鲁迅等人花大气力进行的小说考证研究,其实正是五四所建立的文学新传统之精髓所在。但这个新的传统尚显衰弱偏枯。他们力翻古人成案,独树新解,正与其"文学革命""反传统"的精神相符。把《西游记》解释成只有一点点玩世态度及趣味的作品,亦可显示此时他们所关切的是"世俗的解放"而非"生命之解脱",故痛斥传统旧说讲得太深曲穿凿。

五

《西游记》最早的刻本是万历二十年(1592)世德堂本。隆万间的朱鼎臣本,则称为《西游释厄传》。天启崇祯间另有杨致和《西游记传》。入清后,康熙间有汪氏《西游证道书》、陈士斌《西游真诠》,乾隆十四年有张书绅《新说西游记》。嘉庆十五年(1810)又有刘一明《西游原旨》,道光十九年(1839)张含章另刊《通易西游正旨》。这些本子,由书名就可发现它们皆以证道为宗旨,汪象旭澹漪子同笺评的《新镌出像古本西游证道书》还收录元代虞集一篇旧序,解释此旨,云此书乃丘处机作:"所记者在取经而志实不在取经;特假此以喻大道耳。猿马金木，乃吾身自具之阴阳；鬼魅妖邪，亦人世应有之魔障。虽其书离奇浩瀚，无虑数十万言，而大要可以一言蔽之，曰收放心而已。盖吾人作魔成佛，皆由此心。"现代考证家因不信《西游记》是丘处机作，故认为这序文是假的。可是《西游记》作者不论是否为丘处机，这篇序讲的几乎是元明清人对《西游记》这本书的共识。

按：民国期间，宁夏曾发现元代《销释真空宝卷》，是以西游故事做宗教宣传的。胡适也曾想否认它是元本，因为只有把它的时间往下拉，才好说它是依据明代嘉靖间吴承恩所写《西游记》改作的（文章见《北平图书馆刊》五卷二号）。

但近年新发现的《佛门西游慈悲宝卷道场》、《佛门取经道场·科书卷》已可证明为元代作品，源于《西游记平话》并影响了《销释真空宝卷》。而所谓吴承恩作的《西游记》则远在其后。

另外，与它类似而涉及西游故事的，还有嘉靖三十四年（1555）的《清源妙道显圣真君一了真人护国佑民忠孝二郎宝卷》。此本刊行的年代距吴承恩逝世还有25年，因此恐怕比吴写《西游记》还早，比世德堂刻本也要早上三十多年。可是它里面不但已有与《西游记》相同的二郎神故事，更有《铅汞交参品》、《水火既济品》、《心猿不动品》，把孙行者称为孙悟空、心猿，强调修道要收心猿、栓意马，然后才能三花聚顶、五气朝元。

如此炼内丹，是要讲火候的，故说"汞投铅来铅投汞"，阴阳二气相合，十月满才见分明。其中还有一首《乐道歌》，总括西游大旨，说："唐僧随着意马走，心猿就是孙悟空。猪八戒，精气神。沙僧血脉遍身通……见活佛，拜世尊，开宝忏，悟心空，三花聚顶五气生。"

可见元明期间以西游故事传教、说修炼，已是十分普遍。这本宝卷"求笺桂造品第十"有"二郎爷,忽想起,无生父母"等语,又说二郎神劈山见母(劈山救母是隐喻,讲人须与无生老母重新见面,故第九品说:劈开昆山,现出老母)。这无生老母的说法,本于明代盛行的罗教。此教系正德年间山东即墨人罗清所创,他著的《五部六册》,其中两卷是《正信除疑无修证自在宝卷》、《巍巍不动大山深根结果宝卷》。因此后来该教宣传时也广泛利用宝卷这种形式。《二郎宝卷》既说无生父母,又以西游故事阐道,会不会与这个教派有关呢?

果然！在正德四年(1509)所刊《深根结果宝卷》中就有"圣者朱八界、沙和尚、白马做护法,度脱众生,护法都成佛去了"等语。明代另有一本《销释科意正宗宝卷》亦讲:"唐僧白马,师徒五人西天去取经……照样修行,唐僧譬语,收揽在一身""昼夜盘桓,要见无生父母,宾主相随,不离凡身体。进上一切,就得明心地"。

可见早在所谓吴承恩作《西游记》之前,以西游喻道已甚普遍,罗教等新兴宗教在此间更扮演着重要的推动角色。胡适跋《销释真空宝卷》时,对于卷中常提到的真空老祖颇感困惑,因元明两代佛教史传中并无此人。事实上这不是佛教的和尚。就如《西游记》里讲的唐僧取经之经,许多研究者也都奇怪为何跟佛经的编次不一样。原因即在于西游故事长期在这些新兴宗教推动下说说唱唱,与佛教、道教本来就未尽吻合。而研究者又不懂元明清社会之宗教情况,只就佛道言之,刻舟求剑,岂能得哉?

再说,孙猴子,在元杂剧中只唤作行者、大圣,到明初宝卷中才变成了孙悟空。悟空这个名字,即表明了西游故事旨在令人悟空。悟空代表心,遂成为此后所有论西游者所依循的。

世德堂本前面有陈元之序,说此书从前还有一旧序:"以为孙,狲也,以为心之神。马,马也,以为意之驰。八戒,其所以戒者八也,以为肝气之木。沙,流沙,以为肾气之水。三藏,藏神、藏声、藏气之三藏,以为即郭廓之主。魔,魔也,以为口耳鼻舌身意恐怖颠倒幻想之障。故魔以心生,亦以心摄。摄魔以还理,还理以归太初,即心无可摄,此其以为道之成耳。"这序不就明白说了整个故事只不过是修道之寓言吗?以金木水火指悟空八戒等人,显然沿续着上述几本宝卷而成体系。

同时的朱鼎臣本也把书题称为《释厄传》。谢肇淛《五杂俎》卷十五论及此书亦云:"以猿为心之神,以猪为意之驰……盖亦求放心之喻,非浪作也。"盛于斯《休庵影语》又称:"《西游记》盖作者极有深意,每立一题,必有所指,即中间邪诨语,亦皆关合性命真宗,决不作寻常影响。"这是明中晚普遍以《西游记》为修道喻道书之证。

这时,并没有人视《西游记》为文学文本,从文学艺术角度去欣赏它,顶多说它是寓言。陈元之针对别人批评《西游记》所做的辩护,说史未必可信、子未必合乎伦纪,故事讲得离奇也未必就不合道理云云,也摆明了是把它视为经、史、子之列,而未由文学价值来推重它。

首先以文采重之者,是叶文通托名李卓吾评点的本子。书首有袁于令题词说:"文不幻不文,幻不极不幻……说者以为寓五行生克之理、玄门修炼之道。余谓三教已括于一部,能读是书者,于其变化横生之处,引而申之,何境不通?何道不洽?至于文章之妙,《西游》《水浒》实并驰中原。今日雕空凿影,画脂镂冰,呕心沥血、断数茎而不得惊人只字者,何如此书驾虚游刃,洋洋洒洒数百万言而不复一境、不离本宗?日见闻之,餍饫不起;日诵读之,颖悟自开也。"首度把读者由修真拉向文学之美。托名李卓吾的评点,即在这个指导原则之下具体说明它的文学性。

但大环境大传统没变,故嘉庆二十四年(1819)夏复恒《重刊西游原旨跋》说当时解此书者:"或指为炉火烧炼,或指为男女阴阳,或指为御女闺丹,或指为心肾相交,或指为搬运顽空。"足证由修道角度去看待它的,愈形扩大。明清之际几本《后西游记》、《续西游记》或董说《西游补》一类书,也可证明这一点。甚至嘉庆间《西游原旨》,道光间《通易西游记》仍是如此。

不过,也有融合文学观点的,认为它犹如古文家"文以载道"般,以文字之巧、章法之奇来让人深入理窟,所以甚具价值:"《西游》是把理学演成魔传,又由魔传演成文章。一层深似一层,一层奇似一层,其实西游又是西游、理学又是理学、文章又是文章,三层并行,毫不相背","《西游》一书,不唯理学渊源,正见其文法井井……本孔孟之深心、周汉之笔墨,演出锦绣之文章,其中各极其妙,真文境之开山、笔墨之创见……一部《西游》可当作时文读,更可当作古文读。人能深通《西游》,不唯立德有本,亦必用笔如神"(张书绅《新说西游记总批》)。文字美,义理正,两者兼具,故以古文时文相拟。

《西游记》由喻道书逐渐发展为文学文本之历程如此。不过,这所谓文学文本并不是现今所谓纯文学式的。在中国文学传统及当时社会之气氛中,它主要被当成寓言文学,文以载道,教人如何收放心。清代几个评本,态度均是如此。与《红楼梦》张新之等人之评点,有惊人的相似性。

我们应该注意到:宝钗过生日时点戏,一点就是《西游记》。而我们也当记得:宝玉是石头所化,与孙悟空由石头里蹦出来如出一辙;

《红楼梦》里甄贾两宝玉的写法，也类似《西游记》里的真假猴王；贾宝玉号称混世魔王，和齐天大圣的名义亦甚相仿。孙悟空被称为心猿，宝玉及其通灵宝玉，也同样可视为心的象征。第一一八回记他与宝钗讨论到荣华富贵不过是过眼云烟，唯人品根柢为重。而所谓人品根柢又是什么呢？就是古圣贤所说的"不失其赤子之心"。宝钗则认为赤子之心并不就是遁世离群的无关无系之心，应也是忠孝之心、救世济民之心。两人对心的理解不同，犹如解《西游记》者或偏于佛道，或偏于儒家，但"归于本心"仍可说是大家共同关注之点。

这种世道人心的关怀，是《歧路灯》一类小说、《劝善金科》一类戏曲、《西游记》《红楼梦》之解读与续作等一系列现象出现的内在原因。

六

五四诸公的问题不就在此处吗？文体上追求浅白，意蕴上也同样讲究浅白，所以其反传统其实就是把传统浅白化。它所肯定的、花大气力来向我们介绍的东西，都强迫我们承认那只是些非常粗浅的东西。他们在指摘批评传统时，对于整个传统又甚"隔"，完全进不到那个脉络里。所以他们自己造了一个"传统"（指出《西游记》有几百年逐渐演化的历史，指出这部书起于民间的传说和神话），以为用这种历史主义方法，说明了它的经过，也就同时说明了它的意蕴（并无微言大义可说）。

殊不知这个脉络不是原有的脉络，讲了半天，毕竟没有说明此种远游求道之性质为何。且仅考出《西游记》元明清这几百年间的演化过程,却忘了我们从远游的脉络上照样可以指出它有几千年的演化史。更有甚者,为什么故事起于神话和传说、流行于民间,便无深义可说?这是懂神话与传说为何物的人讲的话吗?

我在前面就说过,五四诸公,所关心的是世俗之解放。从胡适提倡戴东原哲学、讲易卜生主义、宣扬无鬼论打破迷信,到鲁迅的改造国民性,等等,做的都是打倒权威、松开桎梏,并在世俗社会意义上追求解放之工作。周作人所提倡的晚明小品,其"不拘格套,独抒性灵",也仍是这个意义。对生命解脱、终极关怀之类问题,既不关心也不甚理解。凡遇古人论此,皆以为谈玄,若逢时人而亦论及于此类问题,则于"科学与人生观"论战中一体摒斥之。所以它浅,所以它偏枯,所以对于中西文化比较的问题也无法有效展开。

依胡适、陈寅恪看,孙悟空是从印度的远猴故事演变而来的。当时做比较文学,能力大抵仅止于此:揣测影响,而且一定是中国受到印度的影响。其实《西游记》之可以作比较文学研究处,根本重点不在情节单元及故事的来源,而在于这种"远游以长生"的天路历程形态,如班扬宣扬基督教义的《天路历程》,以及像荣格(Carl G. Jung)所说,游显示了人类集体潜意识之问题。近来研究《西游记》如傅孝先、余国藩等,逐渐摆脱胡适等人的浅俗观,改从近乎传统的"五圣"关系、"意义的追寻"等角度去重读,可为明证。

这种进步,其实是通过回归而获得的。《西游释厄传》、《西游证道书》,释厄证道的现代用语,正是意义的追寻或生命的解脱,用《楚辞·远游》的话来说则是"转化以度世"。那些清朝的评点,一再用道教内丹学或易经理论来诠说《西游记》之原旨正旨,现在我们也从《西游记》各章之韵语诗赋中发现了不少端倪。故对比今昔之说,颇能鼓舞我们重新正视旧小说及其批点评论系统。换句话说,只有超越五四,才可能让我们真正懂得如何理解传统、如何做学问。《西游记》的解读,是一个例子,也是镜子。

谈《红楼梦》：情悟双行

假如一切都是因缘夙定，一切都是命中已有定数了，那么人间一切悲欢离合，岂非白忙一场？是的，所谓"万境皆空"，就是这个意思。金陵十二钗的命运，早已写在册子上，薛宝钗、林黛玉等人无非照着剧本去演罢了。此所以尘世情爱皆为虚幻，钗黛莺燕，盖与土人木偶无异，冥冥之中，早有安排。

土人木偶，本身是无自主性主体意识的。但《红楼梦》所记述的人物未必无主体意识，像贾宝玉摔玉，说你们讲什么"金玉良缘"，我偏说"木石姻缘"，就是个鲜明的例证。

在夙缘定数观念下，人物对夙缘定数只是"不知"。不知者谈不上有没有自主的主体意识，在他以为什么都是由他自己做决定做判断时，其实都早被夙缘所定，故其自以为是自主，恰好彰显了他的不自主。佛家说因缘所生法"空无自性"，就是这个意思。

可是，不知者对他的行为既无自主性，自然也就没有责任，此即所谓"不知者不罪"。在伦理上，他无须为自己的行为负责。假如这样,则"福善祸淫"云云,便成了矛盾。因为淫乱者并非他自己的过恶,当然无须承担背后道德的惩罚;行善者之善行,也一样没理由获得奖酬。福善祸淫,岂非虚话? 福善祸淫,既是虚话,要劝世人戒淫,又从何劝起?

有不少评论者认为《红楼梦》有演"三教合一"之旨。这在表面上看,固然是对的;但三教既三,便有难以合一之处。凤缘前定,尘情俱幻之说,与福善祸淫之论,在理论上就会形成扞格。同理,诸法本于因缘,空无自性,也与自主性主体意识的强调相矛盾。第一二〇回,作者针对袭人嫁给蒋玉菡的事,跳出来评论道:

> 看官听说:虽然事有前定,无可奈何;但孽子孤臣,义夫节妇,这"不得已"三字也不是一概推诿的。此袭人所以在"又副册"也。正是,前人过那桃花庙的诗上说道:"千古艰难惟一死,伤心岂独息夫人!"

袭人嫁给蒋玉菡是姻缘前定的。她明白了这个道理,所以没有寻死。这在伦理上不是毫无可议吗? 可是,作者偏要于此下一转语,说在事已前定,无可奈何之中,毕竟仍有人自己那个"我"在起作用,不可忽视。孽子孤臣、义夫节妇,并非命中注定了他要当孤臣孽子义夫节妇,而是命中注定了事已不可为,臣不可存国、子不可存家、妇无法有夫、夫无能举事。这些臣子夫妇却偏要以自己的方式来表示对命运不屈从的态度,对已被破亡或消失的家国朋友丈夫尽忠尽孝尽义。这种人,才是作者敬重的。那些在命运之前,以"不得已"三字为自己辩护,或随顺命运安排者,则被他放在较低的位置。他解释袭人之所以列入"又副册",即本于这一观点。

这样的转语、这样的观点,显然就是强调自主意识的。在这种情况之下,也才有道德意识可说。第一一八回,宝玉和宝钗的论辩亦涉及这个问题:

> 宝钗道:"论起荣华富贵,原不过是过眼云烟;但自古圣贤,以人品根柢为重。"宝玉也没听完,把那书搁在旁边微微笑道:"据你说,'人品根柢'又是什么?'古圣贤'?你可知古圣贤说过'不失其赤子之心?'那赤子之心有什么好处?不过是无知、无识、无贪、无忌。我们生来已陷溺在贪、嗔、痴、爱中,犹如污泥一般,怎么能跳出这般尘网?如今才晓得'聚散浮生'四字,古人说了,不曾提醒一个。既要讲到人品根柢,谁是到那太初一步地位的?"宝钗道:"你既说'赤子之心',古圣贤原以忠孝为赤子之心,并不是遁世离群、无关无系为赤子之心。尧、舜、禹、汤、周、孔,时刻以救民济世为心。所谓赤子之心,原不过是'不忍'二字……"

宝玉的讲法,就是由聚散浮生、尘缘俱幻这方面说的。人生之陷溺,故重点应在如何跳脱尘网。而人之所以能跳脱,在于他有一个"无执"之心。宝玉对赤子之心的解释,即在"无执"这一点,强调它的无知无识无贪无忌。宝钗则认为赤子之心不能仅从"无执"(无关无系)这方面说,应注意它也是不忍人之心。不忍人之心,是指他人之痛苦罪失,对我而言,是会形成道德感情及责任的。见孺子之乍入于井,能漠然无知无识无贪无忌吗?自然会觉得救他出来是我的道德责任。若见死不救，则会内疚，形成道德上的负担与亏欠感。这种道德感，是人在面对伦理抉择时的依凭。国破家亡了，人要漠然无知无识，视为聚散浮生，以跳出对家对国的爱痴；谓其为缘定、为劫数，以知命顺命，还是选择做孤臣孽子？这就在于他有没有这种道德感。没有，则所谓"赤子之心"实是"空心"，是空无所执之心。用宝钗的话说，就是以"无关无系为赤子之心"。有，则赤子之心便是具主体性的恻隐之心、善恶之心、辞让之心，所以宝钗用忠孝之心来概括。只有具主体性的道德行为，才能进行道德判断。若是空无所执，便跳出了尘世间的道德判断之外，不涉道德。善也罢、淫也罢，福也好、祸也好，都与之了不相干。宝玉看来是希望能够如此的。但整部书中，宝玉采此立场之时间甚少，大多数情况反而是反对如此的。摔玉哭闹那一回最明显。而整部书福善祸淫，凡犯淫者都被写得不堪，其人亦不获佑，更是显而易见的。宝玉之执着于情，谈不上道德意识，与宝钗所说的忠孝之心，若不相干，然其所表现之赤子之心，却正是有恻隐、有羞恶、有辞让、有不忍的，非空无所执之心。

像《红楼梦》第三十回宝玉在大观园蔷薇花架下瞧见一个女孩在地上画蔷字，心中便想："这女孩一定有什么说不出的大心事，才这个样儿。外面她既是这个样儿，心里还不知怎么煎熬呢！看她的模样，这么单薄，心里哪还搁得住煎熬呢？可恨我不能替你分些过来！"忽一阵凉风过，飘下一阵雨来，宝玉道："这是下雨了。她这身子，如何禁得骤雨一激？"不禁开口喊她不要写了。这不就是孟子说的"他人有心，余忖度之"以及不忍人之心吗？宝玉对人的体贴，都由这里来，所以才显得深于情、痴于情。也就是，无知无识的心，是超世离情的，亦无善恶可言。不忍人之心，则开有情世界，在有吃有爱有贪有嗔中见是非善恶。《红楼梦》既说万境归空、浮生聚散,也说福善祸淫,就使它整部书既谈空又说有,既要超情悟道,又要深入情海。

《红楼梦》的诠释路向中两大路线之争,即肇于此。有些人认为它旨在警幻悟空。有些人则觉得悟的部分并不重要,其书之感人处不在悟而在情,故乐钧《耳食录》二编卷八说:"非非子曰:《红楼梦》悟书也,非也,而实情书。其悟也,乃情之穷极而无所复之,至于死而犹不可已,无可奈何而姑托于悟,而愈见其情之真而至。故其言情,乃妙绝今古。"方玉润更指:"宝玉遁入空门一段,文笔虽觉飘渺,而事属荒唐。未免与全书笔墨不称。"他们都认为悟只是门面话,是不得已的假托、习用的套语等,写情之处才是假语尽去真事独存。所以《红楼梦》第五回警幻劝宝玉"留意于孔孟之间,置身于经济之道",戚蓼生本即有批语云:"说出此二句,警幻亦腐矣。然亦不得不然耳。"所谓不得不然,就是说写小说的人要讲一些面话来作为保护色。

可是,《红楼梦》不是简单的小说,不是一真一假,读者只须拨开它的假叙述就可见着真相的。它同时谈空,又同时证有。顽石以情悟道,历劫归来,回首前尘,固然如梦如幻;历劫所经,却是"亲见亲闻","其间离合悲欢,兴衰际遇,俱是按迹循踪",毫不失真的。事是真,幻也是真。为了使人能悟万法皆空,故它要说万法皆本因缘,缘散则空;又要说天理福善祸淫,故人应戒除凡情,以归入性天;更应明白人生自有夙缘、自有定分,不必强求。但是,天理福善祸淫,人间的喜怒哀乐已发之情更有是非对错可言,并不能说是虚幻的;人在此,亦须行善戒淫。这一方面批判了"滥淫"或"意淫",另一方面亦揭出了一种"得性情之正"的忠臣孝子义夫节妇,及以不忍心救世济民的圣贤人格来。这情淫情正的有情世界,也一样是实而不虚的。宝玉再游太虚幻境时,见着牌坊上写着"真如福地"四个大字,转过来便见一座宫门,上书"福善祸淫",就是这个道理。《红楼梦》善于利用佛教义理和儒家学说中合而不尽合之处,开创了这种情悟双行的格局,以情悟道,而不舍其情,遂开千古未有之奇,读者须于此善加体会。

必读书目不"必读"

近百余年,或许这是中国几千年历史中最鼓励大家读书的时刻;替老百姓开立的各种书目,不胜枚举。

张之洞的《书目答问》,甚至勒为专著。而胡适、梁启超所开列的国学必读书目,虽只是一篇文章,也不乏出版社将之扩为大书,供读者取鉴。其余林林总总,若有人能收罗爬疏,辑而考之,便不难由之窥见近百年中国人之心灵史及文化期待视野。

1923年胡适的《一个最低限度的国学书目》,收书190种;梁启超的《国学入门书要目》,收书160种;1925年《京报副刊》也登了许寿裳等人所开列的青年必读书,鲁迅虽函覆该刊云应少看或竟不看中国书,私下却曾为许寿裳的儿子开列了包括《全上古三代秦汉三国六朝文》的庞大书目;随后朱自清的《经典常谈》,事实上也是一部书目及读书法。不过这些书都属于"国学"领域,可视为近代开列书目史的第二个阶段。

第一阶段的代表作品是张之洞《书目答问》。那时张之洞等士林大佬还没想到清朝即将覆灭、传统文化马上就要遭到质疑乃至摧毁,故其书目总括四部、统摄九流,显示的是一个传统文化视野中读书人该有的修养。

梁胡以降,却是在五四新文化运动之后的文化背景中出现之新事况。此刻士子对传统文化已疏离、陌生了,因此开那些国学书目乃是补课的性质,希望以此找回属于中国人的中国性。梁启超说"以上各书,无论学矿、学工程……皆须一读。若并此未读,真不能认为中国学人矣",即是这个意思。

书目之再度来潮,在20世纪90年代。那时人文精神建设重被重视,青年之人文素养却普遍不足,因此北大、清华等高校又推出青年应读书目。清华的,有中外文化文学80种;北大的,有《周易》、《理想国》等30种及《世说新语》等选读30种。这也属于补课性质,因为大学生在中小学阶段光顾着准备考试,啥书也没看;进了大学,又是专业取向,缺乏整体的人文素养,故才须开这些书单。

教育部也向初中生推荐了《西游记》、《水浒传》、《鲁宾逊漂流记》等十种文学作品;向高中生推荐了20种,除了《论语通释》外,也都是中外文学作品。社会上则有浙江文艺、上海译文等各出版社推出的各种丛书;民进等民主党派推动的新阅读运动等更以开书目、促阅读为主轴。因此书目繁多,令人目不暇给。

这个阶段明显与上一期不同者,一是在于范围扩大,不限于国学,着眼于人文素养。

二是对书目的取法,借鉴并不限于张之洞、胡适、梁启超、朱自清这一脉络,而是参考了欧美,例如英国人说的"过去三百年中必读书目"、法国的"理想藏书"、美国的高中生课外阅读书目等,都具体影响了这一阶段的开书目运动。

三是具有政策或商业等非纯文化因素。出版社为炒作话题、鼓励采购、区隔市场，往往推出不同的书目。而政府及大学之所以热衷于此，亦与20世纪90年代开始推展通识教育有关。且社会分殊化、碎片化愈甚，急需通过大家共同阅读一些书来建立共同价值观、共同知识记忆。因此，开立书目还与社会文化意识的重构有关，具有社会政治意涵。

四是开立书目之后会配合以读书的实践运动。这是从前所没有的。例如过去虽可能也会开《论语》、《三字经》，但也就是一纸书单而已，读不读，任人自择。如今则会有一些团体来推动读经运动或什么诵读工程，带领大家具体去实践，读这些书单子上的书。

以学《弟子规》来说，不但有许多团体、私塾、幼教机构、学校在推动，且有卡通动画、歌曲、说说唱唱教学带、诵读视频，以及各种易解、讲说书刊及节目。推动者还有不少是以做公益、行善的态度在做的。所以读书不但对读者有益，即所谓"开卷有益"，推动阅读此类必读书的人，也从这个活动中获得了身心安定，有重建人生价值意义的作用。因此这十多年来的书目开立运动，具有丰富复杂的社会文化意涵，远非前两阶段所能比拟。

但书目的开立或选择，本身就是极具争议的事。没有任何一张书单会让另一个人满意，对于什么书足以代表一个文化传统、什么书对人有益，谁都有不同的答案。像《弟子规》，目前推广极为普遍，许多人或团体奉以为使命。我就不赞成。因其本非经典，只是训蒙文，在启蒙书中也比不上《三字经》、《千字文》、《幼学琼林》，等等，其语源虽本于《论语》，但在《论语》中夙有争议，未必足以为弟子之规箴。其他各书,细究起来也辄如此,想找一份众议佥同的书单,实无可能。而这还不是最主要的问题。最大的问题在于这个开书目的活动本身即充满了吊诡。

因为之所以要开列书目,就是因为社会上一般人都不看书,没看书之习惯,缺乏阅读兴趣。像吃糖,家长、教师、教育部就绝对不会开一糖单,说你必须吃,不吃即不够资格做人。凡提倡什么,正反映当时社会上缺什么。故此类书目或许显示的正是我们这个时代心灵匮乏史。因为若大家皆已读过,还需你们推荐、鼓励去读吗?

而更妙的是,推荐书给青年少年看的人,大半没读过书单上的书。不说旁人,胡适这样的大学者,恐怕就没读全他开的190种书。因为那里面包含了二十五史、十三经、《佛藏》之大部分,以他的功力及少年留洋习农的经历,我即不信他都读过。胡公尚且如此,近年来开书目的家长、教师、社会贤达、教育部衮衮诸公,由于时代因素,在其青年少年阶段,这些书恐怕听都未曾听过,更不用说寓目乃至背诵了。近年读经运动、阅读运动兴起,才忙着教孩子们看。可是大部分人是光责备青年,说此等好书不可不读,而自己总没空也没想要看。

有一部分人倒是真去读了,读之颇受益,便热心推广,教人也去取来读,或把心得写书谱曲以劝世。这当然也很可贵,但仅是可供参考而已。因为嚼饭喂人,本已甚难;书之有益于己者,未必定有益于人,正如人参牛黄并非人人可服,尤其不必人人都服。因此这其中仍大有可思辨之空间也。

为什么大家都没常识

我在学校里教书,常有家长来问我:"该不该让孩子去参加经典诵读?"我一问,才知他孩子早已排满了各种才艺课程,由幼儿园起,就是中英文双语学习,还有数学等课,课余又有音乐、舞蹈,等等,寒暑假另须参加各式营队集训,如增强记忆、开发潜能之类。我问他:"小孩吃得消吗?"他说:"没办法呀,我不能让孩子输在起跑点上!"小孩稍大些的家长,则忧心忡忡,问:"我小孩到底该学什么好呢?"他指的是考大学要选什么科系。孩子进了大学以后,我也屡屡碰到他们来问:"老师,读什么较有出路?"这时他可能正在考虑转系。一些终于转不出去,而只好在中文系待下去的学生则常来问:"老师,读中文有什么出路?"好不容易,他准备好好面对中文系的课程了,则又问:"老师,中国文化那么复杂,经史子集,书那么多,我怎么读得完?天哪,要从哪里读起啊?有什么方法吗?"对于这些焦虑的朋友,我通常仅能报以苦笑,无能为力。因为人笨没药医,我亦无可奈何。

什么?这些问题,不是在我们周边几乎每天都会碰到的吗?几乎所有家长、所有学生都在问,怎么说他们就笨了? 如问此类问题者即是笨人,那岂非全社会都是笨蛋? 是的,我正是如此看的! 因为道理非常简单,所有疑问均出于违反基本常识。

不要让小孩输在起跑点上? 哈哈,你看过任何赛跑是看起跑点的吗? 所有赛跑,比的都是终点。人生一样也是如此,起跑点上快了一点有什么用? 比赛中起跑跑在前头而后来终究落了后的情况屡见不鲜,此即所谓"小时了了,大未必佳"。反之,开始不怎样,后来逐渐显示出跑长路的体能、耐力,正是冠军们共同的特征。儿童教育,需要的乃是提供他跑人生长路的精神心智配备,而不是让他在起跑点上冲出短暂的成绩。而不幸的是,这些家长们为了让小孩在起跑点上冲刺超前,竟群相揠苗助长,或努力让孩子偷跑。例如小孩四五岁,手的发育还没完成,根本不应握笔写字,各幼儿园却已老早让他们识字写字了。小孩字还没认识几个,却已经读了《三字经》、《弟子规》,且背诵得不亦乐乎。干嘛要这样? 他们说:小孩这时记忆力好,要趁机多背一些。

唉,这时小孩子记忆好,没错。你让他背什么他都很快就能朗朗上口。但小沙弥念经,有口无心,记得快,忘得也快。你自己静下来回想一下:6岁以前的事你还记得多少? 除了几件特殊的事件片段、特殊的画面尚有印象之外,曾学过的东西,绝不可能记得,对不对? 既如此,你让小孩读这背那,你以为他长大了居然还能记得? 而且这时小孩子不仅要背诵经典,他还得学识字。识字须是既要识汉字,又要识汉语拼音,还得识英文。《千字文》是一千个不同的字,《三字经》又是几百个生字,按理说,应在小孩10岁左右才须识齐,现在全提前压缩到幼儿园阶段了。而汉语拼音虽与英文字母字形相同,可是读音和英文字母不同,小孩子夹在这几套符号系统之间,你认为他不会头晕吗?学习会有效果吗?

可是,不是有许多专家强调外语学习要趁早吗?

那都是曲学阿世的假学者,目的是结合商业市场广告来骗你的钱。因为事实也非常明显:我们有无数赴法国、德国、西班牙、日本留学回来的人才,得博士、任教授者多矣,但你听说过有谁从幼儿园起就开始读法语、德语、日语、西班牙语吗?如有人主张自幼儿园起便须读德语,你必以为是笑话,斥其荒谬,何以一碰到英语就脑子发昏?需知赴德国留学,德国大学根本不要求你会德文。不必提前学德文,到德国后,进其歌德学院练习半年语言,转入你申请到的柏林大学、海德堡大学等去听课生活即可。此无他,在国外语境中,半年抵得上你在中国国内学20年。在国内,由幼儿园学起,花了20年,最后不能开口者有之,大学毕业后忘得一干二净者有之。总之是青春可悲的浪费,精力与金钱无谓的折腾。

此亦无他,孟子老早说过了:一傅众咻,语言怎么可能学好?[①] 而我们现在的不幸就是在重复孟子所批评的过错。再说,你的小孩该学什么,怎么来问我呢?应该问你的孩子,看他想学什么、爱学什么。

学习的基本动力是兴趣。没兴趣,就是每天花钱请他读,他也读不进去。有兴趣,就是玩泥巴、打架,也能创造出灿烂的人生前程。玩泥巴可能玩成雕塑大师,打架可能打成一代武术宗师。这种人,你强迫他去读电机、学企管,只能是悲剧。现在就是如此,家长、教师、社会舆论越俎代庖,教育着青年或指挥着青年该学什么,以致青年人

[①] 《孟子·滕文公下》:"一齐人傅之,众楚人咻之,虽日挞而求齐也,不可得矣。"指一人施教,众人喧扰,难以取得成效。形容环境对人的干扰很大。

也失了主见，不知自己该如何方能适才适性适所，仅能随顺潮流，据说读什么出来能赚钱，便一个劲儿往那些科系挤。但别人读那些热门科系出来功成名就、赚了钱，不见得你去读也能同样成功发财。每年有多少俊男靓女抱着明星梦去报考电影学院，而能幸运成为章子怡那样的有几人？电子、企管，等等，情况相同。且所谓"热门科系"，均随时冷暖，如时尚产品一般，景气循环。大部分都是在你考进去时热得凶，等你读出来却可能已降温了的。这几年的金融业便是明证。

教育部最近公布了一批失业率偏高的专业名单。名单中，不乏许多社会上一般人所认为的热门专业，如市场营销、物流、国际贸易、电子商务、电脑绘图、会计、生物科技等。其中临床医学排首位，中医学排第六。会计则早在十年前就供大于求了。几年前非常红火的计算机类相关专业，以及通信工程、自动化、电子技术等毕业生都无业可就。再就是国际经济与贸易专业学生就业亦极困难。语言类专业嘛，英语跟一些小语种也在失业名单前列。物流、美术、设计专业者则想要改行都不容易。此外就是教育，招聘条件异常苛刻，一些知名高校在引进青年教师时，甚至要求是博士后。新闻专业的学生，更是连找个实习机会都不容易。法律，当然也很难就业。而且失业最严重的十个专业的毕业生就占了2008届毕业生失业量的36％左右。这些科系的学生，在报考时，未尝不以为敲开了金光大道，谁知几年下来，这些行业竟没落了。他们的家长和老师，当时或许还鼓励甚至胁迫他们去读这些科系吧！学生进大学读了几年出来，社会却已变了！他们都没有一个常识：教育培养的，是未来的人才，要能应对未来几十年的社会。所以他们去学了些热门时尚、切合当时应用的学科。而不知时尚者，过时即不时尚也。努力追逐现世需求与世俗效益者,无不立马被变了脸的社会抛在脑后。而读了所谓冷门科系的学生,又都怨嗟迷惘,整天问:"读这有什么出路?"这更是可笑!读什么科系就自动或注定了发达与否吗?不管你读什么,读不好,会有什么出路?读得好,又怎么会没有出息?路不是自动出来给你的,须是你去走出来的。不学,当然不会有路,所以孔子曰:"学,禄在其中矣!"

不想学,光想天上掉下金光大道,此类颠倒妄想,同样表现在追问读书方法上。

试想:你进入一间糖果屋,看到满屋糖果,会说"啊,糖果太多了,令人望而却步"吗,会问"糖那么多,该怎么吃"吗,会问"你帮我开个糖果目录,告诉我该吃哪些,先吃什么、后吃什么"吗?吃糖时不会如此,一叫你读书,就先推卸责任,要别人帮你先读,先替你开书目、写读书方法论,穷忙一通,是何道理?事实上,吃糖有何窍门?吃了便是!读书亦然,读了才知门径,才能培养眼力。不去读,东问问那是什么滋味,西问问有何秘诀。纵有秘诀,你听来听去,就能坐在岸上听人谈游泳就学会游水了?

凡此等等,我讲的其实都是普通常识,正常思维的人都该如此想,可是我们的社会恰好都要反着来。如此反着来,犹如偏要倒立,用头走路,能走好吗?自己会快乐吗?这些朋友看来也确实都不快乐,都在焦虑中。但他们如此不快乐、如此焦虑,又仍坚定不移地继续违背常识,走着头足倒立的路,真不知是何道理!

博物馆未来记

一、现代博物馆

晚清以来,社会改革人士相继努力推动兴建博物馆。博物馆的多寡,也早已成为社会现代化程度的标准之一。然而全球博物馆之扩张,显然是因欧洲殖民主义发展之故。像中国,古代就没有博物馆(不过,这也得看博物馆之定义为何,如就博聚众物或某类物事以供典藏及展示这种字面意义而言,则古代公私藏书楼及皇家珍宝馆应该也可算是博物馆了。但谁都明白那些与现代博物馆不是同一回事)。现代博物馆与当代博物馆也不是同一回事。"现代博物馆"是19世纪的产物,随着欧洲殖民主义和帝国文化力量,遍及全球。与现代大学体制及学术科研社群结构一样,都在20世纪中叶就形成了全球性机构与网络。如今,全世界的博物馆都像现代化大学一般,其建制、功能、展陈方式、内在精神、运作机制、收藏保护手段,皆大体相仿,呈现出明确的家族相似性。

博物馆的两大类——自然史与民族志,也是在这个脉络中确定的。收集来的自然史资料和民族志材料,在博物馆里一展示,立刻就能让人体会到自己与某一民族及地区之历史文化区分。因此博物馆也是民族身份的标志和民族凝聚力的表现,某些时候甚至可以分出文明与非文明、原始与进步。

博物馆之"物化"倾向,也使得它展示的文明被固定了。仿佛那些文明、民族或地区即如被展出之物那般,已经凝固在那儿。博物馆告知参观者的,是一则业已固态化、永恒存在那儿的叙事。也许所说的民族与物事早已消失,但其形态仍可保留在博物馆里,作为见证。这种态度,事实上也反映了现代社会之文化观。欧洲现代社会,把不同于它的社会形态都视为较落后的"前现代",认为无论亚洲非洲均会、也均需要现代化,以逐渐转变为现代社会。在这个趋势下,传统的生活方式、观念、价值体系,遂仅能以其物资形式保存于博物馆中。

因此博物馆虽是欧洲文明摧毁了亚非各民族生活方式与社会形态之见证,却也是保存民族社会文化之殿堂,有其功绩。

二、现代性批判

值此当代后结构主义思潮对现代性展开批判之际,博物馆自然也在反思之列。有些人认为:古代之博物馆,大抵起于掠夺者炫耀其势力及权势,近代之博物馆则是中产阶级加强归属感的一种机制。

因为现代博物馆动辄利用古老宫殿或历史名宅为之。新造者,也多以古罗马希腊殿堂为形式建筑,以形塑它的神圣性。在这个神圣场域中,资产阶级在里面存放一些与这个阶层的历史大多无甚关系,但现在已被它们界定为神圣之物。博物馆里,不准触摸的禁令、仿佛在教堂般的肃穆气氛、装潢与仪节的庄重感、高耸的梁柱、宽广的展厅、巨大堂皇的楼梯、稀少且不舒服的公共设施所暗示的禁欲作风、近乎有系统的不提供参观者指导的态度,都在提醒参观者:这是个相对于日常生活的艺术世界,这是个相对于世俗社会的神圣空间。

博物馆当然是向公众开放的,大多只需购票便能入场。但这是虚假的开放。其入场本身就有选择性,它只向少数人提供这个空间。社会上一小撮接受其召唤,借着享用此种文化资源而让自己转换社会阶层、成为优异分子的人,才有资格享用这个空间。但社会上,有人利用博物馆、美术馆,使自己摆脱野蛮粗鄙,变成有教养有文化的人,这不是很好吗?不正是博物馆、美术馆的功能吗?

文化研究者说:是的。然而,我们不应忽略了,这只是社会上经济财富形成的阶层差异,加上了经由拥有象征性财富(如艺术品)而造成的差异。借逛博物馆、去艺术中心等活动,将优雅、高尚、良好礼仪等作为区分某些人与大众的表征。

这样的批评,或许平时喜欢去博物馆、美术馆徜徉的人,或努力推展博物馆事业的人,都会在情感上难以接受。但若仔细想想,就知其说亦非无的放矢。我们现今的博物馆,事实上也充满了上述诸弊端。若要使博物馆未来发展得更健康,针对这些问题,做些反省与讨论,或许是非常必要的。

三、博物馆新情境

总之,须注意,一种"博物馆新情境"业已形成。对博物馆性质及意义的争议,事实上就代表了现代博物馆正在转型。当代博物馆,在许多方面遂因此与现代博物馆颇为不同。

一是博物馆愈趋多样化、个人化。

19世纪以来,博物馆大多在国家背景下建立起来,大多属于公共机构。如今博物馆之公共性质正在降低,私人或民间团体基于兴趣、社会文化使命而开办的博物馆越来越多,且往往传达着特殊的理念,与社会及国家意识形态拉开了距离。其展陈和运作模式也迭创新猷,比国家性质的博物馆更有活力。

二是观众身份复杂化、流动化。

全球化时代,国家公民和民族身份的概念正在被调整,否则就无法面对全球迁移的当代模式。不仅各国人民流动频繁,国家内部也普遍在移民与移居的过程中,加上工作和休闲亦有越来越高的流动性(出差与度假),使得每个人都有复杂乃至混合的身份与经验。这就使得博物馆很难预测或定位参观者的需求。与此相对或相呼应的,则是流动的博物馆也逐渐增多了。或是巡回展览,或是馆际交流,都使博物馆打破了原有的固定空间、场域概念,变得越发流动或灵活了。

三是与上述相关的另一种模糊:与其他文化形式的边界也在相互渗透、模糊中。不仅博物馆和其他展览、纪念、娱乐场所、文化遗产中心、主题公园等有了各式各样的联系,相互渗透,博物馆以外的空间,例如街道、公园、机场、超市,无不可成为文化展览的场所。过去那种特定场域的博物馆形态,可说彻底颠覆了。

四是博物馆的活态化。

现代博物馆基本上是固态的,当代博物馆则努力要将置放在玻璃后面的被动之观众，转换成主动参与者。所以当代博物馆不但有触屏，有互动性导览，有现场教学，还常将器物技术生产的制作过程做活态展示，让观众可以动手学作。利用电子技术，模拟场景以提供观众临场感；或开放博物馆做社区互动，也都很常见。

五是电子化。

过去博物馆主要是藏品的静态展示，如今越来越仰赖声光电科技手段。最新、最炫的展陈显示技术，常先应用于博物馆中。因为博物馆的卖点，已不只是藏品，更是它与参观者之间的数位落差（digital divide）。

同时，通过计算机网络，几乎所有博物馆都有自己的网站，一部分则正在建设其数字博物馆。这不仅使参观者可以游走于虚拟的艺术世界，也可以很方便地使用其数据库，博物馆也因此可以向全球开放。过去博物馆藏品的实物性、永恒感以及它和过去的联系，亦因而淡化甚或消失了，观众越来越不在意。

六是博物馆已成为文化产业之一环。

不只它的藏品可做成领带、T恤、模型、杯具、丝巾、复制品等文化产品，博物馆也可以出售知识产权的方式来推展其业绩，相关图册、CD（光盘）、录音录像、书刊、或电影电视都属此类。当然，这种发展趋势也充满了争议。一是文化产品之商品化，本来就争议甚大。二是"谁拥有资格出售知识产权"的问题。之前成龙的电影《十二生肖》即以圆明园十二生肖铜雕为题材，讨论过这个问题。过去希腊政府也曾成功地让埃尔金大理石（elgin marbles）从大英博物馆回归希腊。在现今文化遗产及保护的观念下，若大英博物馆把这些掠夺来的或收集来的殊方异宝拿来做知识产权开发及销售，行吗？而我国故宫博物馆那些珍宝,产权应该属于全体人民,博物馆不过是代管者,凭什么又竟拥有了知识产权呢?

这不是博物馆才会碰到的诘难。在植物药用学上,跨国公司在亚洲、非洲寻找了很多药用植物,利用当地原住民的植物、医学及技术,开发了许多药品。但药品之收益、相关之知识产权,却被这些跨国公司所占,引起过极大非议,莱温斯基(Silke von Lewinski)《原住民遗产与知识产权》一书所论即是此事。同理,全球音乐产业,也大量自地方民族音乐材料中找灵感,可是知识产权俱由五家大型跨国公司(法国环球、日本索尼、英国百代、加拿大华纳、德国博德曼)掌控,亦是文化产业中惹人争议的例子。博物馆正在文化产业化中,此类问题,亦不容回避。

四、民间博物馆之问题

最后,我还要谈谈民间博物馆的问题。

现代博物馆多是公家单位,当代博物馆之趋势,则是民间化,民建、民间自主运营,遍地开花。对此现象,已有不少人关注了,近年西安不仅召开过多届两岸民间博物馆交流研讨会,还常配合办西部地区非物质文化遗产项目展演,颇有声势。但非遗展并不理想,喧闹太甚,节目粗杂。博物馆(即所谓民间博物馆)展出,有不少只是原先各古玩城的古董商摊罢了,距博物馆云云,还颇有距离。但若以收藏言,民间藏家力量真不可小觑。当然大部分是在做买卖,但有心人仍是不少。如洛阳金石文字博物馆、安阳殷畿艺术博物馆、关中民俗艺术博物馆之类,藏品均甚可观。洛阳三彩艺术博物馆的现代工艺创作也很精彩。但是民间博物馆之大问题是假物充斥,甚或以此销赃,或自欺欺人。

另外民间博物馆大多仍纠结于经费问题。民间博物馆多半规模小,经费有限,主要收入来自门票。但近年公立博物馆免票制已推行十分广泛,民营博物馆仍要收票,自然就深受冲击,因此才会有人呼吁应检讨这种制度。博物馆不收门票,当然收入锐减,但若由整体社会或城市角度看,收益判断又有所不同,如杭州市就是如此。各景区、博物馆、纪念馆均免票之结果,大大增加了杭州旅游人口与消费,因此各城市对此一政策或趋向越来越能认同。博物馆之电子化越来越明显、越来越盛,而电子化之结果,正是要把博物馆之收藏公众化,使民众均可自由、随意享用,"数位典藏"即为此一典型。博物馆之免票制,乃是与此一趋向相符甚至结合的。

由此大趋势看,民营博物馆要想抵拒此一潮流恐甚困难。因而要做的事,或许不是检讨别人,而是反省自己;不是检讨批判免票制,而是想想为何我们自己免了票就活不下去。免了票就活不下去,原因在于许多民营博物馆除了收门票之外,别无生财之法。而门票收入也很少,这是因参观尚未成为一般民众之文化要求。不改善这一需求状况,博物馆即为无源之水。而博物馆经营之道,一般博物馆业者却不甚讲求。事实上,民营博物馆本来就可以与公办者分开看,市场及诉求原本就不同,收票形态自然也就可与公营博物馆迥异。即使同属民营,性质不同,收票策略也千差万别。举例言之,台湾民营博物馆中有一部分本身就属于企业文化之一环,乃企业对外宣传、做广告、形象塑造、扩大社会文化影响力之一种方式。如阳明海运、长荣海运、震旦集团、鸿禧、奇美,以及寒舍集团等创办的博物馆,皆属此类。最近旺旺集团还准备斥资 23 亿办博物馆。此类博物馆根本不在乎门票收入，与城市放弃博物馆、景区个别门票收入以获取整体利益相似。有些博物馆也因此与企业结合，两相获益。如朱铭美术馆建在金宝山墓园即是，金宝山本身没有博物馆，朱铭美术馆却可为它创造较美好的形象。

另有一类宗教团体办的博物馆，如灵鹫山的宗教博物馆、中台禅寺、佛光山系列博物馆均属此。这些博物馆，门票不仅不重要，抑且主要利润根本不在门票，而在利用博物馆进行文物之征集、收藏，创造并增累财富；可以吸引信众对道场做更大的奉献、更多的捐奉供养。

还有一种博物馆本身即采取基金会运作，如何创时书法艺术基金会即是。这本即属于非营利事业经营模式，与前两类又不一样。

在大陆，则有一大部分民营博物馆是与景区景点结合的，作为景区之一部分，以资号召。门票通常并入整个景区收入处理，未必单计。某些开发项目，更是以博物馆与博物馆群落为名义，在周边大做地产开发呢！

因此，民营博物馆之门票方式千变万化，必须考虑本身之性质并做市场区隔，不可一例相量。免不免票并非关键，建议政府取消免票制尤无必要。民营博物馆若要增加收入，除了门票之外，应开发文化产品及发展知识产权贸易。把藏品卖出去，则是下策。其中知识产权之开发与经营尤为重要，博物馆最大的资产正在于此，应妥为利用。民营博物馆多半规模小，又多为兴趣式或家族式的，未必擅长于电子化及知识产权之开发，这部分就可委托学术机构，或请专家协助。

理性的灾难

"格物致知",据胡适说,此为一"大胆疑古,小心考证"的实证方法,是理智的态度、科学的道路。但事实上刚巧相反,格物致知乃修养上的实践工夫,而非理智的考证方法。试一论之:

按:伊川尝言:"格物者,适道之始,欲思格物,则固已近道矣。是何也?以收其心而不放也。""格物穷理,非是要穷尽天下之物,但于一事物上穷尽,其他可以类推。至如言孝,其所以为孝者如何。""或问:进修之术何先?曰莫先于正心诚意。诚意在致知,致知在格物。"格物,是为了致知,知什么呢?知万物之理。穷理,乃能尽性。故格物致知,是心性修养上的工夫。伊川释格之"物物",举"孝"为说,即是此意。《遗书》卷十八又云:"致知在格物,格物之理,不若察之于身,其得尤切。"此书卷七说:"致知,但止于至善。为人子止于孝、为人父止于慈之类。不须外面。只务观物理,泛然正如游骑无所归也。"这都显示格物之物,不应从外在实际存在的客观物上去求,而是道德修养上的问题,"要在明善,明善要在格物穷理"。

这跟考证、疑古云云,有什么关系?胡适之说简直比王阳明去格竹子更离谱了。

但更离谱的,是把这种宋学说成是"盛于最近三百年"的方法,为"顾炎武、阎若璩,以至戴震、崔述、王念孙、王引之以至孙诒让、章炳麟"所采用者。顾、阎、崔、戴等人所使用的,是一种号称汉学或朴学的方法,与宋学有什么关系?胡适是写过《戴东原的哲学》的人,难道忘记了他们反对宋明理学的立场吗?胡适既推崇汉学朴学方法,那又怎能说汉代是笼罩在宗教迷雾中的黑暗时代呢?朱熹明明与佛教关系密切,明明注解过道教之《阴符经》、《参同契》,明明祷过雨,明明说过:"鬼神是实有者。屈是实屈、伸是实伸。屈伸合散,无非实者。故其发见昭昭,不可掩如此。"何以反说他是从宗教中挣脱出来的人?可见胡适对中国学术史的了解不甚准确。而茅塞其心者,非它,正为彼所自诩之科学方法、理性精神也。

除此之外,把中国历史拿来与西欧类比,视中国仍处于中古宗教时期,呼吁进行一次理性的启蒙运动,打倒一切迷信、偶像崇拜、鬼神信仰。这一类比可能本身就大有问题。因为西方近代之理性反省是环绕着"上帝"这一概念而展开的,内在于西方有神论与无神论的争论传统之中。而此有神无神之辩,主要是讨论世界是否有一超越的、具位格性的绝对者(absolute)。故上帝存在与否的论证,是核心的问题。由此一论证,再展开有关宗教语言、宗教体验、启示、奇迹与信仰等问题的探讨。整个有神论,其实就是一神论(monotheism),理论及实际上都肯定唯一的神,在此之外既无另一个神,也不可能有另一个神。相对于有神论(theism)的,是无神论,否定有此一神之存在,唯物论及实证主义者多主张如此。但影响启蒙运动的,并非这一路,而是承认有一创造世界的位格之神,却反对神对世界有支配力、反对奇迹与启示的自然神论(deism)。至于经验论,则是认为人不能对神做清楚的陈述,神亦非人之经验所能知,故为一不可知谕(agnosticism)。

中国从来就没有一个超越的、位格的、创造世界、主宰世界的上帝观。换言之,从来没有出现过有神论,连商周之际卜辞及《尚书》文献中的"上帝"、"帝"也不同于西方的"上帝"概念。何来有神论?既无有神论,当然也不会有与之对反的无神论,因为从来没有上帝,没有人讨论过上帝是否存在,即不可能出现反对上帝确实存在的言论。要在中国文化中找无神论的材料,正如闷在一间黑屋子里找一头不存在的黑猫。中国只有鬼神论,故与之对反者,为"神灭论"与"无鬼论"。神若随形而灭,自然无鬼可说。所以一切破有鬼论者,都从这里立论。反之,如其哲学主张不如此,就不可能不信鬼神、不敬鬼神。他或许也曾禁淫祠、戒巫觋,但那都不相干,因为他毕竟不能不祭祖;其禁淫祠、坏野祀等活动也不能证明他便不信鬼。因其鬼神之观念尚在也。如朱子,《宋史》谓其官同安时,"禁妇女之为僧道",又,对谕榜规定城市乡村,不得以禳灾祈福为名,装弄傀儡。但《朱子语类》卷一〇六记载:"门人问:'禁漳民礼佛朝岳,皆所以正人心耶?'朱子即回答:'未说到如此,只是男女混杂,便当禁约耳。'"所谓鬼神之观念尚在。原因是在中国的思想传统中,鬼神是不容易祛除的,何以故?鬼神皆气也。《礼记·祭义》:"宰我曰:'吾闻鬼神之名,不知其所谓!'子曰:'气也者,神之盛也。魄也者,鬼之盛也。合鬼与神,教之至也。众生必死,死必归土,此之谓鬼。骨肉毙于下阴为野土,其气发扬于上为昭明,熏蒿凄怆,此百物之精也,神之著也。'"形魄之亡,因其归于故土,称为鬼。精气仍存,扬于世上,因其昭明彰著,则名为神。后世之所谓鬼,本来就都是指这个形灭而气存,且昭见于人之耳目的"神",只不过在其中又依善恶褒贬,将它再分两等,善者尊之为神,恶者或一般者名之为鬼而已。鬼神皆气所化,若不打破这个"形/神"之辨、若不反对宇宙为气的一元论、若不主张形灭则气尽神亡,焉能为无鬼论?

胡适,或那被称为"在1918到1919年有神论与无神论论战中,做出较大贡献的陈独秀、恽代英、萧楚女"等人,不明此中原委,拿着"科学的研究方法"实验"骗人偶像说"去攻击有鬼论,当然是不相应的了。

父母之蛊

蛊卦是干大事的卦。干大事,自须振疲起衰,对前行者的事业起一番兴革损益。其情况,正如父亲虽有事功,但儿子若能在其基础上拾遗补缺、振扬先声,当然最好。所以卦辞说:"干父之蛊,有子考,无咎。"考就是父亲,与老原本是同一个字,指家中的长者:父亲。相对来说,若儿子对于父亲事业上的缺失不但放着不管,甚且还扩大、延续了那些惑障,那就叫"裕父之蛊",结果自然甚糟,故《象传》说"干父之蛊,终无咎也",爻辞云"裕父之蛊,往见咎"。与干父之蛊结局大异。

中国人讲孝道,又常把孝顺连接成词,因此许多人误以为孝就是要顺从父母,不违背、不忤逆,所谓"君要臣死,臣不得不死;父要子亡,子不得不亡"。五四运动以来,尤其痛批此种封建道德,认为具有奴役专制的性质。其实这是扎了稻草人来打,儒家孝道观何尝如此?这一卦就是明证。父子之间是有感情的,所以儿子对于父母的不是,不会显言斥责或批评。但父亲在,就须劝谏;父已亡,则须改正其失误,这才是儒家所说的孝。《孝经·谏诤章》讲得十分明白:"敢问子从父之令，可谓孝乎？子曰：是何言与？是何言与？昔者天子有诤臣七人，虽无道，不失其天下。诸侯有诤臣五人，虽无道，不失其国。大夫有诤臣三人，虽无道，不失其家。士有诤友，则身不离于令名。父有诤子，则身不陷于不义……从父之令，又焉得为孝乎？"从父之令，就是一般所说的孝顺。孔子认为这不叫孝，必须劝诤，使其父不致失义才是孝。这与蛊卦的讲法正相呼应。父亲把事搞坏了、搞砸了，儿子能补偏救弊才是正道，岂能裕父之蛊？

有人会问：孔子曾说父亲亡故后，儿子三年无改于父之道，可谓孝矣。假如干父之蛊，就是改父之道了，岂非有违孝理？这真是愚而拘了！父道良善，自然无须改作；父道弗善，事已荒坏，能不改吗？《象传》说得很明白："干父之蛊，意承考也。"王弼注："干事之首，时有损益，不可尽承，故意承而已。"孔疏："凡堪干父之事，不可小大损益一依父命。当以量事制宜，以意承考而已。"儿子对父亲的敬爱，存之于心。但见诸行事，就要因事考量，斟酌损益父亲的做法；一味因袭，并非好儿子。孔颖达说这时就不可全依父命，与《孝经》引孔子语，说从父之令不是为孝，是一样的。

这里有个插曲，那便是对母亲的继承，情况略有不同。父子以义，对母亲，更多的是情，故九二卦辞云："干母之蛊，不可贞。"父母之蛊，原则上都须止之，但方法略异。王弼注说："妇人之性，虽可全正，宜屈己刚。既干且顺，故曰不可贞也。干不失中，得中道也。"蛊卦本是刚上柔下的，对母亲就还要更柔些，体现柔顺的一面。但柔顺只是方法、只是态度，最终还是要干成事的。可配合母亲的意思，但终究不能失了中道。史家尝举唐睿宗为例。睿宗在母亲武则天临朝时，采取柔退之法，"每恭俭退让，竟免于祸"（《旧唐书·本纪》），最后且恢复了李唐天下,堪称干母之蛊的典型。

  史家又认为汉元帝优柔寡断,而成帝比他优柔更甚,且耽于酒色,沉湎赵飞燕赵合德姐妹;唐代宗专务姑息,而僖宗姑息又过于代宗,以致代宗尚不失为平乱守成之君,熹宗就仅能使藩镇愈形嚣张,导致唐朝的灭亡。这些都是裕父之蛊的例证,与大禹那样能干父之蛊,改善其父的缺失、洗刷父亲的耻辱不同。我们读《易》,应参考此类事例,以为自己的龟鉴。治家与治天下,道理都是一样的。

旅行与文学

一、男人的行旅

依彼德生(Petersen)的分析,人类迁移现象,可分为原始迁移(区位环境已不适合居住,故往外移居)、被迫迁移或强制迁移、自由迁移,以及大众迁移(如美国开辟西部时之移民状况,移民成为一种社会动力(social momentum)。

一般男性之迁移,常表现在原始迁移及被迫迁移。

我们看历代男性那些行役诗,都充满思乡、怀归之愁绪,对其行役、军戎、旅戍诸行为也缺乏价值认同感,原因正在于男性的这些迁移活动,往往是压力下的驱迫,或受自然环境之压迫,为了生计,为了糊口,不得不飘洋渡海,奔走四方;或为王命所驱役,为军队所号令,在政府的压力下放弃田园与妻小,转徙各处。而此转徙迁移,事实上又充满艰险。军旅征战,九死一生,固无论矣。移民去边境屯垦开荒,或出海去外国出卖劳力,异地风俗、水土、气候、饮食都不习惯,感疫患疾病而死者接踵。与异乡"番邦"人士打交道,更使人栗悚,随时可能会被骗、被陷害、被割了头皮、被猎了头去。即使是赴任,也往往心不甘情不愿,觉得是遭了贬谪。要去的地方既举目无亲,又无感情,几年任期一到,立刻撒腿走人,当然充满了过客意识,觉得只如旅宿一般。旅人寒夜凄清之感,随时会袭上心头。最糟的则是"流人",即真正遭到斥逐流放者。这些人因为犯了罪而被流放,属于迁徙刑。故其迁徙本身,便是在服刑,流放到宁古塔、乌鲁木齐等处,常常是"乌头白、马生角"尚不得返归故乡。如此人等,自无怪其嗟迁旅而怀家乡了。男性之迁徙中,特多哀歌,诚非无故。但这只是男人中一部分罢了,男人也不乏自由迁移的现象。所谓自由迁移(free migration),是指人以其自由意志为动力,选择了迁移的行动,以此来表现自我,或达成其理想。探险家、旅行家或行商均属此类。这类人士,心态绝对不同于被迫迁移者,绝对不会嗟迁旅而怀家乡。他们也旅行,但不是感叹行役之劳苦,而是对旅行的目的地充满了期望,对旅行途中之奇风异俗倍感好奇。心思不是向后看,回头望家乡;而是向前瞧着,热切地踏上征途。

远游,以及在远游途中恣意游览,这两种类型的文学作品,于焉产生。

在《昭明文选》中,"游览"与"行旅"便分为两类。游览和"游仙""招隐"相联接,列在卷二十一、卷二十二。行旅则和"军戎"相连,列在卷二十六、卷二十七,其性质之不同,甚为明显。

行旅者悲叹行路之难、征途之苦,想家,想妻儿。游览者,却是"乘辇夜行游,逍遥步西园""遨游快心意"(曹丕《芙蓉池》),"逍遥越城肆,愿言屡经过"(谢混《游西池》),"昏旦变气候,山水含清晖。清晖能娱人,游子憺忘归"(谢灵运《石壁精舍还湖中作》),"不惜去人远,但恨莫与同"(谢灵运《于南山往北山经湖中瞻眺》),充满了愉悦、逍遥的气息,而且快乐得像神仙一样。颜延年说得好:"蓄轸岂明懋?善游皆圣仙。"(《应诏观北湖田收》)把车子藏起来,哪称得上是清明懋德之人?善于游行天下的,才是睿圣神仙之人呀!

这些逍遥地仙,"扬帆采石华,挂席拾海月,溟涨无端倪,虚舟有超越"(谢灵运《游赤石进帆海》),"日落泛澄瀛,星罗游轻桡"、"晤言不知罢,从夕至清朝"(谢惠连《泛湖归出楼中望月》)。其基本情调乃"游赏"、"游戏",而不是行役者那种遭到役使,被逼迫的"工作"状态,因此其动作多是迂缓的、从容的,并不急着赶路,"舍舟眺迥渚,停策倚茂松,侧径既窈窕,环洲亦玲珑"(谢灵运《于南山往北山经湖中瞻眺》),一步步细游慢赏。

换言之,这基本上是一种审美的态度。对于异乡山水,抱持着观赏游览之心情;对于生活,也不是以"工作"和"日常生活"去面对,而是游戏之、欣赏之、享受之。

要有这样的心情,才能发展出山水诗、游览文学。

山水,不再是险阻,不再是使行役者痛苦的地方,而是可以去亲近、去欣赏、去游乐的场所。故"五岳寻山不辞远,归来常做五陵游",地不论远近,趣存乎心境。美感的追求,可以高过任何体力上的辛劳、亲情的呼唤或国家责任的压力,让人摆开一切,尽情尽兴地投入其中,欣赏观览一番,去发觉山水之美。或在日常性的无聊生活中,品味、经营出美感来。

于是,这又形成了它与行旅者的另一种不同。行旅者整个人生乃现实世界的生活性存有。人活在一个现实的、具体的社会网络中，国家、组织、工作、家庭、责任，把他紧紧捆住了，所谓"王程有严，星分凤驾；受命大吏，弩矢是荷。风波眼底，缁尘满袖，迂回间道，动称掣肘"（王士性《五岳游草·自序》）。

为了生活，人不能不受此掣肘，为了生活，也不能不出去奔波，以致风波眼底、缁尘满袖。纵或摆脱国家与组织力，任由想象力去驰骋一番，想的依然是现实世界的家人、亲友等。故行旅者的旅途，往往与现实世界的"人生道路"划上了等号。行旅途中的风波，事实上就是人在社会经历遭遇中会碰到的风波险阻。《苦寒行》、《行路难》一类歌咏，讲的既是行旅之难、行路之苦，也是指人在社会上做事时会遇到的困难。欲上太行雪满山，欲涉黄河冰塞川，人生的道路，也是如此崎岖荒寒。

游览者却不是这样的。出外游玩游览，本来就是与现实生活松离了的。去的，并不是一般日常居住工作的地方。做的，也不是平时在社会网络中该做的事。社会性身份、角色、功能、责任，俱都放下，恣情欣赏美景、品味生命。因此，这时的人生乃超越性的。人脱离了现实生活的摆布，身体和精神进入了另一个领域。谢灵运诗曰"扬帆采石华，挂席拾海月，溟涨无端倪，虚舟有超越"，超越，讲的就是这个意思。旅游者之心思，恒不在市廛陇亩、红尘俗世之中，而是在红尘之外的青山绿水或俗世之上的神山仙境。处于红尘俗世中奔走行役者，其心甚劳；赏于山水仙境中者，其心则甚逸。逸者，闲适宽舒愉乐也。但其字义恰好也有逃离、脱出的意思。逃逸出尘网之外，偷得浮生半日或更多的闲，去游玩、游戏、游乐，生命当然不像被困于尘网者那样忧苦、那么操劳。若说那种生活是现实的、责任的，可以显人生之担当;那么,游览型的人生便可以显人生之洒脱,透出生命的美感与趣味。

游览文学,和游仙、隐士文学相连,道理也就在于此。游仙者,出离尘世,远游天都,游观昆仑悬圃、海上仙山,本来就是游览者最羡慕的事。隐遁者,逃名逃世,入山唯恐不深,也具有出尘绝俗的美感和气魄。这两者都与游旅者血脉相通,因为它们都带有一种否弃现世的精神、厌鄙世俗社会日常生活的态度,而体认出一种超越的价值观。要从这个眼前的社会、现实的生活跨越出去,离开此世,以获得真正的生命。

一般旅游者当然不能像游仙那样,超举入冥,乘云车而入天庭;也不能如隐居者那样,真正径去尘俗,避人避世。因为旅游者通常只能暂离现世,终究还是得回到现实社会来;同时它所游的,也仍是人间世上的山水,不可能真去游仙山洞府。因此,旅游者要做的第一件事,便是区隔。在生活上区隔出"一般现实性生活"和"逸游以欣赏生命的行动"两部分,否则无论如何迁徙奔走,都仍应视为居者,因为他仍然困居于尘世之中。只有逸豫以欣赏生命的行动,才是出游,游出了一般日常性现实生活之外。并且其游观、游览、游赏,也不以世俗社会为对象,而是以尚未社会化的自然景观、较原始的人文状态为目标。或索性在现世环境中用区隔法,在日常家居活动场域之外,隔出一个场所、园林,以供游览、游观、游玩。

园,不是家。家是居住用的,园子则是用来游的。"乘辇夜行游,逍遥步西园",园与家的分别,正如日与夜的区分。白天,是工作、责任、担当的时候。夜,则是放松、逸豫、游宴、享乐的时候。人不能真去离俗登仙、上升天庭,便只能在夜里,营造出"别有天地非人间"的迷离情境，让人在其中充分享受到游玩、游赏的乐趣，忘却营营。但如此游览、游戏，事实上便未必需要迁徙旅行了，成为"居而游"的形态。所谓"卧游"，即为此类心境。身体未必迁移，神思早已远扬。或形躯不做长距离的迁徙跋涉，精神状态却迥异于安土重迁者。这样的形态，恐怕应该仍要归类为"自由迁徙"，因为它之所以如此希冀游览、游玩、游赏、游观，是因为它所追求的，正是自由。

男人都是渴望自由的。但受限于社会角色、生活压力，在许多情况下，男人并不能真正旅游、自由地迁移。因此，男性在事实层面上较女性更少迁移，或属于"移动而不迁居"者，不能真去旅游。可是，纵使他不能远游、不能迁徙，他仍不能抑遏他游的渴望。男人仍然可以借着这种居而游的方式，来体现他的自由与迁移。讨论迁移者的性别时，切莫忘了这一点。在谈论旅游时，男性常说要"待向平之愿已了"之后，亦即子女婚嫁已毕，对家庭、社会责任既了以后，才要出去遨游山水，其实也仍是这种心情的反映。

二、旅馆

不论行旅还是游览，都要住店。旅店不是家，只是驿站，走走停停，一站又一站。所以驿站称为亭。《一切经音义经》："汉家因秦十里一亭。亭，留也。"《释名·释宫室》："亭，停也，亦人所停集也。"亭邮、亭民（驿亭附近的居民）、亭寺（寺，办公的官署）、亭舍（驿亭的客舍）、亭传（客栈）、亭置（邮亭驿站）、亭驿、传舍等，皆为其相关词。刘邦曾为泗上亭长，关羽曾为汉寿亭侯。

亭驿的规制，历代不同。白居易原本、宋孔传续撰之《白孔六帖》

卷九说:"十里一长亭,五里一短亭。"可是实际上唐制是:"自京师四极,经启十道。道列于亭,亭实以驲。而亭惟三十里,驲有上、中、下。丰屋美食,供亿是为。人迹所穷,帝命流洽。用之远者,莫若于斯矣"(高适《陈留郡上源新驿记》),"四海日富庶,道途隘蹄轮。府西三百里,候馆同鱼鳞"(韩愈《酬裴十六功曹巡府西驿途中见寄》)。故所谓十里长亭,近乎用典。

驿馆的规模,不能用现代旅馆来想象,因为它大得多,近乎一座小城(北京的朋友或许可以由钓鱼台国宾馆这类规制来揣想,或直接去鸡鸣驿瞧瞧)。其景观与建筑,刘禹锡的《管城新驿记》说道:"门衔周道,墙荫行栗,境胜于外也。远购名材,旁延世工,墍涂宣皙,瓴甓刚滑,术精于内也。庐庐有甲乙,床帐有冬夏……内庖外厩,高仓邃库,积薪就阳……主吏有第,役夫有区,师行者有飨亭,驽行者有别邸。周以高塘,乃楼其门,劳迎展蠲洁之敬,饯别起登临之思。"可见驿馆傍依大道,围以高墙,入口是门楼,内部既有供驿丞住的邸,有给驿夫住的房舍,有给使者住的厅堂,还有厨房、马厩及仓库;建筑外观雄伟,内部装修精致,整体规模十分宏阔。即使只是一个小县城,崔佑甫在《滑亭新驿碑阴记》描述驿馆"博敞高明,倬然其闳闶,沈深奥密,杳然其堂室";杜甫在唐兴县看到厅堂"崇高广大,逾越传舍。通梁直走,岌将坠压。素柱上乘,安若泰山"(《唐兴县客馆记》),也都不只是一间小客栈。

亭既是驿站,自然就是送别之地,历来写此者多矣。如庾信《哀江南赋》"水毒秦泾,山高赵陉。十里五里,长亭短亭。饥随蛰燕,暗逐流萤。秦中水黑,关上泥青";李白《菩萨蛮》词"平林漠漠烟如织,寒山一带伤心碧。暝色入高楼,有人楼上愁。玉阶空伫立,宿鸟归飞急。何处是归程,长亭更短亭",实在不胜枚举。而最有趣者当为《西厢记·长亭送别》。因为其他诗词均有情绪而无情节,此兼有之:

(夫人、长老上云)今日送张生赴京,十里长亭,安排下筵席;我和长老先行,不见张生、小姐来到。

(旦、末、红同上)(旦云)今日送张生上朝取应,早是离人伤感,况值那暮秋天气,好烦恼人也呵!"悲欢聚散一杯酒,南北东西万里程。"

[正宫][端正好]碧云天,黄花地,西风紧,北雁南飞。晓来谁染霜林醉?总是离人泪。

……

(红云)姐姐今日怎么不打扮?(旦云)你那知我的心里呵!

[叨叨令]见安排着车儿、马儿,不由人熬熬煎煎的气;有甚么心情花儿、靥儿,打扮得娇娇滴滴的媚;准备着被儿、枕儿,只索昏昏沉沉的睡;从今后衫儿、袖儿,都揾做重重叠叠的泪。兀的不闷杀人也么哥?兀的不闷杀人也么哥?久已后书儿、信儿,索与我凄凄惶惶的寄。

另外,客舍其实亦指驿站。故王维《送元二使安西》说:"渭城朝雨浥轻尘,客舍青青柳色新。劝君更尽一杯酒,西出阳关无故人。"又,刘克庄《玉楼春·戏林推》:"年年跃马长安市,客舍似家家似寄。青钱换酒日无何,红烛呼卢宵不寐。易挑锦妇机中字,难得玉人心下事。男儿西北有神州,莫滴水西桥畔泪。"

"客舍似家家似寄",客舍自是驿舍。但后来已成泛指,旅宿在外,都可称为客舍。如刘皂《旅次逆方》说:"客舍并州已十霜,归心日夜忆咸阳。无端更渡桑干水,却望并州是故乡。"

驿站客舍,不但具有离别的含意,引人愁思,它本身也是重要文学现场。许多名作都写于驿站。例如:

据说魏文帝曹丕取甄后遗物玉镂金带枕送给曹植。曹植回封地,途经洛水,夜宿驿馆,取枕而眠,梦甄女来道:"妾身本托心于君,然不能如愿,此枕是我陪嫁之物,今在君王之手,愿荐枕席。"曹悲喜不能自胜,遂作《感甄赋》,后改称《洛神赋》。

唐天宝十四年(755)安禄山叛乱,玄宗在华清池,六日内就得到这一消息(驿马日速约五百里),仓皇间西狩蜀地,途经马嵬驿休息,将士饥疲,怨声载道,明皇被迫命高力士引贵妃于驿馆旁佛堂,缢杀之,葬于驿西道侧(见《旧唐书》)。

元和四年(809),元稹出使东川按狱,写下《望驿台》等诗。稍后,白居易写了十二首诗和之。元和十年(815),元稹自唐州还京,道经蓝桥驿,写了七律《留呈梦得、子厚、致用》。可是,他正月回长安,三月就被贬为通州司马。当年六月,白居易也被贬为江州司马,经过蓝桥驿,读到了元稹还京时的诗,感慨万端,写了《蓝桥驿见元九诗》,说:"蓝桥春雪君归日,秦岭秋风我去时。每到驿亭先下马,循墙绕柱觅君诗。"在蓝桥驿既然看到元稹的题诗,其后沿途驿亭很多,还可能留有元稹的题咏,所以他要"每到驿亭先下马,循墙绕柱觅君诗"。

大中九年(855),李商隐罢梓州幕,随柳仲郢回长安,途经筹笔驿,写下了名句"他年锦里经祠庙,梁父吟成恨有余"。此驿又名朝天驿,在今四川省广元县北,相传诸葛亮北伐,曾驻此筹划军事。

又,传说长庆年间秀才裴航,游鄂渚,买舟还都,梦得诗:"一饮琼浆百感生,玄霜捣尽见云英。蓝桥便是神仙宫,何必崎岖上玉清。"说裴航路过蓝桥驿,遇见一织麻老妪,航渴甚,求饮。妪呼女子云英捧一瓯水浆,航饮之,甘如玉液。航见云英姿容绝世,欲娶此女,妪告:"昨有神仙与药一刀圭,须玉杵臼捣之。欲娶云英,须以玉杵臼为聘,为捣药百日乃可。"后裴航终于找到月宫中玉兔用的玉杵臼,娶了云英,夫妻双双成仙而去。

宋哲宗时,遭贬谪的秦观,在湖南郴州驿站里发牢骚:"可堪孤馆闭春寒,杜鹃声里斜阳暮。"后来死在旅途。东坡也被贬,到海南岛三年。但他比秦观幸运,遇赦北归,离开时感慨不已,做了《澄迈驿通潮阁二首》。

徽宗宣和三年(1121),李清照自青州赴莱州投奔丈夫。途中宿昌乐县驿馆,写了《蝶恋花》,思念姊妹,也为莱州之行忧心。

其他,如"驿楼涨海壖,秋月寒城边"(独孤及《东平蓬莱驿夜宴平卢杨判官醉后赠别姚太守置酒留宴》)、"凭高试回首,一望豫章城"(韩愈《次石头驿寄江西王十中丞阁老》)、"山川不记何年别,城郭应非昔所经"(武元衡《使次盘豆驿望永乐县》)、"停骖问前路,路在秋云里。苍苍县南道,去途从此始"(白居易《初出蓝田路作》)、"千崖信萦折,一径何盘纡。层冰滑征轮,密竹碍隼旟。深林迷昏旦,栈道凌空虚"(岑参《酬成少尹骆谷行见呈》)、"官柳阴相连,桃花色如醉"(刘长卿《洛阳主簿叔知和驿承恩赴选伏辞一首》)、"闲想更逢知旧否,馆前杨柳种初成"(薛能《雨霁宿望喜驿》)、"县道橘花里,驿流江水滨"(韩翃《赠别成明府赴剑南》)、"青槐驿路长,白日离尊晚"(武元衡《送唐次》)、"流云溶溶水悠悠,故乡千里空回头。三更犹凭阑干月,泪满关山孤驿楼"(韩偓《驿楼》)、"明朝便是南荒路,更上层楼望故关"(李德裕《盘陀岭驿楼》)、"夜长秋始半,圆景丽银河。北渚清光溢,西山爽气多。鹤飞闻坠露,鱼戏见增波。千里家林望,凉飙换绿萝"(羊士谔《褒城驿池塘玩月》)、"严秦修此驿,兼涨驿前池。已种千竿竹,又栽千树梨(元稹《褒城驿》)"……直到清朝蒲松龄写《聊斋·莲香》还说:"余庚戌南游,至沂阻雨,休于旅舍。有刘子敬,其中表亲,出同舍王子章所撰《桑生传》约万余言。得卒读,此其崖略耳。"可见在旅社中写作是非常常见的。

而驿舍行旅诗文,因为情同、事同,所见物象亦十分类似,渐渐便自成一文学传统。例如温庭筠有首《商山早行》:"晨起动征铎,客行悲故乡。鸡声茅店月,人迹板桥霜。槲叶落山路,枳花明驿墙。因思杜陵梦,凫雁满回塘。"后人就多重复其意象。

以卢沟桥为例。卢沟桥至京城三十余里,乃出入北京之门户,故成为京郊第一客旅集中地。从元代《卢沟伐木图》即可看到当时卢沟河畔茶肆酒馆、招商旅店之繁华及策马驱车、步行担担、风尘仆仆客人之景象。留宿的客人,一觉醒来,洗漱登程,感觉正是晓月当空,东方初白。"卢沟晓月"遂为著名燕京八景之一。明张元芳《卢沟晓月》诗曰:"禁城曙色望漫漫,霜落疏林刻漏残。天没长河宫树晓,月明芒草戍楼寒。参差阙角双龙迫,迤逦卢沟匹马看。万户鸡鸣茅舍冷,遥瞻北极在云端。"即化用了温庭筠诗。

邮亭、驿墙更是题咏的处所,是文学作品的公开发表园地,任何人都可在此题写。宋周辉《清波杂志》卷十载:"邮亭客舍,当午炊暮宿,弛担小留次,观壁间题字,或得亲朋姓字,写途路艰辛之状,篇什有可采者。其笔划柔弱,语言哀怨,皆好事者戏为妇人女子之作……辉顷随侍赵官上饶,舟行至钓台,敬谒祠下,诗板留题,莫知其数。"可见题诗之多。古人文雅,不似今人题壁,满墙乱涂,污言秽语,不堪入目。

不过,如此风雅,也未必能被庸僧俗吏们所欣赏,他们会心疼好好一堵墙被诗弄污了。宋张表臣《珊瑚钩诗话》卷二就记载:"予近在镇江摄帅幕,暇时同僚游甘露寺,偶题近作小词于壁间……其僧顽俗且聩,愀然问同官曰:'方泥得一堵好壁,可惜写了。'"

因此,既要保护墙壁,又得满足旅人题诗抒情的需要,不少寺院、驿站乃专门设有诗板供行人题写。据王定保《唐摭言》卷十三:"蜀路有飞泉亭,亭中诗板百余,然非作者所为。后薛能佐、李福于蜀道过此,题云:'贾橡曾空去,题诗岂易哉!'悉打去诸板,惟留李端《巫山高》一篇而已。"又据魏庆之《诗人玉屑》卷十一:"澧阳道旁有甘泉寺,因莱公、丁谓曾留行记,从而题咏者甚众,碑牌满屋。"可见当时诗板之多。

在驿站题诗的人中,女性占一大宗。唐陆贞洞《和三乡诗,会昌时有女子题诗三乡驿和者十人》:"惆怅残花怨暮春,孤鸾舞镜倍伤神。清词好个干人事,疑是文姬第二身。"即为一例。其后,五代王建的前蜀被灭时,太后徐氏和太妃徐氏姐妹所写的《天回驿题壁诗》亦广为人知。到了宋代,仅在《宋诗纪事》卷八十七便收录有韩玉父《题漠口铺》诗等八例。其余可考者还有十几首。明末清初最有名的,则是会稽女子的《新嘉驿题壁诗》:

  余生长会稽,幼攻书史。年方及笄,适于燕客。嗟林下之风致,事腹负之将军。加以河东狮子,日吼数声。今早薄言往诉,逢彼之怒,鞭棰乱下,辱等奴婢。余气溢填胸,几不能起。嗟乎!

余笼中人耳,死何足惜!但恐委身草莽,湮没无闻,故忍死须臾,候同类睡熟,窃至后亭,以泪和墨,题三诗于壁,并序出处。庶知音读之,悲余生之不辰,则余死且不朽。

其一曰:银红衫子半蒙尘,一盏孤灯伴此身。恰似梨花经雨后,可怜零落旧时春。

其二曰:终日如同虎豹游,含情默坐憾悠悠。彼苍生妾非无意,留与风流作话头。

其三曰:万种忧愁诉与谁?对人强笑背人悲。此时莫把寻常看,一句诗成千泪垂。

最早介绍这组诗的,是明末著名诗人袁中道和钱谦益,并都有和作。不但使得此诗广为流传,而且会稽女子作为一个薄命佳人的典型,也成了文人间的热点,"此诗一传,文人争相和之"。和诗、吊诗以及关心她身世的记事甚多。

女子题壁,为什么会惹来这么多和诗及记事呢?明末周之标曾就天涯女子杜琼枝的题壁诗解释说:"自古佳人才子,赋命薄者多。况才美两擅,落迹风尘,踏山涉水,饱历星霜,偶一念至,能不悲乎!"(《买愁集》集三·哀书)可见他们是同病相怜的。

顺治十二年(1655),王士禛与同邑的傅宸北上赶考,宿于北京市郊白沟河,发现了墙上王素音题壁诗的和诗。王素音的原诗却没看到,询问店家,得知原诗在五六尺高的木柴堆后面的墙壁上。时值寒冬,两人为了读到原诗,只好把木柴一块一块搬下来。原诗出现后,傅宸点着火把读,王士禛呵气润笔做记录,还分别在墙上为原诗做了和诗。写完后,二人饮酒相视大笑,并自嘲其行为"痴绝"(《妇人集》

卷二)。从这一故事,可以看出当时的文人对女子题壁诗的搜集,有多么狂热。

正因男文人有此热情,所以就出现了男子假托妇女之名而做的题壁诗。

嘉庆初年,富庄驿壁上有蜀中女子鹃红题诗。郭麐《灵芬馆诗话》续卷四说其友人李白楼即有《和鹃红女子题壁诗》,鹃红的原作则有七言绝句六首。然而《然脂余韵》卷一引陆继辂《崇百药斋诗集》已揭开了迷雾:

> 辛酉正月,偕刘大嗣绾、洪大饴孙宿富庄驿,寒夜被酒,戏聊句成六绝题壁上,署曰蜀中女子鹃红。已而传和遍于京师,两君戒余勿言。顷来平梁,有王秀才埒以行卷来质,则《悲鹃红诗》在焉。既为失笑,而死生今昔之感,不能无忓于怀,书此寄刘大郎中,并邀同作。诗中自注:曩题壁诗有"年年手濯江边锦,不觳人间拭泪斑"等句。则鹃红身世,无待更考,前辈风流,可称雅谑。

鹃红的题壁诗及其序,是陆继辂、刘嗣绾、洪饴孙的伪作,但王秀才对鹃红的题壁诗深信不疑,并做《悲鹃红诗》,他还以此为行卷向陆继辂请教。另外有一位赵野航,不但见而和之,且谱为《鹃红记》院本八出。据马星冀《东泉诗话》卷八记载,还有一位马爱泉,也是鹃红爱好者,对鹃红的题壁诗笺之注之,并和鹃红诗,做六首集句诗,合在一起编为《榛苓唫思》。

道光五年(1875),另有维扬女子贾芷孚题于南沙河旅店的七律二首和自序,竟然"一时和者如林"(《然脂余韵》卷三)。但刘体信《苌楚斋五笔)卷九《旅店题壁诗多托名妇女》引《停云阁诗话》载：

> 有人于青斋旅店,见壁上维扬女子题诗,情词凄婉,低徊欲绝。阅自跋语,知其为遇人不淑、流落天涯者。其书法美矣,遂抄录之。过数驿,适遇故人,偶谈及此,故人问诗工否？其人赞云:"绝佳！但未知貌如何耳。"故人自捋其须,曰:"与仆相似。"其人不解,再三诘之,乃知即翁所作,特嫁名耳。其人拍案大噱,谓为匪夷所思……余谓好事少年,往往托名女史题壁,以其易于流传耳……古今女子题壁,全属佻达少年好事成性,伪作欺人,已屡见前人记载。惜当时未录副,以至无可踪迹,兹姑录两家以证明之。

清初的吴兆骞也有个类似的故事。据陈去病《五石脂》载,他:"尝有绝句二十首……托名豫章女子刘素素,乘夜题于虎丘之壁。厥明,诸文士见之,咸甚惊异,以为真闺阁之笔。一时和者殊众。"

另外,他朋友徐釚说:"汉槎惊才绝艳,数奇沦落。万里投荒驱车北上时,尝托名金陵女子王倩娘,壁诗驿壁,以自寓哀怨。"(《续本事诗》卷十二·吴兆骞)可见其乃"惯犯"。

惯犯之所以常能得手,必与当时人之普遍心理有关,乃文人的怜花意识高涨使然(详见我的《中国文人阶层史论》、《中国文学史》)。犹如北京陶然亭畔香冢的碑铭:"浩浩愁,茫茫劫,短歌终,明月缺。郁郁佳城,中有碧血。碧亦有时灭,血亦有时尽,一缕香魂无断绝。是耶非耶,化为蝴蝶。"传说是旅京士子埋香瘗花之作,也引得几百年来文人感慨流连不已,还被金庸写入他的小说《书剑恩仇录》里。而其实,诗与铭与故事都是御史张盛藻编的(见《越缦堂日记》同治三年十一月十六日)。

由这些故事看,女子题壁诗,在当时实甚流行,故戏曲小说也常将其作为题材。戏曲吴炳《情邮记》、李玉《意中人》、万树《风流棒》、李应桂《梅花诗》(小说《春柳莺》内容相同)、四中山客《六喻箴》、卧月楼主人《玉梅亭》、谢庭《彩毫缘》,小说《平山冷燕》、《云英梦传》、《春柳莺》、《定情人》中都有,很值得注意。

释 天

古之天文,今人搞不清楚,也不全是无知的问题,亦有因古今变迁而令后人不易明了之处。犹如古代话语,当时人人都会说,可是至今就只有懂古音学的人才弄得明白。古天文学,虽是当时百姓日用常识,然时移世异,学者对之,往往亦聚讼纷纭,与争论古音韵究竟如何是一个样。

一、三正

造成难解现象的原因之一是历法之变。古有六历:黄帝历、颛顼历、夏历、殷历、周历、鲁历。汉改用太初历、三统历,嗣后历法历制改来改去,以致大家对古代历数情况越来越不了解。如《定之方中》讲夏正十月,《小雅·十月之交》也讲夏正十月,《豳风·七月》依然讲夏正。周朝理应用周历,这些诗却用的是夏历。这固然一方面是风俗使然,犹如现今虽用阳历,民间仍通行阴历;另一方面也因儒家孔子本来就主张在历法问题上"行夏之时"。而夏历与周历之不同，主要在岁首。周历以建子之月（即夏历的十一月）为岁首，殷历以建丑之月（即夏历的十二月）为岁首，夏历以建寅之月（即后世通常所说的阴历正月）为岁首。所以《豳风·七月》的七月，乃是现在我们说的九月。它讲的九月、十月、十一月，分别是周历十一月、十二月、一月，故冷得不得了，鬐发栗烈难当。

古书中，《春秋》《孟子》多用周历，《楚辞》《吕氏春秋》用夏历，《诗经》就不一定。如《小雅·四月》用夏历，《七月》看起来也是夏历，此诗讲"一之日"等处，却是用周历。这种混用历法的情况，在《左传》等书中也都有，所以容易导致误解。秦始皇以建亥为岁首，这是夏历的十月、殷历的十一月、周历的十二月。汉初仍沿用此制。汉武帝改用太初历以后，才以建寅为岁首，与夏历相同。以后除王莽和魏明帝时一度用殷正，唐武则天、肃宗时一度用周正以外，大部分都仍用夏正，与现今民间阴历的月份时令相近。

这是"三正"的问题，指夏商周三种历法的正月之分。另一个天文上的问题是太岁。

二、太岁

三正，是把一年十二个月配上子丑寅卯等十二地支，故以一月为正月。所谓建子、建丑、建寅之建，是指"斗建"。北斗七星的斗柄指向十二个不同的方位，即代表十二个月。太岁则是以周天分成十二等分，由东向西，配以子丑寅卯等十二地支，叫作十二辰。但因子丑等十二辰由东向西，而实际的十二辰其实恰好相反，乃是由西向东的。因此,另又假想有个岁星,叫太岁,又称岁阴,让它与真岁星背道而驰,这样它就和十二辰的顺序一致了。以此纪年,就称太岁纪年法。举例言之,某年岁星在星纪,太岁就在析木(寅),称为太岁在寅。次年,岁星运行到玄枵,太岁就在大火,即在卯。其余可以类推。所以太岁并非真星,指的其实是子丑寅卯等十二辰,而这十二辰又有个别名系统。

除十二地支之外,十天干也与岁星相配,也有一套别名系统。这套别名,在《史记·历书》、《尔雅·释天》、《淮南子·天文篇》中略有不同。若今年是壬辰年,就称为玄黓执徐,明年癸巳年则称为昭阳大荒落。古人作诗题字,纪年往往用此,在古代是基本常识,于今则需费这么多唇舌来介绍了。而太岁与星象之间,也容易弄混,令人糊涂。典型的例子,是战国屈原的生日问题。屈原的出生日期,《离骚》中自述:"帝高阳之苗裔兮,朕皇考曰伯庸。摄提贞于孟陬兮,惟庚寅吾以降。"看来十分明确了,可是研究屈原的人对此有不同解释。大致可分两说:一是汉王逸说:"太岁在寅曰摄提格。孟,始也。贞,正也。于,於也。正月为陬。"他认为"摄提"是"摄提格"的省称,屈原生于"太岁在寅,正月始春,庚寅之日",即寅年寅月寅日。二是朱熹说:"摄提,星名,随斗柄以指十二辰者也。"他认为"摄提"是天上星辰名,并不说明什么年份,两句只是说屈原生于寅月寅日,但年份不明。二说的主要分歧在于"摄提"与"摄提格"的异同。摄提,属二十八宿中的亢宿,共六星,位于大角星的两侧。《史记·天官书》:"大角者,天王帝廷,其两旁各有三星,鼎足句之,曰摄提。"又说:"岁星一曰摄提,曰重华,曰应星,曰纪星。"摄提格是岁名,或者说是地支"寅"的代名词。如《尔雅》曰"太岁在寅曰摄提格"。可见"摄提格"与"摄提"的词义明显不同。"摄提"与"摄提格"既是不同的两个概念,屈原应该不会将"摄提格"省写为"摄提"。所以"摄提贞于孟陬"的意思是:斗转星移,又到了新年的正月。正月是岁首,他采用的乃是夏历。至于这年具体的年份,作者并没有说明。"惟庚寅吾以降"的意思只是说:我出生于庚寅日。故朱熹认为屈原出生的月份是寅月,恐有悖于原作的意思。在战国时期,正月未必是寅月。屈原应该是出生于夏历正月庚寅日。可是到底是哪一年呢?庚寅又是哪一天呢?各家考证,各说各话。清代陈玚用周历推算则定为公元前343年正月二十二日;邹汉勋、刘师培用殷历和夏历推算,定屈原的出生日期为公元前343年正月二十一日;浦江清《屈原生年月日的推算问题》认为他生于楚威王元年,即公元前339年正月十四日;郭沫若《屈原研究》认为是公元前340年正月初七;胡念贻《屈原生年新考》又推算为公元前353年正月二十三日。

总之,这是一笔糊涂账。但由屈原生日的考证,我们可以知道此中还涉及二十八宿、七曜诸问题,所以也要稍做解释。

三、七曜、二十八宿

七曜指日月与金木水火土五星。金星古称明星,又名太白。《诗经·郑风·女曰鸡鸣》讲:"子兴视夜,明星有烂"中的"明星"非泛指,所指即金星。《诗经·陈风·东门之杨》中"昏以为期,明星煌煌"也指它。它黎明时见于东方,称为启明;黄昏见于西方,称为长庚。《诗经·小雅·大东》云"东有启明,西有长庚",讲的都是这一颗金星。此星在文学上大大有名,小说中甚至将它幻化成一位神祇——太白金星。木星,又名岁星,十二年绕天一周,每年行经一个特定区域。一年的区域称为"次",十二年就有十二次,上文讲岁星在玄枵、在大火,讲的就是这个。水星,又名辰星。古书中谈到天系时所说的水,其实并不是指这一颗,乃恒星中的定星。所说的火也并不是指行星中的火星,大火,心宿,"七月流火"之火是也。《史记·天官书》里讲的"火"才是火星,又称荧惑。心宿、营宿,指二十八宿之一。宿是指太阳停留之处。古人已知地球绕着太阳公转,从地球轨道不同位置看太阳,太阳在天球上投影的位置也不同,这种位置的移动,一年的轨迹合起来就称为黄道,代表太阳周年之轨道。而黄道附近二十八个星宿,就是用来作为这个轨道之坐标的。

星星本来分散于夜空中,靠人们运用想象力把它们进行分组:东方苍龙七宿(角、亢、氐、房、心、尾、箕),北方玄武七宿(斗、牛、女、虚、危、室、壁),西方白虎七宿(奎、娄、胃、昴、毕、觜、参),南方朱雀七宿(井、鬼、柳、星、张、翼、轸)。苍龙七宿就是把从角宿到箕宿想象成一条龙,角是龙角,氐、房是龙身,尾宿就是龙尾,其余可以类推。《小雅·大东》:"维南有箕,不可以簸扬。维北有斗,不可以挹酒浆。"就是根据这种想象的再想象,说簸宿、箕宿不能真拿来做簸箕,北斗也不能挹酒浆呢!唐杜甫《赠卫八处士》说:"人生不相见,动如参与商。"也依星宿想象。参指参宿,商指心宿。参宿在西,心宿在东,出没两不相见,故取喻如此。

另外,宋苏轼《前赤壁赋》中有一名句曰:"月出于东山之上,徘徊于斗牛之间。"斗牛,有教科书说:斗指北斗星,牛是牛郎星。这种说法存在错误,斗牛,是指星宿中的斗宿与牛宿。目前国际上一般将星空分为 88 个星座。北斗属大熊座,牛郎属天鹰座。斗宿是南斗六星所在之处，属人马座，而牛宿属摩羯座。所以北斗星与斗宿不是一回事，牛郎星与牛宿也不是一回事。不过，问题还不是这么简单。清人张尔岐认为苏轼不懂天文，以为这句话写错了："'少焉，月出于东山之上，徘徊于斗牛之间。'七月，日在鹑尾，望时，日月相对，月当在娵訾，斗牛二宿在星纪，相去甚远，何缘徘徊其间？坡公于象纬未尝留心，临文乘快，不复深考耳。"苏轼之误，可能的原因是：古人常以"斗牛"来概括代替整个星宿，古诗文中提到星宿，往往就只说斗牛，如：

叠岭碍河汉，连峰横斗牛。（李白《过汪氏别业二首》）
班姬此夕愁无限，河汉三更看斗牛。（崔颢《七夕》）
踏雪携琴相就宿，夜深开户斗牛斜。（贾岛《逢博陵故人彭兵曹》）
万里无归信，伤心看斗牛。（常建《江行》）
画壁余鸿雁，纱窗宿斗牛。（孙逖《宿云门寺阁》）

史上还有个"斗牛之间"的著名故事：三国末年，晋朝有人主张伐吴，也有人反对。当时尚书张华，即是力主伐吴的。两方争论期间，夜晚斗牛之间有紫气。斗牛之间所对应人间的位置，是在长江流域口附近，正巧就是东吴所在地，而紫气又是祥瑞的象征。因此当时反对伐吴者，就以此为由，主张讲和。张华却仍力荐晋武帝伐吴。武帝后来果然举兵攻吴，但初期并不顺利，当时朝中大臣还上疏建议腰斩张华以谢天下。然而后来终究灭了吴，张华也因此官拜司空。东吴灭亡后，斗牛之间的紫气非但没消失，反而更盛。

华闻豫章人雷焕妙达纬象，乃要焕宿，屏人曰："可共寻天文，知将来吉凶。"因登楼仰观，焕曰："仆察之久矣，唯斗牛之间颇有异气。"华曰："是何祥也？"焕曰："宝剑之精，上彻于天耳。"华曰："君言得之。吾少时有相者言，吾年出六十，位登三事，当得宝剑佩之。斯言岂效与！"因问曰："在何郡？"焕曰："在豫章丰城。"华曰："欲屈君为宰，密共寻之，可乎？"焕许之。华大喜，即补焕为丰城令。焕到县，掘狱屋基，入地四丈余，得一石函，光气非常，中有双剑，并刻题，一曰龙泉，一曰太阿。其夕，斗牛间气不复见焉。焕以南昌西山北岩下土以拭剑，光芒艳发。大盆盛水，置剑其上，视之者精芒炫目。遣使送一剑并土与华，留一自佩。或谓焕曰："得两送一，张公岂可欺乎？"焕曰："本朝将乱，张公当受其祸。此剑当系徐君墓树耳。灵异之物，终当化去，不永为人服也。"华得剑，宝爱之，常置坐侧。华以南昌土不如华阴赤土，报焕书曰："详观剑文，乃干将也，莫邪何复不至？虽然，天生神物，终当合耳。"因以华阴土一斤致焕。焕更以拭剑，倍益精明。华诛，失剑所在。焕卒，子华为州从事，持剑行经延平津，剑忽于腰间跃出堕水，使人没水取之，不见剑，但见两龙各长数丈，蟠萦有文章，没者惧而反。须臾光彩照水，波浪惊沸，于是失剑。华叹曰："先君化去之言，张公终合之论，此其验乎！"

由这段故事，后来遂衍生出一些成语，如气冲斗牛、丰城剑气、剑沉丰狱、延津剑合。所以苏轼说"徘徊于斗牛之间"时，也可能非写实而是用典。这是有关星宿的一些文学问题。此外，如各位关心小说、戏曲、民俗、文学，即不能不晓得道教认为每个星座都有一个神将，共有 28 位神将,也称作二十八宿。按东南西北方向,将二十八宿分为青龙、朱雀、白虎、玄武四组。二十八宿的具体职能,据《北斗治法武威经》《无上黄箓大斋立成仪》卷五十五、《道门定制》卷三等经记载:"凡二十八宿各有司,尽关璇玑之分,若风雨雷雹人间万汇,并随武威占剋,无不具载,明者察之。"东方七宿星君中角宿星君主人间雨泽,亢宿星君主人间大风,氐宿星君主人间狂风,房宿星君主惊风骇雨,心宿星君主人间雨泽,尾宿星君主祥云瑞气,箕宿星君主斜风细雨。北方七宿星君中斗宿星君、牛宿星君主云气,女宿星君主阴阳,虚宿星君主人间大风,危宿星君主旋风走石,室宿星君主人间阴翳,壁宿星君主阴寒雨泽。西方七宿星君中奎宿星君主人间风雨,娄宿星君主人间大风,胃宿星君主人间风,昴宿星君主人间晴,毕宿星君主天地开奉,觜宿、参宿星君主人间风雨。南方七宿星君中井宿星君主天色黄昏,星宿星君主天气晴朗,张宿星君主时气不和大热,翼宿星君主晴朗,轸宿星君主晴。鉴于上述职能,道士在斋醮作法时,常召请二十八宿神君下凡降妖伏魔。星宿与文学大有关系的,还有牛郎织女的故事,大家耳熟能详,就不说了。

四、十二次

太阳周年的黄道坐标,除了二十八宿之外,还可等分成十二部分,以说明太阳运行与月份所谓关系,这十二部分,称为十二次。次与宿一样,皆指太阳投影停留之处,把十二次跟二十八宿配合起来,则如下表,可堪对照。与西方讲的黄道十二宫也很类似。

太岁年名	十二辰	十二次	二十八宿	黄道十二宫
赤奋若	丑	星纪	斗、牛、女	摩羯宫
困敦	子	玄枵	女、虚、危	水瓶宫
大渊献	亥	娵訾	危、室、壁、奎	双鱼宫
阉茂	戌	降娄	奎、娄、胃	白羊宫
作噩	酉	大梁	胃、昴、毕	金牛宫
涒滩	申	实沈	毕、觜、参、井	双子宫
协洽	未	鹑首	井、鬼、柳	巨蟹宫
敦牂	午	鹑火	柳、星、张	狮子宫
大荒落	巳	鹑尾	张、翼、轸	处女宫
执徐	辰	寿星	轸、角、亢、氐	天秤宫
单阏	卯	大火	氐、房、心、尾	天蝎宫
摄提格	寅	析木	尾、箕、斗	人马宫

至于岁阳与十天干的配合则如下表：

天干	甲	乙	丙	丁	戊	己	庚	辛	壬	癸
岁阳	阏逢	旃蒙	柔兆	强圉	著雍	屠维	上章	重光	玄黓	昭阳

太岁（岁阴）、岁阳，乃至十二次、二十八宿的名称都怪里怪气的。由《史记·历书》所载岁阳名称来看，显然这些多是记音词，如上章可写作尚章、阏逢可写作焉逢、旃蒙可写作端蒙、柔兆可写作游兆之类。因此许多人认为其起源可能不在中土，而在巴比伦或印度。但也有人认为湖北出土的曾乙侯墓中衣箱上已有青龙白虎二十八宿图，可证明它并不起源于印度，至迟在中国战国时，二十八宿业已定型了。

实则此事何必需要考古？"月离于毕"见于《小雅·渐渐之石》；"龙尾伏辰"见于《左传·僖公五年》，二十八宿之被人熟知，且被运用到文学中的历史已久了，何必用战国时期的考古材料来证明什么呢？

295

那怪里怪气的岁阳与太岁名,则可能是神名。如庄子说水神名冯夷、北方水神名禺强,太山神名肩吾,又有洛诵、瞻明、聂许、需役、于讴、玄冥、参寥、疑始、门无鬼、赤张满稽、北海若、伯昏无人、昆阊滑稽、张若谐朋、伯昏瞀人等神人及古修道者,命名方式即是如此。后世道教神名也延续了这种命名方式。

郭沫若《甲骨文字研究·释干支》一文,曾试图证明在殷商时期黄道十二宫天文体系从两河流域传入并且变为中国的十二辰。他推测"摄提格"等十二个岁名为外来词,其发音源于巴比伦文明的苏美尔语或阿卡德语星座的发音。然而吴宇虹《巴比伦天文学的黄道十二宫和中华天文学的十二辰之各自起源》已指出:从公元前 1800 年起,苏美尔语即已死亡,所有的苏美尔词符都被读成阿卡德语(如日文中的汉字被读成日语而不是汉语)。因此,郭沫若用苏美尔星名对应中国的摄提格等十二个岁名的方法很不可靠。其对照读音亦十分勉强或相差甚远。而且,根据目前的证据,我们知道两河流域将周天分成十二区并对应一年十二个月,不会早于公元前 1200 年,而中国的使用干支记日的甲骨文写于公元前 1500—1100 年期间。且中华十二辰和西方十二宫的旋转方向不同;巴比伦白道十七星宿与对应十二理想月的黄道十二星宿,和中国的黄道二十八星宿不同;巴比伦天文学没有用木星十二年周期记年,而中国天文学将木星运行当作五星之核心和太阳年之校正标志;十二星宫在西方只对应月不记日和使用 29—30 数记日法,而中国干支系统不记月只记日;中国天文学利用北斗星的转动来校正太阳年,而目前尚没发现两河流域有这方面的记载,等等,都说明两大文明的天文学是不同的。所以中国古代天文学绝不可能是由西方传入。

五、北斗

太阳运行以星为坐标,着实也显示了整个中国天文思想是以星为主的,五星、十二次、二十八宿,讲的都是星。可是这些星散居天际各角落,怎么把它统一起来成为一个大系统呢? 北斗才是中国古代天文学最特别之处:古人把天也想象成一个国家,星星是在各地执掌业务的官吏;在其上,还有一位帝王统揽全局、统摄星官。那就是北斗星与北辰的作用了。

《尚书·舜典》说得好:"在璇玑玉衡,以齐七政。"璇玑指北辰,玉衡指北斗,整个日月五星均以北辰、北斗为枢纽,由北辰、北斗整齐之,一句话就道尽了整个天学重点。古代天学,确实是一个以北辰为中心的天官体系。

北辰不动、北斗动,两者是一体的。不动,象征其位,帝居其所而众星拱之。动,象征其作用,斗柄所指,节气变换,天体运转。详细情况及其在儒家哲学上的意义,可参看我的《儒学新思》所收的《儒家的星象政治学》一文。

这里要补充的是:北斗、北辰之枢纽地位,非但是儒家之主张,也为道家所承认。《庄子·大宗师》有一段非常有趣,竟将北斗拟人化:"夫道,有情有信,无为无形;可传而不可受,可得而不可见;自本自根,未有天地,自古以固存;神鬼神帝,生天生地……狶韦氏得之,以挈天地;伏羲氏得之,以袭气母;维斗得之,终古不忒;日月得之,终古不息;堪坏得之,以袭昆仑;冯夷得之,以游大川;肩吾得之,以处太山;黄帝得之,以登云天;颛顼得之,以处玄宫。"从狶韦氏数下来,包括西王母、彭祖等都是神人或古帝王,只有日月及北斗是自然物象,但说它们都是因得到了道,所以才能如何如何。这北斗,唐成玄英疏曰:"北斗为众星纲维,故曰维斗。得至道,故维持天地,历终始,无差忒。"成玄英是道教徒,此注也代表了道教界对北斗与道之关系的认识。事实上,道教自正一天师道以来就以拜斗闻名,以北斗系人性命寿夭,所谓南斗注生、北斗注死,遂衍生出后来小说中的生死簿、南极仙翁老寿星之类事例。金庸小说《射雕英雄传》中描写全真七子结北斗七星阵御敌的情况,想必也令各位印象深刻。

北斗、北辰信仰在文学上极复杂,应用亦极多,请看以下各诗:

夔府孤城落日斜,每依北斗望京华。
听猿实下三声泪,奉使虚随八月槎。
画省香炉违伏枕,山楼粉堞隐悲笳。
请看石上藤萝月,已映洲前芦荻花。(杜甫《秋兴八首其二》)

花近高楼伤客心,万方多难此登临。
锦江春色来天地,玉垒浮云变古今。
北极朝廷终不改,西山寇盗莫相侵。
可怜后主还祠庙,日暮聊为梁甫吟。(杜甫《登楼》)

紫陌红尘拂面来,无人不道看花回。
玄都观里桃千树,尽是刘郎去后栽。(刘禹锡《元和十年自郎州召至京戏赠看花诸君子》)

丝纶阁下文书静,钟鼓楼中刻漏长;

独坐黄昏谁是伴?紫薇花对紫微郎。(白居易《紫薇花》)

"每依北斗望京华"、"北极朝廷终不改"、"紫陌"、"紫微",乃至"紫禁",这些词都跟北斗有关。有的批注搞不清楚,竟说紫陌是形容路边花草繁茂,甚为可笑。

古人将星空划分成三垣二十八宿。三垣即紫微垣、太微垣、天市垣。在黄河流域见北天上空,以北极星为标准,集合周围其他各星,合为一区,叫紫微垣。古人认为紫微垣是天帝之座。杜甫《秋日荆南送石首薛明府辞满告别奉寄薛尚书颂》"紫微临大角,皇极正乘舆",即指此言。天人对应,是因人间皇帝的居所也称紫禁城。

整个紫微垣"东蕃八星,西蕃七星,在北斗北,左右环列,翊卫之象也"。其天区大致相当于现今国际通用的小熊、大熊、天龙、猎犬、牧夫、武仙、仙王、仙后、英仙、鹿豹等星座。诗人吟咏,如"君今侍紫垣,我已堕青天"(唐令狐楚《发潭州寄李宁常侍》),"紫垣遣使非常例,应有星文动九霄"(宋杨亿《梁舍人奉使巴中》),均指此。

在紫微垣外,星张翼轸以北的星区是太微垣十星。"十星,东西各五,在翼、轸北。"《宋史》记载,太微垣常星十九座,积数七十八。五帝内座,为中国古代星名,是归属于紫微垣的星官之一,《宋中兴天文志》曰:"太微垣有五帝座,五帝内座又列乎紫宫,何也?曰:五帝常居在太微而入觐乎紫宫。故有内座也。"此星在西方天文学则分别属于仙王座与仙后座。古代认为紫微垣:"一曰大帝之坐,天子之常居也,主命、主度也。"若要预测帝王家事便观察此天区。流星现则内宫有丧,星象异则内宫不宁。紫微星乃南北斗中天之帝王星,汉马融说:

"上帝、太一神,在紫微宫,天之最尊者。"因此紫微星为官禄主,有解厄、延寿、制化之功。唐代,因中书省设在皇宫内,是国家最高的政务中枢,故开元元年(713),中书省曰紫微省、中书令曰紫微令。虽时间不长,却成为历史掌故,以至于后来凡任职中书省的,皆喜以"紫微"称之。例如唐代诗人杜牧当过中书舍人,人称"杜紫微"。由于紫薇花名与紫微音同,字形近同,于是紫微省名立后,紫薇花遂被移植省中。过了几年,紫微名被废弃,而紫薇花却早已在宫中扎下了根。诗人就常常将其与官扯到一起,誉称其官样花。宋陆游《紫薇》诗就讲:"钟鼓楼前官样花,谁令流落到天涯。少年妄想今除尽,但爱清樽浸晚霞。"宋吕本中亦当过中书舍人,他的诗话著作就题为《紫薇诗话》。唐白居易紫薇诗讲的紫微郎,也由这个典故来。

紫垣、紫微、紫禁、紫陌、北极、北斗,等等,在文学中运用如此之多,是因文人多半做官,与其朝廷之思有关的。

六、太一

太一其实就是北斗、北辰,但它含义更丰富,故另讲。请看《楚辞》里一个让人糊涂的词语"东皇太一",各家注解都不同。

【补注】五臣云:每篇之目皆楚之神名。所以列于篇后者,亦犹《毛诗》题章之趣。太一,星名,天之尊神。祠在楚东,以配东帝,故云东皇。

[补]曰:《汉书·郊祀志》云:天神贵者太一。太一佐曰五帝。古者天子以春秋祭太一东南郊。《天文志》曰:中宫天极星,

其一明者,太一常居也。《淮南子》曰:太微者,太一之庭。紫宫者,太一之居。说者曰:太一,天之尊神,曜魄宝也。《天文大象赋》注云:天皇大帝一星在紫微宫内,勾陈口中。其神曰曜魄宝,主御群灵,秉万机神图也。其星隐而不见。其占以见则为灾也。又曰:太一一星,次天一南,天帝之臣也。主使十六龙,知风雨、水旱、兵革、饥馑、疾疫。占不明反移为灾。

【集注】太一,神名,天之尊神,祠在楚东,以配东帝,故云东皇。《汉书》云:"天神贵者太一,太一佐曰五帝。中宫天极星,其一明者,太一常居也。"《淮南子》曰:"太微者,太一之庭。紫宫者,太一之居。"此篇言其竭诚尽礼以事神,而愿神之欣悦安宁,以寄人臣尽忠竭力,爱君无已之意,所谓全篇之比也。

【通释】旧说中宫太极星,其一明者太一。则郑康成礼注所谓耀魄宝也。然太一在紫微中宫,而此言东皇,恐其说非是。按《九歌》皆楚俗所祠,不合于祀典,未可以礼证之。太一最贵,故但言陈设之盛,以徼神降,而无婉恋颂美之言。且如此篇,王逸宁得以冤结之意附会之邪,则推之它篇,当无异旨,明矣。

【戴注】古未有祀太一者,以太一为神名,殆起于周末,汉武帝因方士之言,立其祀长安东南郊。唐宋祀之犹重。盖自战国时奉为祈福神,其祀最隆,故屈原就当时祀典赋之,非祠神所歌也。《天官书》:"中宫天极星,其一明者,太一常居也。"吕向曰:"祠在楚东,故云东皇。"未闻其审。

连清代大学者戴震都说"未闻其审",弄不明白,可见它之复杂。确实,"太一"就够复杂了,再加上一个"东皇"的问题,当然更让人头疼。我在1975年读大学时曾写过一篇《太一考》,深知此一问题之难,现在简单说说。

请先看一首王维的《终南山》诗:"太乙近天都,连山到海隅。白云回望合,青霭入看无。分野中峰变,阴晴众壑殊。欲投人处宿,隔水问樵夫。"终南山又名中南山或南山,即秦岭,西起甘肃天水,东至河南陕县。太乙,终南山的主峰,亦为终南山别名。分野,我国古代天文学家把天上的星宿和地上的区域联系起来,地上的某一区域都划定在星空的某一范围之内,称为分野。中峰,指主峰太乙。这句指以太乙为标志,东西两边就分属不同星宿的分野了。太乙即是"泰一"、"太一"。在这诗里是指山,可见太一包含多个意思,可以指:

1. 太一,上帝,也作"泰一"。《史记·封禅书》:"天神贵者太一,太一佐曰五帝,古者天子以春秋祭太一东南郊。""太一、泽山君地长用牛。"《索隐》:"宋均云:天一、太一,北极神之别名。"又《天官书》:"中宫天极星,其一明者,太一常居也。"《正义》:"泰一,天帝之别名也。刘伯庄云:泰一,天神之最尊贵者也。"《淮南子·天文训》:"太微者,太一之庭,紫宫者,太一之居。"《周礼》注:"昊天上帝,又名太一。"《易纬干凿度》郑玄注:"太一者,北辰之神名也。居其所,曰太一。"《五经通义》:"天皇大帝亦曰太一。"

2. 形成天地的元气。《礼记·礼运》:"必本于太一,分而为天地,转而为阴阳,变而为四时。"其注:"太,音泰。"疏:"太一者,谓天地未分混沌之元气也。"《淮南子·诠言》:"洞同天地混沌为朴,未造而成物,谓之太一。"

3. "道"的别称。《庄子·天下》:"建之以常无有,主之以太一。"成玄英注:"太者,广大之名。一以不二为名,言大道旷荡,无不制围,囊括万有,通而为一,故谓之太一。"《吕氏春秋·大乐》:"道也者,至精也,不可为形,不可为名,强为之名,谓之太一。"又:"万物所出,造于太一。"注:"太一,道也。"

4. 星名,属紫微垣。《史记·天官书》:"中宫天极星,其一明者,太一常居也。"《步天歌》:"左右四星是四辅,天一太一当门路。"《星经》:"太一星在天一南半度,天帝神,主使十六神。"

5. 山名,也作太乙,即今天的终南山。汉张衡《西京赋》:"于前则终南太一。"裴骃《史记集解》引《地理志》说:"太一山,古文以为终南。"这是因古人以中原地区的终南山为天下山的中心,犹如北辰为天的中心,故王维诗云"太乙近天都",东西由此分野。

细心者当会发现:以上这五种解释,看起来复杂,而其实都是相关的。犹如一个字,有其本义,也有引申义。"太一"指北斗、北辰,这就是它的本义。它是整个天庭的主宰,所以太一又是上帝,它也是世界的主宰。可是中国人讲的上帝其实又并不是西方那种人格神,只是指一种德、位、作用,因此说太一其实就是道或元气,化生万物。

九州地理观

19世纪后期,英国人博克尔所著《英国文明史》代表的地理决定论风靡一时,中国也受其影响。如梁启超有《地理与文明之关系》、《近代学风之地理的分布》,刘师培有《南北学派不同论》,蒙文通《古史甄微》把上古族群分成江汉(炎族)、河洛(黄族)、海岱(泰族)三系。徐中舒《从古书中推测之殷周民族》分殷周为东、西两族,傅斯年《夷夏东西说》谓夷商在东、夏周在西,徐旭生《中国古史的传说时代》分华夏(西)、东夷(东)、苗蛮(南)三系等亦皆是这类思想之产物,傅斯年还曾翻译博克尔之书前五章,写了《地理史观》一文。

地理史观,是把地理看成解释历史之决定性线索。相较之下,钱穆写《古史地理论丛》、《史记地名考》,其弟子严耕望著《唐代交通图考》等,则属于历史地理学。研究历史上的地理问题,取径与地理史观不尽相同,但彼此颇有桴鼓呼应之效。故地理之学,自清末民国以来,颇为煊赫。至20世纪30年代乃有顾颉刚之《禹贡》半月刊及学会崛起。论者多谓顾氏治史,在《古史辨》时代乃破坏的,在《禹贡》时代则为建设的,评价尚在前者之上。而"禹贡"也者,取名即本于《尚书·禹贡》。

让我们从《幼学琼林·地舆》头两句"黄帝画野,始分都邑;夏禹治水,初奠山川"开始谈。第一句说分野,指天上星宿跟地理的配合,王维《终南山》中"分野中峰变"即指此。其实分野并不起于黄帝,而正是《禹贡》。所以刘禹锡《送华阴尉张苕赴邕府使幕》说:"分野穷禹画,人烟过虞巡。不言此行远,所乐相知新。"据《史经·天官书》,具体分法是:1.角、亢、氐:兖州;2.房、心:豫州;3.尾、箕:幽州;4.斗:江州、湖州;5.牛、女:扬州;6.虚、危:青州;7.室、壁:并州;8.奎、娄、胃:徐州;9.昴、毕:冀州;10.觜、参:益州;11.井、鬼:雍州;12.柳、星、张:三河;13.翼、轸:荆州。

以上是按照各州来划分,《淮南子·天文训》则按照列国划分,大致是:1.角、亢:郑;2.氐、房、心:宋;3.尾、箕:燕;4.斗、牛:越;5.女:吴;6.虚、危:齐;7.室、壁:卫;8.奎、娄:鲁;9.胃、昴、毕:魏;10.觜、参:赵;11.井、鬼:秦;12.柳、星、张:周;13.翼、轸:楚。

分野说很复杂,在政治、风水、命理等方面都有运用。在文学上的应用情形,则可以唐王勃《滕王阁序》第一段来做示例:

> 豫章故郡,洪都新府。星分翼轸,地接衡庐。襟三江而带五湖,控蛮荆而引瓯越。物华天宝,龙光射牛斗之墟;人杰地灵,徐孺下陈蕃之榻。雄州雾列,俊采星驰。台隍枕夷夏之交,宾主尽东南之美。都督阎公之雅望,棨戟遥临;宇文新州之懿范,襜帷暂驻。十旬休假,胜友如云;千里逢迎,高朋满座。腾蛟起凤,孟学士之词宗;紫电青霜,王将军之武库。家君作宰,路出名区,童

子何知,躬逢胜饯。

这一段又可分为两部分,第一部分全讲地理,第二部分说"我"为何来到这个地方,稍解释一下。

滕王阁,在今江西南昌。豫章,汉郡名,唐改为洪州,所以称豫章为故郡,洪都为新府。南昌本是豫章郡治所在的县名,到五代南唐时才改为郡名。"星分翼轸,地接衡庐":古人习惯将天上星宿与地上区域相对应,称为"分野"。据《晋书·天文志上》,豫章属吴地,吴越、扬州当牛、斗二星的分野,与翼、轸二星相邻。衡指衡山,此代指衡州(治所在湖南衡阳)。庐指庐山,此代指江州(治所在江西九江)。"襟三江而带五湖,控蛮荆而引瓯越":因豫章在三江上游,如衣之襟。三江,指太湖的支流松江、娄江、东江,泛指长江中下游的江河。五湖,一说指太湖的别名,其派有五,故称五湖。又一说指南方之湖:"洞庭,一也;青草,二也;鄱阳,三也;彭蠡,四也;太湖,五也。"(杨慎《丹铅总录》)蛮荆,古代称楚地为蛮荆,今湖北、湖南一带。瓯越,古越地,今浙江地区。古东越王都于东瓯(今浙江永嘉),境内有瓯江。

整段都用地理来铺排,紧扣滕王阁。事实上这也是中国文学写亭台楼阁之惯技,写法从汉赋来,欧阳修写醉翁亭、范仲淹写岳阳楼都差不多。诗法常说写景需"庶几移不动",扣死地理,自然就移不动了,故一般都这样写,王勃此文尤为典范。

九州之名,古已有之。最早提及九州的当属《尚书·禹贡》。古人认为《禹贡》是"分别九州岛,随山浚川,任土作贡"而作,最终,"九州攸同。四隩既宅,九州刊旅,九川涤源,九泽既陂,四海会同,六府孔修"。

其实这是上古中国人对天下的认识。把天下看作一个整体,以帝都为中心,向外扩展。五百里之内为"甸服",即王畿;再向外五百里为"侯服",即诸侯领地;再次为"绥服"(已绥靖地区,即中国文化所说的边境地区)、"要服"(结盟的外族地区)和"荒服"(未开化地区)。这表明了赋制和政治文化影响随距离帝都的远近而不同。

《禹贡》作为中国最古老、最系统的地理文献,体现出明确的地理观念,所以它对中国后世地理学的发展,产生了深远的影响。宋代毛晃《禹贡指南》、程大昌《禹贡论》、傅寅《禹贡说断》,清代朱鹤龄《禹贡长笺》、胡渭《禹贡锥指》、徐文靖《禹贡会笺》、焦循《禹贡郑注释》、马俊良《禹贡注》、王纲振《禹贡逆志》、张能恭《禹贡订传》、黄翼登《禹贡注删》、夏之芳《禹贡汇览》、夏允彝《禹贡古今合注》等,都是由它而产生的重要研究文献。

《禹贡》与《山海经》为中国地理学两大文献,但论实际影响,它比《山海经》大得多,因为中国实际地理区划皆本于它,分中国为九州,形成了中国的基本疆域观及区域划分传统。后世行政区划变来变去、朝代版图屡有增扩,乃至世界观不断扩大,却都仍不能脱离《禹贡》规模,只是在它上头再做一些补充变造而已。例如,战国时期邹衍提出了一种新世界观,比《禹贡》大了许多倍,当时人称他为"谈天衍",可见是恢廓无涯的宇宙论。但这种宇宙论仍须依附于《禹贡》的九州说,称为大九州岛理论,谓天下有九州,中国仅居其一,而九州之外更有九州,李商隐《马嵬·其二》诗云"海外徒闻更九州,他生未卜此生休",就用这个典。显然邹衍新说仍须套着《禹贡》的旧说来讲,后世更没有试图打破它的人了。中国古代那么强,却没有发展出世界殖民行动或思想,也没有领土扩张的概念,从来都在战略上采取守势,只说"国防",而不说"征服",也是因自《禹贡》以来,即形成了根深蒂固的中国地理观,觉得中国就该以此九州为限。此外皆为海外荒服,属于《山海经》中《大荒经》、《海外经》描述的一类地方,不该强行纳归己有。地理观之影响文化思维,可见一斑。

辑四

关于屈原的糊涂账

端午节又到了,又要吃粽子、划龙舟,纪念屈原啦!《幼学琼林·岁时》中说:"端阳竞渡,吊屈原之溺水;重九登高,效桓景之避灾。"

一、其实吃粽子划龙舟本来都跟屈原无关

其实端午跟重阳一样是避灾日。五月五日这一天,乃春夏交会,阴阳两气交冲之时,故曰午。午者,"牾逆"之"牾"也。人在这时最容易生病,所以要喝雄黄酒,挂菖蒲艾草、煮水洗浴、佩香囊等以辟厉气。包粽子、划龙舟以祭屈原,是后来附会到这个节日里来的,起于南朝梁代《荆楚岁时记》以后。至于爱国诗人屈原,嗨,这称谓和形象也是后来形成的。

二、《楚辞》不是屈原做的

据《史记》所载及学者们考证,屈原是楚国的宗室,楚怀王十分信任他,常命其稿拟辞令,因此被同僚嫉妒。谮于王,遂被疏远。又曾出使齐国,想联合齐以抗秦。秦张仪则欺骗了怀王,使与齐绝交。楚要攻秦,又被秦所败,在外交上左支右绌。屈原劝谏,惹恼了怀王,竟遭放逐到汉北。后来虽得召回,可是怀王仍误信秦国之谋,入秦与秦昭王相会,被执,死于秦。其子即位,为襄王。仍不喜屈原,再度放逐他,屈原最终投汨罗江而死,著有《离骚》、《哀郢》、《天问》等文。

汉文帝时贾谊即曾写赋吊屈原;淮南王所网罗的游士们也写过《招隐士》召唤这位王孙归来;庄忌《哀时命》把屈原之哀普遍化;东方朔的《七谏》则等于一篇屈原传论,以初放、沉江、怨世、怨思、自悲、哀命、谬谏等一一叙论屈原的哀感;王褒《九怀》也类似,分《匡机》、《通路》、《危俊》、《昭世》、《尊嘉》、《蓄英》、《思忠》、《陶雍》、《株昭》,以怀屈原;还有刘向的《九叹》,亦是如此,含《逢纷》、《离世》、《怨思》、《远逝》、《惜贤》、《忧苦》、《愍命》、《思古》、《远游》九章;此外就是王逸的《九思》,悯上悼乱、守志哀时,情况也一样。这些作品,刘向把它们集编成《楚辞》一书,王逸续为增订,并写了《章句》。它们跟屈原的作品,无论是在体制、风格、内涵上都相含相发,此唱彼和,共同形成一部混声大合唱,开后世仿拟某体之先河,为同一主题作品之大结集。于是,我们就看见了一个荒谬的景象:历来文学史,常把《诗经》跟《楚辞》看成是同一类的东西,以《楚辞》承接《诗经》,说是屈原所做。

这是缺乏史学之基本条件或能力的做法,不能真正建立历史知识。为什么？

现在，我们若用可能是战国人编的《周礼》来大谈周公的创制，用可能是魏晋人编的《列子》来谈战国时期御寇的思想，大家都会觉得非常可笑。然而我们在文学史上大谈屈原的《楚辞》，不可笑吗？《楚辞》乃东汉顺帝安帝时人王逸所编，收罗了贾谊、淮南王、东方朔、王褒、刘向、班固等人，以及王逸自己之作，凡17卷，上距所谓屈原，已相去约500年了。我们却以之大谈屈原如何如何，仿佛《楚辞》就是战国时继《诗经》而有的一本集子，又仿佛即是屈原及其门人宋玉之作那样。

三、未必有屈原这个人

先秦文献绝不见屈原其人，后世所考证的屈原姓名与身世也疑点丛生，光是生卒年就有十几种意见。《史记》叙述屈原的一些话，恐怕也是褚少孙等人所补。而《离骚》中谈到的人物，更都是中原的，没有楚国的先王先公。至于屈原被流放的时间、地点、次数，学者们考来考去，更是众说纷纭。

历来因为相信真有这样一位大作家，而去考证其生平履历，并试图确认《楚辞》中哪几篇是他所做，又各做于什么时候，而形成的"楚辞学"，其实只是一大笔糊涂账。《楚辞》中与忠君爱国、哀时命、怨世沉江等根本无关的辞章，例如《九歌》《天问》《橘颂》等，那些楚辞专家们却都偏要朝屈原的身世与精神状态上去硬套，当然更会引发无穷争论。

四、汉人对屈原的建构

战国时逞口舌的纵横游士,到了汉代,尚未消失。刘项争霸时期,娄敬、蒯通等都属于这一类人。文帝以后,诏废诽谤妖言之罪,除关禁,又诏举贤良,于是游士更进一步晋身于官僚体制中。情况与六国时诸侯及名豪公子养士,并没太大的不同,如淮南王"招致宾客方术之士数千人",窦婴在平七国之后"游士宾客争归之"。

武帝以后,中央集权渐盛,丞相卫绾奏:凡治申韩苏张之言者,一体皆罢。又严助出守会稽,武帝赐书谓:"具以《春秋》对,毋以苏秦纵横。"均可证明汉初纵横之风仍盛,故武帝亟思抑遏之。仅有的一些,则渐渐都集中到他自己身边来。可是游士一旦进入中央政府,成了皇帝近侍,士也就游不动了。武帝之本意殆亦在此。网罗才俊,赏其辞令之美,而实不免"俳优畜之"(《汉书·严朱吾丘主父徐严终王贾传》)。

而且,战国时期的游说,是具自主性的。士凭本身才具,游走于诸侯间,嘘朽吹枯,足以纵横捭阖,颠动世局。诸侯王对之,亦是以礼敬的方式来供养他们。在中央集权的政体底下,游士却只能集中到皇帝这儿来,不再能有"此处不留爷,自有爷去处"的洒脱。在皇帝周遭,亦等同豢养,只能仰侍宠幸,情况与战国时迥然不同。

士之荣辱,皆不能自主,系于人主之爱恶,因此士的精神是抑郁的、屈辱的。一切理想及个人生命价值若欲实现,皆须仰待君王之赏识。而此种赏识,是不能真正尊重并成就士之生命价值与个体尊严的,故士在本质上遂有生命之苍凉与失落之感。汉代辞赋,因此一方面体现着士人在一个大一统的伟大帝国中的喜悦,开阔宏肆、宣畅着纵横驰骛的精神想象;一方面又在具体的境遇中觉察到难以为怀的失落。前者表现为对京都畋猎、郊祀宫殿等的赞颂,后者则表现为《幽通赋》《思玄赋》,答宾之戏、解客之嘲,其主题就叫"士不遇"。董仲舒、司马迁都写过悲"士不遇"的赋。而士不遇亦并不是他们独有的慨叹,乃汉代士人普遍的哀感。而这种集体感情所投射的对象,便是屈原。但无论如何,在汉朝人心目中,屈原这个人及他这样的身世,是确实存在并与许多人有心灵共鸣的。

到底是屈原的身世遭际令他们感兴,抑或时代集体意识投射于此一人物身上,并创造出了如此这般的屈原,虽不能遽断,然而屈原和那一堆表达士人哀时命、悲不遇、效忠悃的辞赋,无疑最能说明汉代士人的特殊心态与处境。这也就是这一类辞赋被特别编辑起来成为《楚辞》一书的缘故。《楚辞》中大部分是汉人作品,但把屈原、宋玉、景差等一系列主题相近、风格相同、体制相仿的作品集编在一块,正是一种文学传统的建构。而且,透过汉人这样的编辑作业以及对文学传统的建构,使人产生《楚辞》等于屈原作品,且是紧接着《诗经》的作品之印象。许多诗史、文学史在《诗经》之后便接着大谈《楚辞》如何如何,浑然没考虑到《楚辞》根本是汉代所编,其中且大多为汉人所做,若以王逸本为准,时代大概已到了东汉顺帝以后,而所谓屈原之作品,更皆已由汉人修润过。这只能说是汉代把这个传统塑造得太成功了,所以才令人产生如斯错觉。

五、屈原怎么又变成了爱国诗人?

屈原是汉人早已推崇过的,但宋人所见,颇与汉人不同。

从汉到唐,看屈原,都是有褒有贬。贬的说他露才扬己,褒的则是拿屈原与自己高洁而不遇的生命做类比。喜欢屈骚的人,也只从哀志、伤情等角度来看其文辞特色,谓其怨悱,足当"发愤为文"之典型,如韩愈说"楚,大国也,其亡也,以屈原鸣"(《送孟东野序》),裴度曰"骚人之文,发愤之文也。雅多自贤,颇有狂态"(《寄李翱书》),都是这样的论点。

依此评价,诗骚便异,李白诗"大雅久不作……哀怨起骚人",论此最晰。说后世诗人均受屈子哀怨精神之影响,以致《诗经》的大雅之风久已不闻。宋人的讲法,则一是把诗骚关联起来,以诗统骚;二是改造屈原的形象。所谓以诗统骚,是指宋人把屈骚纳入"诗经解释学"的传统中去看。例如晁补之《离骚新序》反驳班固对屈骚的批评,说你班固都晓得司马相如的赋里那些虚饰夸诞之辞略如《诗经》之风谏,可你为什么偏要怀疑屈骚里的夸饰呢?以"经"来责屈之夸诞,并不合理:"原之辞,甚者称开天门、驾飞龙、驱云役神,周流乎天而来下。其诞如此,正尔托谲诡以谕志,使世俗不得以其浅议已,如庄周寓言者,可以经责之哉?"(《鸡肋集》卷三六)

以诗批评楚骚,乃汉唐论屈之主流,故晁以诗之风喻替屈辩护。名为"新论",正可见以往皆不如此看。宋人论屈,大抵均由此取径,至朱熹《楚辞集注》而集其大成。据《浩然斋雅谈》载黄山谷章子厚之说云"《九歌》盖取诸《国风》,《九章》盖取诸二雅,《离骚》盖取诸颂",也与这种解释相似。先解释《诗经》,再将屈骚一一比附于《诗经》之传统中,形成一种诗化了的楚辞学。把骚跟诗连结起来看以后,屈原的形象便也扭转了。由汉到唐,论屈原失志而怨悱为文者很多,却几乎没有人称扬屈原的忠爱。也就是说,屈原显示的是一种个人性的哀怨，以致成为士不遇的代表。

可是宋以后，对士的要求是先天下之忧而忧、后天下之乐而乐的。个人穷通，非所萦怀，关心的是家国兴衰、天下治乱。故屈原就应该如杜甫般，每饭不忘君，不能再如颜延之《祭屈原文》"兰薰而摧，玉缜则折，物忌坚芳，人讳明洁。曰若先生，逢辰之缺"云云这样，只作为一个生不逢辰的象征。苏轼《屈原庙赋》说："吾岂不能高举而远游兮，又岂不能退默而深居？独嗷嗷其怨慕兮，恐君臣之愈疏，生既不能力争而强谏兮，死犹冀其感发而改行。苟宗国之颠覆兮，吾亦独何爱于久生？"跟颜延之的视野就完全不同，认为屈原是为宗国即将颠覆而忧。后来洪兴祖《楚辞补注》对此大加发挥，并在《后叙》中说："余观自古忠臣义士，慨然发愤，不顾其死，特立独行，自信而不回者，其英烈之气，岂与身具亡哉！"大有借屈原表达自己作为一个天下士的信念之意味。秉此信念而注《楚辞》，其内容当然就跟古代迥异，如《远游》："惟天地之无穷兮，哀人生之长勤"，王逸注："伤己命禄，多忧患也"，洪注则说"此原忧世之词"，又总括屈骚之旨，曰"《离骚》二十五篇，多忧世之语"。洪兴祖也注过杜诗，有《杜诗辨证》二卷，在他的诠释下，杜甫和屈原都是感时忧国的典范。

稍后的朱熹注，依然沿续这个思路，序说："原之为人，其志行虽或过于中庸而不可以为法，然皆出于忠君爱国之诚心。原之为书，其辞旨虽或流于跌宕怪神，怨怼激发而不可以为训，然皆出于缱绻恻怛，不能自已之至意……世之放臣、屏子、怨妻、去妇抆泪讴吟于其下，而所天者幸而听之，则于彼此之间，天性民彝之善，岂不足以交有所发，而增夫三纲五典之重？此余之所以深有味于其言，而不敢直以词人之赋视之也。"

不以词人之赋视屈,亦与陆游说莫只以诗人看杜相同,重点是要人学习他的爱国情怀。屈原的形象,便因此而被重构了。

历史,流变纷纭啊!

怀念钱穆

钱穆先生,字宾四,1990年8月30日过世。那天,因有台风来袭,我停课休假在家。忽接《中国时报》人间副刊版编辑焦桐兄电话,说报社要改版发消息,请立刻赶出一篇悼念文章来,现在就派人去取。乃匆匆草成此篇交差。后来的一些报道与评论,大抵即以此为基调。

我与钱先生不算太亲近,但他最后一堂课,《联合报》的评论是我写的;现在这篇,综述生平,也算是为他在文字上做了点服务。后来勘查素书楼、推动改造、委托经营,则是另一种服务。如今,虽先生风德日隆,值其忌日,想起那个台风天,仍是感触良多的。在台风来袭的惊恐中,获闻钱宾四先生下世的凶耗,震悼之情,实难言表。

钱先生治学,在我们这样的时代中,一直是一个传奇。早先,他与王云五先生一样,为"自修成名"的典型。因为钱先生的正式学历,只不过是常州府中学堂的肄业生。未毕业便去教小学、教中学。然后以一中学教员身份,先后受聘为北平燕京大学、北京大学教席。其后浪迹南北,凡教书七十余年,著述亦七十余年。晚近报章或称之为"国学大师"。"国学"二字,含义不甚确定;但大师的称谓,想来是当之无愧了。在民国以来的学术史上,能有先生撑撑场面,总算还不太寒碜。

先生的成名作,肇于《先秦诸子系年》,而奠立其学术规模者,应推《国史大纲》。晚期致力于朱子学较勤,自《朱子新学案》以后,多就理学申述历史文化要义,期于警世震俗。先后所著书数十种,几千万言,精勤浩博。现在的学者,根本不能望其项背。这在某种程度上说,是由于钱先生天资过人。例如他注《公孙龙子》只花了七天,写《庄子纂笺》也只费了两个月,这都不是普通人能办到的事。钱先生给人的印象是苦学成名,他也从不炫耀自己的才华,其实如此捷才,可谓并世无双。

从纯学术立场说,钱先生的《先秦诸子系年》至今仍是讨论春秋战国史的最主要参考书。《国史大纲》则仍为最有价值的通史,对近数十年来国史专业研究具有典范意义,益人神思,启沃后学最大。《近三百年学术史》更是先生深辟的学域,继黄梨洲、全谢山之后,可谓无愧于先贤。许多资料与论题,也都是他发掘出来的。《朱子新学案》体大思精,亦为治宋明理学者所必备。除这几部大书之外,还有属于古地理、古代经学史考证的书如《史记地理考》,等等。未勒成专书者,则辑为《中国学术思想史论丛》八大册。这些书,要说是今日治中国文史之学的重要参考资料,恐怕并不正确;比较恰当的说法是:不通读钱先生的书,根本就不可能对中国历史文化进行研究。但钱先生的渊博,不只是天资超卓,恐怕还代表了一个时代的风气。也就是说,在钱先生那个时代,某些人做学问,是以整个人投浸在整体历史文化关怀之中,对文化问题做总体的掌握,而非以学问为客观的材料,并以学科来限制自己,所以他不同于现代学术规格中某一科门的专家,其论述也不求符合学术市场上的规格。他以他雄浑的生命力以及对历史文化的热切关怀,随时可以对文化上任何一个问题深入钻研,热烈发言;但又不能以某事某问题囿限住他,因为他所关切的是整个文化的生命与出路。这样的人物,在清末民初极多,如康有为、章太炎、梁启超,甚至胡适、熊十力等都是。为学之途不一,然对文化之整体关怀则无二致。现在的学风,不容易再培养,也不易再容许或欣赏这样的学者了。虽然如此,钱先生的历史文化总体关怀,毕竟也有其着力点,也有他的基本方向。故他治先秦诸子、治古史、古地理、宋明理学、近三百年学术史……却不致泛滥无归。这个着力点,其实便是诸子学。

许多人认为他是一个史学家。是的,论民国以来史学,无出钱先生右者。但他不是就史论史或考古证史的人,他是通过对历史的省察与讨论来申述他从孔子、孟子、朱子那里学来的价值理想,并用这种价值来期许我们这个社会、探索中国文化的出路。此乃钱先生苦心孤诣之所在,也是他不易为人所理解的地方,因此钱先生根本是寂寞无助的。作为史学家的钱穆,人无异辞,都承认他的地位;但论到钱先生所信仰的文化理念时,争论就多了。

钱先生初成名时,参与顾颉刚所主持的《古史辨》编辑工作,但他对古史的态度实与顾颉刚迥异;在北大时期跟胡适、冯友兰等人治学之方法议论亦不相合,故钱先生虽属北大却又实非北大系统。后来南下香港,在港与唐君毅等合办新亚书院,情况自与北大不同。对中国历史文化的态度,他与唐先生当然是比较契合的,但在整个大环境中他们仍然十分孤独。当时沧海横流,他们执着于文化教育,其识见之高迥,适足以造成其处境的艰难。在那个时代里,先生之孤寂应不难想见。等到新亚书院逐渐办出规模以后,英国政府又横加干预,硬逼使钱先生离开新亚退来台湾。其中之辛酸恐怕难以尽述。而原先号称当代新儒家主要基地的新亚,人员内部也产生了分化。新儒家中,如牟宗三、徐复观、张君劢先生,都与先生凶终隙末;牟先生不同意钱先生尊朱的观点,徐先生、张先生不同意钱先生对中国政治传统较具温情的讲法。争论的结果,钱先生当然益形孤独了。本来是风雨如晦,故嘤鸣以求友。不料在共同对抗时代的阵营里,却因策略及见解之不同而分道扬镳。在我们后学看来尚且觉得遗憾,先生本人必然更为感伤罢!

因此,从整个形势上看,钱先生虽有重名,勤力于文化、教育,但他本身便是时代错误的产物。他一生在对抗时代,在平衡他所认为的时代偏差。但他的主张在整个学界中是孤独的,他治学的方法亦无嗣音。学界之外,对他更是钦其宝而莫名其器。此一形势,钱先生不可能无所感,亦不可能没有一点伤痛。但我猜想他是不会在意的,因为"劳者自歌,非求倾听"。对钱先生而言,学习中国历史文化,谈论历史文化,即是他生命的本身。他晚年视力衰退之后,最后一本著作,名为《晚学盲言》,不就体现了这种意义吗?好学不倦,不知老之将至,且目虽盲而仍要言,这便是钱先生人格之可尊敬处。信道之笃、向学之诚以及传教之心,都是我们这一辈人所仰望的。当然,钱先生之人格与风骨不仅仅表现于此。例如他不愿如高玉树先生那样占住公舍而主动搬入市尘,便显示了他对辞受之际自有分寸。

去年我赴北大,主办纪念"五四"七十周年会议,期间曾在燕南园拜望了冯友兰先生。冯先生老耄失听,视力昏茫亦如钱先生。他对我们说,甚为想念钱先生,希望能读到先生的《晚学盲言》。返台后,我们几位朋友便向钱先生报告此事,并请先生寄示新著。钱先生只说老了,题了"钱穆"二字,上款缺。我想钱先生大概是对冯先生信执道守的态度有所保留吧。

聊举此一事例,供世参悟。其他有关先生的道德文章,相信不会永远寂寞的。《中庸》所谓"君子之德,暗然而日彰",中国文化如果还有未来,一定会有人重新倾听他的声音。

钱穆先生晚年所居卧室

谈林语堂：轻逸的土地性

一、矛盾的林语堂

林语堂是中国现代文学史上"最不容易写的一章"！林语堂办《论语》半月刊时期的伙伴徐訏在《追思林语堂先生》一文中曾发出这样的感慨。

在国际文坛上，林语堂知名度甚高，曾被美国文化界列为"20世纪智慧人物"之一。1975年国际笔会第四十一届大会，林语堂还当选为总会副会长。其长篇小说《京华烟云》曾被提名为诺贝尔文学奖的候选作品。

1989年2月10日，美国总统布什对国会两院联席会谈到他访问中国的准备工作时，说他读了林语堂的作品，感到林说的虽是数十年前的情形，但他的话在今天对每一个美国人都仍受用。这说明林语堂至今还影响着美国人的"中国观"。

林语堂享年 81 岁,离开大陆以后的那四十年,才是他创作上的大丰收时期,出版小说、传记、散文、译文、论著等三四十种。范围既广,每一部作品,又常有七八种版本。其中以《生活的艺术》最为畅销,自 1937 年发行以来,在美国已出到四十版以上,英、法、德、意、丹麦、瑞典、西班牙、葡萄牙、荷兰等国的版本同样畅销,历四五十年而不衰。1983 年仍被西德 Europe Bildungogem 读书会选为特别推荐书。1986 年,巴西、丹麦、意大利都重新出版过。瑞典、德国直到 1987 年和 1988 年仍在再版。

林语堂在大陆得到的评价则是先衰后荣。自从 1932 年《论语》创刊,造成了"轰的一声,天下无不幽默和小品……"的局面以后,以鲁迅为代表的左翼作家不断撰文批判林语堂及论语派。胡风《林语堂论》,鲁迅的《从讽刺到幽默》、《从幽默到正经》、《二丑艺术》、《论语一年》、《小品文的危机》、《骂杀与捧杀》、《病后杂谈》、《隐士》、《论俗人应避雅人》、《招贴即扯》、《"题未定"草(1 至 3)》、《逃名》、《杂谈小品文》等文,和周木斋的《小品文杂说》、聂绀弩的《我对于小品文的意见》、洪为法的《我对于小品文的偏见》等,都是批林的。只不过,鲁迅虽然从文化斗争视角批评林语堂,但并不否定林语堂,在答复斯诺提问"谁是最优秀的杂文作家"时即说:"周作人、林语堂、周树人(鲁迅)、陈独秀、梁启超。"①

"文革"以后,拨乱反正,上海书店从 1983 年开始,先后影印出版了《剪拂集》、《大荒集》、《我的话》等散文集,和《京华烟云》、《红牡丹》、《赖柏英》等小说,成为大陆出版林语堂著作最多的一家出版单元。其他出版社也先后出版过林语堂的小说、传记、论著,其中大部

---

① 鲁迅同斯诺谈话整理稿.新文学史料,1987(3).

分都是根据林语堂自己编辑的版本或台湾的译本进行编辑出版的，唯有浙江人民出版社 1988 年出版的《中国人》，是郝志东和沈益洪两位青年学者根据英文原著 *My Country and My People* 重译的。另外，90 万字《林语堂选集（上、下）》和 40 万字《林语堂代表作》的先后问世，使无暇阅读林语堂全部著作的读者，有了可选择的选本。再则，《林语堂论中西文化》、《林语堂散文选》也是各有特色的专题选本。

林语堂评价之荣枯盛衰，固然可以说是"今是而昨非"，但也显示了林语堂评价的困难。一位评价困难的作家，往往是因为他太复杂，故难以评说。对这一点，林语堂本人知之甚详，故在他《八十自叙》中开宗明义第一章便是"一捆矛盾"：他自称异教徒，骨子里却是基督教友。献身文学，却老是遗憾大学一年级没有进科学院。他爱中国，批评中国却比任何中国人来得坦白和诚实。他仰慕西方，但是看不起西方的教育心理学家，曾自称为"现实的理想家"和"热心肠的讽世者"。他喜欢古怪的作家和幻想万妙的作家，也喜欢现实的常识，欣赏文学、漂亮的村姑、地质学、核子、音乐、电子、电刮胡刀和各种科学的小器具，常浇泥巴，用蜡烛在玻璃上滴出五彩的风景和人像来消遣。这样"一捆矛盾"的作家，我们要如何探索其内心世界呢？我这篇文章只准备就两点来分析。分析什么？一是林语堂"两脚踏东西文化"，二是他"一心评宇宙文章"。

二、西化的林语堂

"两脚踏东西文化，一心评宇宙文章"是林语堂用以自况的一副对联。

2000年时我曾主持过台北林语堂故居的维修、改造、建立纪念馆及运营诸工作，2006年以后由作家张晓风他们接手。晓风还要我写了林先生这副对联挂在门口，并做成书签。因为这两句话最能代表林先生。

确实，从20世纪30年代的《谈中西文化》、《吾国与吾民》，40年代的《论东西文化与心理建设》、《论东西思想法之不同》，70年代的《论东西文化的幽默》……"东西文化"几成林语堂的口头禅。他甚至自诩"我的最长处是对外国人讲中国文化，而对中国人讲外国文化"（《林语堂自传》）。

林语堂对西方文化的了解，来自他的生活经历。他出生于福建漳州一个山村的基督教家庭，其父林志成既是教堂牧师又是家庭教师，以《圣经》教育儿女。林语堂小学、中学、大学读的又都是教会办的学校。大学毕业后在清华学校当了三年英文教员，1919—1923年辗转于美、法、德三国留学，先后进了哈佛大学、耶鲁大学、莱比锡大学。有这样的经历，他比一般中国人更了解西方，可说是理所当然。他以此背景，向中国人介绍西方，再向西方人介绍中国，博得极高之荣誉，似乎也成功扮演了文化交流者的角色。

可是我们应注意：林语堂向中国人介绍西方文化，向西方人介绍中国文化，并不是并行或同时在做着的事，其间有一个过程。大体上乃是先介绍西，欲以改中，后来才以介绍东方文化为主。

他初返国时，为一语言学者，发言仅在语言学范围。然已与北大一派声气相合，主张文学改革了。1923年9月12日他在《晨报副刊》发表了《国语罗马字拼音与科学方法》。针对庄泽宣在《解决中国言文问题的几条途径》一文中反对采用罗马字制，另创拼音文字的意见,列举了12个理由来说明26个罗马字母是最理想的汉语拼音字母,并赞成蔡元培主张同时改用罗马字与改革汉字的意见。这是谈文字改革。其后则渐又由文字改革(改革汉字以成为欧化之标音体系),进而讨论文化改革。1924年底,林语堂自谓有了重要的发现。一天傍晚,他因觉得疲倦,到街上闲步,又因天气好,凉风习习,越走越有兴味,走过东单牌楼、东交民巷东口,直至哈德门外,而这时他立刻产生了"退化一千年"之感。为什么呢?因为那里已没有了亮洁的街道、精致的楼房,有的是做煤球的人、卖大缸的人、挑剃头担的人,摆摊的什么都有,相命、占卦、卖曲本的、卖旧鞋的、卖破烂古董的、卖铁货的、铁圈的,也有卖牛筋的,还有羊肉铺的羊肉味、烧饼的味、街中灰土所带之驴屎之味。正在这时,忽然吹来了一阵风,"将一切卖牛筋、破鞋、古董、曲本及路上行人卷在一团灰土中,其土中所夹带驴屎马屎之气味布满空中,猛烈地袭人鼻孔"。于是,他产生了一"觉悟":"所谓老大帝国阴森沉晦之气,实不过此土气而已。"①

因而,他主张摆脱封建传统的精神桎梏,使"现在惰性充盈的中国人变成有点急性的中国人"。他的这些主张,钱玄同曾在《中山先生是"国民之敌"》一文中,称赞他启发了自己的思路。钱玄同是他在这个时期最重要之论友,两人一唱一和,均主张欧化以救中国。钱氏曰:"要针砭民族(咱们底)卑怯的瘫痪,要清除民族淫猥的淋毒,要切开民族昏愦的疤癞,要阉割民族自大的疯狂,应该接受'欧化的中国'。不是遗老遗少要歌诵要夸的那个中国。主张借鉴西方的先进思想文化来改造落后的国民性,使中国成为'欧化的中国',即具有现代文明的中国。"林语堂看了钱玄同的文章后,激发了他对改造国民

---

① 林语堂.论土气与思想界之关系.语丝,1924.12—1(3).

性问题做进一步思考。他认为,"中国人是根本败类的民族,吾民族精神有根本改造的必要","中国政象之混乱,全在我老大帝国国民癖气太重所致,若惰性、若奴气、若敷衍、若安命、若中庸、若识时务、若无理想、若无狂热,皆是老大帝国国民癖气,而弟之所以信今日中国人为败类也"。他主张必须彻底改造固有的国民性,而其途径则是"唯有爽爽快快讲欧化之一法而已",做到"非中庸"、"非乐天知命"、"不让主义"、"不悲观"、"不怕洋习气"、"必谈政治"。他坚决反对"复兴古人的精神"。钱玄同的《回语堂的信》中也说得很明白。他说:"……根本败类的当然非根本改革不可。所谓根本改革者,鄙意只有一条路可通,更是先生所谓'唯有爽爽快快讲欧化之一法而已'。我坚决地相信所谓欧化,便是全世界之现代文化,非欧人所私有,不过欧人闻道较早,比我们先走了几步。"

1927年6月13日林语堂又在《中央副刊》发表《萨天师语录(一)》,亦是"借萨拉士斯脱拉的嘴,来批评东方的已经朽腐了而又不肯遽然舍弃的所谓文化"。

在这篇文章中,林语堂通过描写萨天师来到一个东方大城里所见到的景象,尖锐地揭露了所谓"东方文明"的丑陋。萨天师先是看见满街充斥着病态的市民:乞丐、穷民、醉汉、书生、奶奶、太太、佝偻的老妪、赤膊的小孩、汗流浃背的清道夫、嘘嘘喘气的拉车者、号叫似狂的卖报者、割舌吞剑的打拳者、沿途坐泣的流民、铁链系身的囚犯、荷枪木立的巡警。接着,萨天师又看见一个病态的"少奶奶:穿着大红衣衫,脸色僵白,一嘴的金牙齿,只会发出'嘻嘻!嘿嘿!'的怪声,板面、无胸、无臀、无趾……"于是,萨天师明白了"这就是他未见面而想见的东方文明,这妇人就是文明之神"。同时,林语堂还通过描写萨天师心目中的一位健康、美丽、自然的"村女"形象,表现了他对新的文明的向往①。此时林语堂所见之中国形象,不过如此而已。即以其最崇敬之孔子言之,亦不过一世故之老先生而已。林语堂在《子见南子》一剧中所刻画的孔子,便是一个"活活泼泼的世故先生和老练官僚"形象。1929年6月8日在山东省立第二师范学校师生游艺会上演出林语堂这一剧作后,则引起一场莫大的风波。孔传堉等曲阜孔氏六十户族人以该剧"侮辱孔子"的罪名,联名控告该校校长宋还吾,呈请教育部严加查办。

1925年,他又针对当时流行的"反对文化侵略"主张,撰写《谈文化侵略》一文,指出"无论耶教与孔教,流布东西,同是民族衰靡民志薄弱之表现,本无尊此抑彼之必要","思想上的排外,无论如何是不足为训的","而思想上及一切美术文学上,要固陋自封,走进牛角里,将来结果也只是沉沦下去"。

在《机械与精神》的讲演中,他又着重讲了以下几点看法:

(一)那些"暗中要拿东方文明与西方文明相抵抗"的"忠臣义子",并非真的"爱国",而是"对于自己与他人的文明,没有彻底的认识,反以保守为爱国,改进为媚外"。因而这绝不是我国将来之"幸"。

(二)所谓西方文明并不只是"物质文明",东方文明也不只是"精神文明",而是东西方文明都有物质与精神两个方面。而且东西方文明"物质"与"精神"各有"美丑"和"长短"。但从总的来看,西方的"机器文明"比东方的"手艺文明"进步,西方的政治体制、科学哲学、文学和道德也比中国所固有的一套旧东西进步得多。

(三)西方的"机器文明"是西方人"精益求精"的精神产物。他们

---

① 中央副刊,80号.1927—06—13.

具有勇于改进的精神,物质上便能不断发达。我们如果还要一味保存东方"精神文明",便是把《大学》《中庸》念得熟烂,"汽车还是自己制造不出来,除了买西洋汽车没有办法"。而且,"若再不闭门思过,痛改前非,发愤自强,去学一点能演化出物质文明来的西洋人精神,将来的世界恐怕还是掌握在机器文明的洋鬼子手中"。

(四)"今日中国,必有物质文明,然后才能讲到精神文明","大家衣食财产尚不能保存,精神文明是无从顾到的"。日本因为物质发达了,因而有钱来保存古籍,翻印古书,建立大规模的图书馆、博物院,大学教授也才能专心去研究专门学术。可是,中国的大学教授,连买米的钱都常常发生问题,哪里能去读书和潜心研究学问呢?

(五)中国必须向西方学习,向日本人学习,只有洗心革面,彻底欢迎西方的物质文明,才不会继续老态龙钟下去。

三、回归中国的林语堂

以上为林语堂当时之东西文化观。但此一观念在他办《论语》半月刊之后便逐渐改变。

林氏办《论语》半月刊时,已开始提倡幽默。其提倡幽默,本意亦是为了改革国民性。他说:幽默是西方文化之一部,西洋现代散文之技巧,亦系西方文学之一部。文学之外,尚有哲学、经济、社会,我没有办法,你们去提倡吧。现代文化生活是极丰富的。倘使我们提倡幽默、提倡小品,而竟出意外提倡有效,又竟出意外,在中国哼哼唧唧及杭哟杭哟派之文学外,又加一幽默派、小品派,而间接增加中国文化内容体裁或格调上之丰富,甚至增加中国人心灵生活上之丰富,使接近西方文化。①

但舶来品输入之余,不免仍要由中国找出幽默文化之传统,才能免除抗拒心态。因为探讨中国幽默文化的传统,或追问中国传统文化有没有幽默,这是从未有人涉足的问题。而且当时有人认为中国没有幽默、中国民族不擅长幽默。林语堂却认为幽默本是人生的一部分,一个国家的文化发展到相当程度时一定会出现幽默的文学。因而,他不相信只是西方文化有幽默,而且理出了一条较清晰的中国幽默发展线索。他指出:《诗经》中的某些诗篇就"含有幽默的气味",失意之时的孔子也有幽默感,庄子更可称为中国的幽默始祖,道家是幽默派、超脱派,道家文学是幽默文学,有些文人偶尔戏作的滑稽文章不过是游戏文字,但性灵派的著作中有幽默感。此即是由中国文化中之"非正统"、"旁支"来重新建立一个中国幽默文化之新传统。而亦因此,他找到了明末的性灵派。林语堂指出:"文章者,个人性灵之表现。"性灵就是自我,"一人有一人之个性,以此个性(Personality)无拘无碍自由自在之文学,便叫性灵"。其实,所谓性灵,本是我国古代文论中的一个概念。其美学渊源可追溯到强调人格独立和精神自发展,形成了"独抒性灵,不拘格套"的理论形态。他认为,袁宗道关于性灵的某些说法,比陈独秀的革命文学论更能抓文学的中心问题而做新文学的指南针。他也赞同周作人在《近代文学之源流》中将我国现代散文溯源于明末公安派竟陵派,把郑板桥、李笠翁、金圣叹、金农和袁枚等人视为散文祖宗的说法,认为"以现代散文为继性灵派之遗绪,是恰当不过的话"。

此时林语堂对中国文化其实便已有了新的认识:中国文化不会

---

① 林语堂.方巾气研究.申报·自由谈,1924—04—28.

只是坏的,其中亦有好的。现代性不只可求于西洋,更可求之于公安派。此时恰好有一新机缘,促使其创作《吾国与吾民》。此一机缘乃缘于赛珍珠。赛珍珠于1931年在美国出版《大地》,江亢虎曾发表文章非议它:"谓中国农民生活不尽如此,且书中所写系中国'下流'(Low—bred)百姓,不足代表华族!"而林语堂却于1933年9月1日《论语》半月刊第24期上发表《白克夫人之伟大》一文,对赛珍珠及其《大地》做了很高的评价。他认为,赛珍珠"在美国已为中国最有力的宣传者……其小说《福地》在美国文坛上,已博得一般最高称誉,并获得1932年Pulitzer一年间最好小说之荣奖。其宣传上大功,为使美国人打破一向对华人的谬见,而开始明白华人亦系可以了解同情的同类,在人生途上,共尝悲欢离合之滋味"。同时,他还称赞赛珍珠在《大地》中表现出来的见识有别于"高等华人"的谬见,表现了"中华民族之伟大,正在于高等华人所引为耻之勤苦耐劳、流离失所,而在经济压迫战乱频仍之下,仍透露其强健本质,写来可歌可泣,生动感人"。1933年10月一个晚上,赛珍珠到中国后去林语堂家里吃饭。在席间,他们谈论以中国题材写作的外国作家。突然,林语堂说:"我倒很想写一本书,说一说我对我国的实感。"赛珍珠听后,立即十分热忱地答道:"你大可以做得。"经过这次交谈后,林语堂便决定写作《吾国与吾民》一书(赛珍珠则于1938年获诺贝尔奖)。

  林语堂乃从1933年冬着手写作《吾国与吾民》,至1934年七八月在庐山避暑时全部完成。历经约十个月。此书对东西文化仍不免依违于其间,所批评者为中国之国民性;所称扬者,为中国之性灵文学及审美态度。例如他在书中说:"中华民族是天生的堂堂大族……虽然在政治上他们有时不免于屈辱,但是文化上他们是广大的人类文明的中心,实为不辩自明之事实"、"中国人之心灵不可谓为缺乏创造力"、"久已熟习于文学之探讨"、"而诗的培养尤足训练他们养成优越的文学表现技巧和审美能力。中国的绘画已达西洋所未逮的艺术程度,书法则沿着独自的路径而徐进,达到吾所信为韵律美上变化精工之最高程度"。本书批评中国国民性,推崇中国之文学与审美能力可见一斑。继《吾国与吾民》之后,接着写的《生活的艺术》,等等,因他人在国外,遂越来越偏重于向西方人介绍中国文化,对中国文化越来越多好评,则是大家都知道的事,我就不多说了。

四、文学的林语堂

但林语堂"脚踏东西方文化"似乎还不只应如此了解,我觉得他其实还在做综合东西文化的工作。他怎么综合呢?

在林语堂开始认真思考文学问题的时候,首先闯入脑海的自然是当年哈佛大学的老师们。他在哈佛读书时,古典派的白璧德(Babbitt)与浪漫派的斯宾加恩(Spingarn)之间正发生严重的文学论争。斯宾加恩颇为推崇克罗齐,认为克罗齐"艺术即表现直觉"的美学理论,在十个方面革新了传统的文艺理论体系,引起了林语堂的极大兴趣。林语堂说:"大概一派思想到了成熟期,就有许多不约而同的新说,同时兴起,我认为最能代表此种革新的哲学思潮的,应该推意大利美学教授克罗齐式(Benedetto Croce)的学说。他认为世界一切美术,都是表现,而表现能力,为一切美术的标准。"

1929年10月,林语堂翻译了克罗齐《美学:表现的科学》中的二十四节。这虽仅占全书七分之一,但接着,林语堂又为自己辑译的

《新的文评》一书作序,比较系统地表述了自己的文艺思想,其主要框架也是克罗齐的"表现说"。而《新的文评》的辑译,更使林语堂得以进一步了解克罗齐表现主义美学体系,并确信:"现在中国文学界用得着的,只是解放的文评,是表现主义的文评,是 Croce、Spingarn、Brooks 所认识的推翻评律的批评。"而所谓推翻评律不外是为了建立新的评律,林语堂建立的批评标准则是"表现就是一切","除表现本性之成功无所谓美;除表现本性之失败无所谓恶"。

为什么他认为当时中国就应该采用这种批评标准或文艺观呢?

当时,左翼作家正突出强调文艺的政治功能,自觉地为无产阶级革命服务。故林语堂对此非常反感,讥之为方巾气十足的"新道学",曰:"吾人不幸,一承理学道统之遗毒,再中文学即宣传之遗毒。说者必欲剥夺文学之闲情逸致,使文学成为政治的附庸而后称快。凡有写作,猪肉熏人,方巾作祟,开口主义,闭口立场,令人坐卧不安,举措皆非。"换句话说,钱杏邨所推崇的"打硬仗主义",林语堂根本就反对,觉得那是走歪了路,所以提倡表现说,来跟它们打硬仗。林语堂打硬仗的对象不只有鲁迅及左翼一派。当时有以鲁迅为首的左翼作家主张学习苏俄革命文学,也有梁实秋主张效法欧美古典派文学,林语堂则主张以欧美浪漫派文学为师。梁实秋除自己作文论争外,还将学衡派翻译的白璧德的五篇论文结集出版。对白璧德在文学领域的反过激、反浪漫、提倡守法则合规律与中和平正,大为推扬。林语堂则沿续了从前白璧德与斯宾加恩的对立,也同样反对梁实秋。但此时林语堂之表现,仍不过只是西方理论之服膺者而已,他和梁实秋之不同,亦只是哈佛校园学术论争的中国翻版而已。要待周作人推举袁中郎之后,林语堂这才恍然大悟。袁中郎的性灵说恰好符合林语堂刚建立的批评标准,于是"近来识得袁中郎,喜欢中来乱狂呼……从此境界又一新,行文把笔更自如"(《四十自叙诗》)。他认为这是最丰富最精彩的文学理论,最能见到文学创作的中心问题,又证之以西方表现派文评,真如异曲同工,不觉惊喜。喜的不仅仅是找到一个知己的作家、一个同调的先贤,可于冥冥之中进行感情交流。且由袁中郎而下及李笠翁、袁子才、金圣叹,上溯苏东坡、陶渊明,直至庄子,林语堂终于找到一批他心中的中国表现派作家和批评家。林语堂艺术思想的四个支点,即非功利、幽默、性灵与闲适,是由道家文化将他们汇为一体的。就这样,借助于克罗齐表现主义美学体系,将一批中国古代"浪漫派或准浪漫派"作家统领在道家的旗帜之下,林语堂终于建立了他东西美学综合的路向。

五、用东西文化注解自己的林语堂

林语堂的融会中西之道,大抵如此。但如此是否即真能融合呢?恐怕其中颇有些问题。

林语堂在发挥"艺术即表现"时,着重强调艺术只是作家个性的表现与主观情感的抒发,而非功利活动或道德活动,不应该分类,也不可能有一成不变的规矩。他说:"只问他对于自身所要表现的目的达否,其余尽与艺术之了解无关。艺术只是在某时某地某作家具有某种艺术宗旨的一种心境的表现——不但文章如此,图画、雕刻、音乐、甚至于一言一笑、一举一动、一唧一哼、一咔一呸、一度秋波、一弯锁眉,都是一种表现。这种随时随地随人不同的、活的、有个性的表现,叫我们如何拿什么规矩准绳来给他衡量?"这样,林语堂确实把表现派的精髓表现出来了。可是,他在引申"表现即艺术"时,强调的是现实生活中的任何心灵的表现都是艺术活动、人人都是艺术家、时时刻刻都在创造艺术。这就距人们的一般认知太远了。现实生活中,非人人都是艺术家、非任何表现都是艺术,是人人都知道的事。

林语堂虽是我国最早引介克罗齐学说的人(其时间略与朱光潜相当),又对克罗齐学说如此推崇,可是他对克罗齐的理解其实是错的。

怎么说呢?克罗齐的讲法是康德与黑格尔的发展(这就可看出差异了吧!康德与黑格尔,跟袁中郎、金圣叹差得多远啊)。他认为,心灵活动不外两度:知与行(知解与实用)。这两度又各分两度:知分为直觉(个别事物形象的知)与概念(诸事物关系的知);行分为经济的活动(目的在求个别的利益)和道德的活动(目的在求普遍的利益)。因此,心灵共分"四阶段",并沿四阶段发展。四阶段彼此相对,有固定不可移的关系与逻辑次第。第一阶段是直觉(即艺术),是知解的第一度。第二阶段是概念,概念是综合许多个别事物在一起想,看出它们的关系,所以按理必后于个别事物的知识(直觉)。直觉先于概念,这就意味着,艺术先于哲学。行的两阶段也有这两度的关系。我们可以只管个别的利益而不管普遍的利益,这就是第三阶段纯经济的活动;但是如果顾到普遍的利益,就必同时顾到个别的利益。因为普遍的必包含个别的,这就是第四阶段——最高阶段——道德的活动。这直觉、概念、经济、道德,各对应于美、真、利益、善四种价值。在知识的部分,一切知识都以直觉为基础。直觉就是想象或意象的构成,比如说"这是桌子",这已经是判断,把"这"纳到"桌子"这个概念中去想,肯定"这"与"桌子"的关系,说明"这"的意义。

所以这判断所表现的知识已经是逻辑的、理性的。但是在做这判断以前,我们于理必须经过一个阶段,把"桌子"的形状悬在心眼前观照,眼中只有那形状的一幅图画,如镜中现影。这种个别的事物的形象之知,就是直觉。但是直觉不是被动的接受,而是主动的创造。主动者是心灵,被动者是物质。这物质是一些由实用活动产生的感触。触动感官,如印泥似的刻下一些无形式的印象,若其无形式,心灵就不能领会它、知解它;心灵要知解它,必本其固有的理性,对它加以组织综合,使它具有形式,由混沌的感触,逐渐形成为心灵之可观照对象。

据此观之,克罗齐之说,有几个重点:(1)直觉及美,均属于知识领域,非实用领域,故与经济、道德各有领域、各有功能,不应相混;(2)直觉与概念推理也不一样,故艺术不应以概念推理之知为之;(3)直觉的"表现",非心中情感意念之抒情表达,乃是以人所具有的理性能力,将外物形象赋予形式。物质有了形式,就是直觉,也就是表现。这是理性论底下发展出来的讲法,跟中国人一般依字面理解的"直觉"和"表现"实在南辕北辙。林语堂把它误以为是"把内在心意表现出来",也可说只是望文生义罢了,他英文虽好,却不能真正摸熟西方哲学之内在脉络,亦非克罗齐之知音。也就是说,林语堂的东西综合,是一种"赋诗断章,惟取所用",依自己需求及性气所做的综合,可以表现他个人的人生观、文学观、生命态度。若从是否真正抓住了东西方文化的真相上看,却大可商榷。他向我们介绍的克罗齐并非真正的克罗齐,同理,他向西方人介绍的苏东坡、袁中郎,当然也不是真正的苏东坡、袁中郎(我另有长文批评他的袁中郎观)。故而"脚踏东西文化"云云,反而不应从介绍、交流或融合这些方面去说,"脚踏"这个形象,即颇有把自己凌驾在东西两大文明之上的意味,纵不说是玩侮之,也可说并未显示什么敬意。东西文化在他脚下或手上,似乎只能说是"六经注我",非林语堂在表述东西文化,而是借东西方文化来表述他自己。

六、"人"的林语堂

以上是讨论他"两脚踏东西文化"的问题,以下略说他"一心评宇宙文章"的宇宙是什么意思,为何不说评世界文章,而要说是评宇宙文章呢?我以为此处大可玩味。

20世纪30年代林语堂有时自称异教徒,有时自称无政府主义者,或道家。20年回顾,他又声称当年信仰的唯一宗教乃人文主义。1936年移居国外后,林语堂一直在寻信仰,1939年在《我的信仰》中,林语堂认为孔子、摩西都不太适合现代社会,倒是老子那种广义的神秘主义更有魅力。50年后又不满足道家信仰,批评它那回复自然和拒绝进步的本质对于解决现代人的问题不会有什么贡献,主张从人文主义回到基督信仰,到了逝世那一年在《八十自叙》中又说:"他以道家老庄门徒自许,一会儿又说他把自己描写成一个异教徒,其实他在内心却是个基督徒。"因此,整体说来,确是一团混乱和矛盾。

在矛盾中,有人认为林语堂主要是要以道家文化拯救世界:"中国近代史上,着眼于东西文化综合,努力于以东方文化拯救人类,在西方产生一定影响的'东方哲人',一是以儒家救世界的辜鸿铭,一是以佛教救世界的梁漱溟,再就是以道家救世界的林语堂。"

林语堂热爱道家哲学这是无庸置疑的。不但有他翻译的《老子》

可证,他的小说,许多人也认为是旨在宣扬道家思想,例如《京华烟云》以道家哲学为脉络,借道家女儿姚木兰的半生经历为主线,描写了姚、曹、牛三大家族的兴衰史和三代人的悲欢离合;同时也展示了中国广大社会人生,风云变幻的时代背景;在不同文化、不同阶级的种种人生对比中,揭示了"道家总是比儒家胸襟还开通";体现了作者要在传统文化中去发现自己、认识自己,寻求理想人生、理想自我的愿望。作者明确宣称,要以庄子哲学来认识历史、观察社会、体验人生,因而,道家女儿姚木兰的形象即成为作者理想的自我:"若为女儿身,必做木兰也!"小说在赞扬道家重自然、符合个性解放的时代要求的同时,则对儒家思想束缚和压抑人性进行了批判,表现出反传统的人生态度。姚太太及曹家的人都是在传统的伦理道德影响下,人性受到束缚和压抑的形象。古典美人曼娘是人性被严重束缚和压抑的典型。曼娘这形象的塑造,就是作者对传统儒家文化压抑人性情感的控诉和批判。

但林语堂的认识可能不太可靠。他说,老子思想的中心大旨当然是"道"。老子的道是"一切现象背后活动的大原理……道是沉默的,弥漫一切的"。"道是不可见的,不可用的,且不可触摸的。"故有时,林语堂干脆把"道"与"上帝主宰"等同起来说:"道教提倡一种对虚幻、无名、不可捉摸而却无所不在的'道'的崇敬,而这'道'就是天地主宰。他的法则神秘地和必然地管辖着宇宙。"林语堂不去深究"道"与"上帝"、"主宰"的区别,而对其关联倍感兴趣,且凭直感把"道"与"主宰"看成是合二而一的东西,这真是对道的大误解。

他对儒家的理解也是如此。且不说他对儒家"礼教"与"中庸"有诸多误会,他解释孔子之畏天知命,也颇为错误。他说:"孔子信天和天命。他说自己五十岁的时候已知天命,且说'君子居易以待命。'上帝或天,如孔子所了解,是严格独一的神,但孔子所说的天怎会是独一的神呢?"这就可见他是用基督教的上帝观在解释儒家的天、天命和道家的道。

以这个立场看事情,无怪乎他要反对佛教了。可是他赞同除了佛教以外的印度文化,认为印度文化具有高度的创造力,产生了丰富而奇特的哲学和文学。更重要者,林语堂认为"上帝"是印度哲学的核心,"印度哲学和上帝的知识,正像中国哲学和道德问题一样不可分离"。这真不知何所见而云然。

由此等处看,林语堂宗教思想之混乱甚为明显。但那是因为他把许多东西都率意牵合在一起,而非一般论者所理解的:忽左忽右、忽反基督忽不反基督。而这样的混乱,也可以叫作不混乱。因为从各教教义来说,固是混乱;在林语堂自己,却有一个条理,例如他以一个上帝观去看道、天、命、梵天,而觉得它们都是同一物事,这在他自己的身心信仰上,便消去了各个宗教"教相"上的差异冲突,在他内部自我统合了,因此也并不成为矛盾或混乱。也由于如此,故他也很难说就是个以道家思想为宗的人。其所谓道,大抵只如上帝般;其所谓道家式生活,则无非闲适乐天而已。说明这一点,非是要拆林先生的台,乃是要用来分析林语堂"一心评宇宙文章"的宇宙意识到底是怎么回事。

林先生在许多地方都强调他是人文主义者,包括其上帝观也仍有浓郁的人性色彩。在基督教徒看来,上帝是远离世俗的,而林语堂则"深信上帝也同样近情与明鉴"。与虔诚的基督徒立足来世不同,林语堂立足人间、否定来世,认为上帝是为人类幸福而存在,而不是相反的。可是,这样一个人,为什么会对上帝如此感兴趣,把老子的道、孔子的天、印度教的梵天都看成是上帝,且强调上帝观在文化中的重要性呢?这就要注意到:林语堂其实是一个宗教感很强的作家,他会追问宇宙、人生的谜底,探询冥冥天地的主宰。在林语堂看来,茫茫世界并不是盲目无序演变着的,而是由一个"神"主宰着:"我总不能设想一个无神的世界。我只是觉得如果上帝不存在,整个宇宙将至彻底崩溃,而特别是人类的生命。"这种宗教感,自他幼年起,即非常强烈。例如他很小就对高山充满了敬畏,他说:"我们那儿,山令人敬、令人怕、令人感动,能够诱惑人。峰外有峰,重重迭迭,神秘不测,庞大之至,简直无法捉摸","你若生在山里,山就会改变你的看法,山就好像进入你的血液一样……山的力量巨大得不可抵抗"。又说:"生长在高山,怎能看得起城市中的高楼大厦?如纽约的摩天大楼,说他'摩天'才是不知天高地厚,哪里配得上?……要明察人类的渺小,须先看宇宙的壮观。"这就是宇宙意识。由山,兴起对整个宇宙无垠、博大、神秘、幽远之敬畏。这种敬畏之情及宇宙意识,后来具体化为基督教的上帝。那是他家庭因素的影响。林语堂出身于基督文化极为浓郁的家庭。父亲是牧师,母亲是虔诚的基督徒,他们全家都信教,林语堂说:"晚上我们轮流读《圣经》,转过头来,跪在凳子上祈祷。"当然,基督教对林语堂最大的影响还是上帝观念,林语堂说在少年,"当我祈祷之时,我常想象上帝必在我的顶上逼近头发即如其远在天上一般,盖以人言上帝无所不在故也"。他还认为莱布尼兹与福禄特尔他们两位都相信上帝说,"福禄特尔相信:就是没有上帝,也得假设一个上帝出来"。林语堂谈到他与汤恩比的会面时,因汤恩比携带了"中古时代圣奥古斯丁的《上帝之城》及巴斯葛的《思想》(*Biaise*

Pascalr's Pennsees)二书,这使我异常兴奋",又说"汤恩比的宗教感甚深,书中到处都是……他的看法,略与庄生之'必有真宰'(《齐物论》)'以天为父'、'与天为徒'、不'与人为徒'(《大宗师》)之境界差不多"。整个基督教文化,尤其它的上帝思想就成了林语堂宇宙意识及宗教感情的主要内容。即使后来在科学主义影响下,林语堂"已失去对信仰的确信,但仍固执地抓住对上帝父性的信仰"。暮年归宿,则仍回归于基督怀抱。

可是信基督或讲上帝,其实只是他宇宙意识的一种凭托。一个具有宇宙意识的人,可能生长在佛教地区、基督教地区、道家思想流行地区,生长何处,即可能依其缘触,举该宗教所提示之超越境界而纳之己怀,以满足他宇宙意识之需求。可是这些宗教并不就等于宇宙意识,它们只是宇宙意识的一种或一类。一个具有宇宙意识的人,不只是个信教的人,他会超越一个个具体的宗教学说,去寻找能满足其宇宙意识之物。林语堂在信基督、上帝之后,又去发现庄子的"若有真宰"、"与天为徒",老子的"道"及孔子的"天"、"命"、"帝",就是这个道理。

1961年林语堂在美国国会图书馆的演讲,以《五四以来的中国文学》为题。他说:"开宗明义,我要说在前头,文学永远是个人的创造。我们总结一个时代,谈到这一时代的精神,事实上我们只能以几个杰出的作家作为例子,由这些个人中看出时代的精神。要做作家,就必须能整个人对时代起反应。作家和学者不同,学者也会写文章,作家有时候也从事学术研究。但我们在这里只讨论作家。因为,钻牛角尖的学者的作品,和《通书》没什么不同,难以看出个人心灵的活动,他所寻求的只是事实,不渗入个人的意见。而作家却全然不同,他个人的情感、爱憎、意见、偏见都会从笔尖溜出。归根到底,一个时代的文学,只是一群个人,各自对人生和时代发生反应。"

这是他文学观最简要的自述,但由此即不难看出他与五四以来的文学及文化环境有多么大的差异,只要翻开我们现在坊间流通的各色文学史,有哪几本不是跟他相反的;由一个时代精神来看作家?五四以来,救亡图存的意识笼罩全局,社会现实观点压倒了个人表现,因此谈起文学,总是大时代大背景,再把作家个人放入这个时代社会中去分析,不是由一些个人来看出时代。

林语堂心灵世界最特别的意义就在这儿。徐訏说他是五四以来最不容易描述的作家,确实。因为他一方面表现了五四以来人物的矛盾,一方面又跟五四的精神背反。

林语堂无疑是五四以来人物的代表,不但早期与鲁迅、钱玄同等在改造国民性、提倡欧化方面并肩作战,他本身也最足以代表那个时代及其人物的错综矛盾。例如既有科学主义倾向,又具文人性气;既呼吁救国,要改造国民性,又强烈表现着自己的个性;既是学者,又是文人;既醉心现代西方文明,骨子里又与中国文化缠绵悱恻。五四人物如胡适、鲁迅、钱玄同、周作人,等等,你细思,就会发现几乎都是如此,但无人如林语堂般全面地表现出这样的矛盾,因此他可说是五四人物最典型的代表。

但林语堂复杂之处,就在于他其实又颇与五四精神背反,例如五四是个世俗化的文化运动,反贵族文学、山林文学,反对文言文,反对宗教迷信,林语堂则具有超越精神。五四强调知识分子的国家社会使命,林语堂则表现文人态度,讲闲适生活,而且是一种中国古代文人生活方式及审美态度的回归。这些都与五四精神格格不入。而像林语堂这祥的心灵状态,在 20 世纪末反而越来越受重视,可能也是因中国在反省现代化之际,林语堂所显示的生活态度和超越精神,反而可以令人别有感悟吧。就像他的著作在西方如此畅销,是因西方在现代社会发展到某种地步后,读林语堂所揭示的中国古人生活审美状况,会感到那才是一个"人"的生活呀!属今之世,在中国言林语堂之心灵世界,其意义应复在此。

怀高阳

高阳先生

高阳(1922—1992),台湾作家,以历史小说著称,有《红顶商人胡雪岩》、《慈禧全传》等作品数十部,畅销华人世界。

一、饮半寻思谁可语

某日在一餐厅用膳,忽逢高阳先生,匆匆寒暄数语。告别时,先生索纸抄诗一首,乃其壬申元日试笔诗也。有小序云:"萧然独处,甑久生尘。辛未除夕,投宿凯悦饭店度岁。独饮至五鼓,思有所语,作此律,为壬申元日试笔。"诗曰:

> 谁何歧路亡羊泣?几辈沐猴冠带新。
> 不死酒仍日暮醉,余生笔兆岁朝春。
> 客中作客真无奈,钱上滚钱别有人。
> 饮半寻思谁可语,神荼郁垒两门神。

此诗值羊年将逝、猴年将至之夕作,用"歧路亡羊"及"沐猴而冠"两典喻,神妙天成。客中作客,自喻身世,兼指新年仍宿旅舍之事。钱上滚钱,则谓当时初开放金融,新银行颇多开张者,举此喻世,两相对照。故实今典,融合为一,指事切情,无不稳贴。就诗言诗,自是佳什。先生诗功如此,当即叹伏。但此诗含寓孤苦,读之竟有恻然之感。匆匆拜收,见其癯弱,不便多谈,即便告归。

归来细味其诗:在除夕夜大家团聚之际,他老先生一人独自投宿在凯悦饭店,下俯红尘,自悼孤影,其寂寞凄清之状,着实未可为怀。先生负如椽之笔,著书千万言,晚境竟至于此,文人之厄,亦一时代之悲剧也。

怀高阳

高阳《红顶商人胡雪岩》

先生为世家子，文史学养，未易为不知者道。他写现代小说，也写历史小说；写随笔，也写端严的考证文章；能深入历史，担任历史的侦探或律师，却也能掌握时代之脉动，长期替报社撰写时论社评。就文章一道而论，近数十年来，博涉多优，黾勉宏富者，可谓并世无可抗手。但文学批评界不重视他，只把他看成是一位通俗文类（历史小说）的作家，厕其位置于琼瑶、三毛、南宫搏、章君谷、卧龙生之间，绝少讨论他的作品。数十部小说，投水激石，尚且可生波澜；文学评论界对此，却仿佛未见一般。至于他的文史考证，学界也很少注意。一般总认为他是写小说的人，驰骋想象而已，未必定具考证本领。何况他又未在上庠任教，故无徒众传习发扬其说，所以他批驳叶嘉莹等人之说，独树畸见，从风者亦甚少。从整个大环境来说，他所抱持的文

349

化理想、历史观,以及对时代的建议,更是与世枘凿。时代的巨轮,正朝着他所期期以为不可的方向,不断前进。

因此,他确实是孤独寂寞的。这样一位著作鲜活留印在读者心版上的作家,冷然回眸时,竟然发现可与共语者,仅只门上的两位门神而已!读其诗而哀其人,亦哀此世。

二、书中真觉味无穷

高阳暮年,时时为诗遣兴。诗意或雄豪,或衰飒,随情哀乐,读者莫能测其怀抱。其诗亦不自秘惜,随写随弃。偶逢一二友人,抄示之,以为笑乐而已。所以究竟他做了多少诗,怕是谁也弄不清楚。

据高阳说,他写诗论诗,多受周弃子先生启发。其实二人诗风殊不类似,高阳论诗尤与其考据工夫有关,非周弃子所能有。而且高阳之诗并不像他的考证文章,很少掉书袋,偶尔用典,亦属于熟典,不甚罕僻。使典之巧妙处,多在隶事与用辞之巧,而非堆垛书卷。故其自诩,乃在诗法,而非典实,如下举这一首:

> 一枝教借凤城东,小砚长瓶花数丛。
> 笔下常惭名不称,书中真觉味无穷。
> 渐销剑气箫心日,犹斗诗肠酒胆雄。
> 倘问余生何所愿,环瀛万里补游踪。

这一首,有序云:"右六六初度漫赋一首。自谓此诗差得一'满'字,题内无衍语,题外无胜义,谓之满。此同光诸贤论诗之诀也。"这首诗除了剑气箫心一语,系用龚定庵句外,几乎全不隶事,但自喜其能"满"耳。这时的高阳,诗满,豪情也满。诗肠酒胆,意气风发。除谢盛名之外,尚欲壮游万里哩!

高阳虽出身世家,但少年离乡,他的历史感情与历史知识,多由书本中得来,所谓"书中真觉味无穷"。他是由此再建构一个他自己书写的历史王国的。这个历史王国中,存在着高阳对历史的理解与感情。那个历史,基本上是理性的,能找到兴衰之理则与秩序,明王圣相、英雄贤媛、忠奸善恶,俱可书写以为龟鉴。

三、伤哉高阳旧酒徒

论高阳,宜仿高阳体,先谈掌故,再征文引献,徐徐进入本题,兼发议论。

兹所谓掌故,得从前文提到的周弃子先生谈起。周先生是著名的诗人,但据王开节先生形容,他是"好之者誉为一代才人,短之者嘲为画饼名士"的人,文章自负而毁誉参半。高阳先生与之交契,时相论诗,饮酒剧谈,唱和时作。迨1984年周先生辞世,高阳不仅为文伤悼,且曾辑周氏论诗语,成《弃子先生诗话之什》,刊于《联合文学》第4期。生死交情,自足感人。

然世上本有不喜欢弃公的人,乃深以此为不然。某君即曾寄一文,痛斥弃公,并谓高阳替周氏捧场不恰当。某日,高阳置酒,邀张佛千、王开节两先生及我同往。席间出示一函,即某君大作;又徐徐袖出高阳自撰的复文。文甚长,但关系甚大,我侥幸记得,默忆录于此。

志鹏先生足下：

奉到致成惕轩先生函复影本，约略数之，在两万四千字以上。吾乡项莲生有言："不作无益之事，何以遣有生之涯？"其足下之谓乎？足下学宗程朱，言必称薛瑄、吕坤，何独不顾"彰死友之过，此是第一不仁"一语。竟谓："赋性憨直，不能为乡愿。"是则吕坤为乡愿矣！是耶？非耶？弃子之为人，诚有可议，然如足下所言："弃子既无谋财害命、因色丧身为人他杀之条件"，则纵令为人所恶，亦不过细行不谨而已。汉文帝时，有人盗高庙玉杯，论斩，而文帝以为当族。张释之谏曰：盗宗庙器当族，设有人盗陵，法何以加？衡以此义，如弃子"应打入拔舌地狱、应投入畜生道"，则谋财害命者，岂足下设有第十九层地狱，以位置此辈乎？又足下引顾亭林言，以为衡量人品，应以乡评为定论。夫亭林此言，为乡举里选而发也。弃子既自署为弃子，即自知不同于乡评，无意于期其乡人举之为民意代表，则乡评可以存而不论。此恕道也。且夫乡评果足恃乎？安溪卖友，今成铁案，而当时乡评无有责之者，以致陈梦雷含冤莫申，投牒城隍。迨嘉庆朝，梦雷乡人陈寿祺犹作安溪蜡丸疏辨，诋斥梦雷，至谓天道甚神，梦雷所以不昌。试问所谓乡评者果何在？所谓公道者又何在？因思弃子若为余国柱，或者大冶乡评又是一番说法矣。总之，弃子之于足下，既无杀父之仇，亦无夺妻之恨，且已作古人，而犹毒訾之如此，其故安在，窃所未喻。如足下所言，不过弃子将足下不可告人之函件泄之于人而已。此诚弃子之过，然足下于四十余年老友之前，非议五十余年之老友，且形之于文字，此岂又端人之所为？至吾辈称道弃子，而足下竟谓之曰"可悲、可惜、可羞、可耻",可笑孰甚！世人皆欲杀,我意独怜才,且无不可；矧为世意皆怜才,一人独欲杀之弃子乎？窃谓足下"四可"之说,无异夫子自道。可悲者,不及弃子之声名也；可惜者,以两万余字作此无聊之书札也；可羞者,老羞成怒,口不择言之状溢于言表也；可耻者,假道学之面目败露也。足下之学,程朱末流。学之善者为倭仁、学之不善者为徐桐。乖谬褊狭、狂妄自大,足下其俦也。下走与足下,素昧平生,乃明知其与弃子义兼师友,而投以此秽目之函,将谓下走可欺,虽辱其死友,不敢与较欤？抑或以为下走未曾读许鲁斋、薛敬轩、吕心吾、顾亭林、张伯行之书,而可任尔滥引曲解,无从驳斥乎？二者有一,必自取其辱。休矣足下！"吉人之辞寡",请三复斯言。

此文长千余字,作于 1986 年 7 月杪。寄发否,我不知道；结果如何,我也未追踪,但我觉得这是了解高阳的绝好文献。高阳对周弃子,惺惺相惜,情溢乎辞。当此文人相轻之世,有此义举,殊属难能。试思我辈居世,岂能处处妥善,不遭人批评？真不知身后负谤,谁能昭雪。故即此可以知高阳之性情。而这种性情,又不仅出于他对周氏私人的交谊,更与他的历史观有关。

高阳屡云其史论及历史小说非常注意各朝代的中心势力。所谓中心势力,例如东汉的外戚与宦官、唐代的藩镇、明代的宦官。中心势力若在外戚宦官,必将导致亡国；若在藩镇,则必形成割据。唯有高级知识分子成为中心势力,方能导国步于正途。他所向往之政治,乃是一种文人政治。但是,作为一位文人,他又深知文人之间最严重的问题,就是文人相轻。故如西汉文景之治,唐朝的贞观、开元,北宋太宗末年至神宗朝，明代宣德、弘治两朝，清代的同光中兴等，文人能获用世，固皆能开一文治之局，然皆不旋踵而渐启门户之争。知识分子可能因意见之不同，逐渐发展成政策之争、权势之争，党同伐异，而遂酿为意气之争，导致国本动摇。对于这种争斗，他悼焉伤怀，屡于其著述中言之。我们读他的小说，写朝局变幻中权力斗争的种种情状，但觉其曲尽描摹、洞达人情，却很少人注意或理解他刻画这类争斗的用心。据他的了解，明代东林党与阉党的斗争，原是由地域分的派系发展开来的，后亦仍归于地域派系之对立，形成南北之争。此争不只把明朝争亡了，入清以后仍在争。丁酉科场案，即北派得八旗之助，痛击南派之结果。接着是"奏销案"、"哭庙案"，南士饱受打击。直到辛酉政变时，南派始获大胜。戊戌政变，则是南北之争的最后一个回合，两败俱伤，清朝也完蛋了。这个观点，才是他写作小说的主脑所在，近几年的小说与史述，对此尤为强调。

因此，基于他的历史观，对于知识分子互相矜伐批评，他格外具有一种嫌憎感。这封信里，就强烈表达了这种情绪。护持友道，竟举安溪卖友为戒，可谓情见乎辞矣！但是，高阳毕竟仍是文人，在他的理性思维中，对于知识分子的癖性与行为利钝，虽已洞若观火，然其感性生命，却仍不自觉地会表现出文人的生活形态。例如他讨厌文人相轻，可是基于其学养与历史见解，他也无法不轻视某些人，下笔亦往往有"不逊之辞"。这遂使他遭逢到与周弃子相同的命运，"好之者誉为一代才人，短之者嘲为画饼名士"。通文县丞，是指中国笑话里描述的素不知文而效颦强做能文之县丞。某年，姜龙昭先生考证清代的香妃不是容妃，谓乾隆宝月楼中所藏之娇，并非容妃。高阳即表示不屑与之讨论，云姜先生"对考据的基本修养尚不具备，于清代的制度人物亦复茫然",不拟奉陪。此非独恶于姜先生,高阳与人辩难学术问题,往往如是。先是表示"欢迎来函质疑";真辩起来,他又不耐烦了,觉得歪缠下去甚为无聊,指对手不具备讨论的资格。此即可显示其文人气。有人很欣赏他的文人气质,有些人则丑诋之。如江述凡先生就曾为此讥讽高阳是"通文县丞"[①]。

高阳《荆轲》

高阳当然不是素不能文而强效颦者,他的文字功力,求之当世,何可多得?他写时评社论,写掌故考据,更写小说,包括现代小说和历史小说,后者尤享盛名。这些东西,有共同的特点,即客观的叙述与理性的分析,擘理论事,深洞隐微,于人情物理之细致处,刻画发露

---

① 江述凡.高阳,请接招.世界论坛报,1990-01-20.

之,笔下绝少自己的影子,所以他不是一位抒情形态的作家。理性化的创作行为,使他的作品显得甚为冷静。然而,他本人其实是情胜于理的,感性流荡,歌哭无端,意气感激,每每不能自已。

这种特殊的态度,是了解其人与作品的关键。他的多愁善感,可举一例为说。彼尝抄示所填词一阕,曰《高阳台》,有序云:"读《传记文学》六月号所载胡健中先生《雨花台畔》大作,略述杨丽珍事,着墨不多而悱恻动人。因忆朱竹垞有《高阳台》一首,哀吴江流虹桥女子因单恋而死,其情约略相似……然词人项鸿祚有言:'不作无益之事,何以遣有生之涯?'爰依竹垞原韵,赋此破闷。"词曰:

漫道无猜,久存默注,三年不识情深。宁忍分飞,临歧争共分阴,雨丝渐把红丝引;系红丝,不倩青禽。枉蹉跎,夜雨巴山,能不媿衾?

廿年重返长干,怅楼空人去,玉碎珠沉,折柳情怀,门前摇落长浔。昏黄落日台城路,揖荒茔,聊寄疚心。忆愁吟,惘惘当年,历历温寻。

此词调名《庆春泽》,高阳取其别名,既符情绪,似又兼指自己。触动其情者,其实只是一则小故事:胡君幼有一女同学,毕业时微露情意,但于抗战后返雨花台附近寻其墓,未见。这样一则小故事,竟触动了高阳的哀情,使他联想到清朝叶元礼在流虹桥边的事。古事今情,怅触万端,遂写下这阕词。此可见高阳深厚的历史知识未必足以平衡他在现实中所遭受的情感波动,反而是现实世界中小小的触动,因牵引历史而越发丰富深邃浓馥,使人沉浸于其中,享受这种情绪的震动,一往不返。

高阳处事,大抵如此。例如他去一餐厅吃饭,吃着吃着,历史知识就跟口齿味觉连接起来了,于是大笔一挥,做一联曰:"彭家本具易牙手,园客同申染指心。"做了这一联之后,他整个人就进入这个因历史与文字牵引点染的世界里去了,沉吟自赏。觉得"易牙"对"染指"实在是太妙了,可浮一大白。然而现实与他经过历史感酝酿的现实未必是相符的,两者的差距,又往往令他恚愤。如他去一餐厅,女主人殷勤招呼,他立刻牵连到历史感,撰一联云:"秀色可餐犹其余事,兰陵买醉舍此何求。"且写成一轴携往,并拉我同往。不料这次招待较为简慢,并无李白"但使主人能醉客,不知何处是他乡"之感,主人亦不娴史乘文墨。乃大怒,取回书轴,怏怏以去。其他事,或类于此。意气感激的生命,因历史知识烹炼酝酿而越趋浓挚,故因事触情,一发不能已。

这样的生命态度,当然亦将使其如周弃子般"细行不谨",也易为感情所扰。以历史侦探、历史律师、历史刑警自命,而时陷美人关中。读其未刊诗,如"最难消受美人恩,万里书来字字温。乍接艳光惊远客,相拥不语已销魂"、"文字相知同骨肉,最难消受美人恩。今生且订来生约,卿在闺中我未婚"之类,辄为叹息。这样饱谙世故、娴熟人间机栝、善于冷眼评断古今的人,其实哀乐逾恒,感不绝于心。他长于论事,却拙于安顿自己的生活,正缘此故(例如写胡雪岩经商,写得头头是道;自己去做生意,却赔得一塌糊涂,等等)。其小说,貌似客观,不杂作者心影;实则其中有一种特殊的感情灌注流布于其间,原因亦在于此。

先生为文,字逾千万,平生负气任情,谤誉俱多。然知音既少,知交亦复寥寥。检点形迹,殊觉其寂寞。因草草叙其杂事、明其多情,以为世之读高阳作品者助。

四、历史侦探久寂寥

高阳先生之文,我幼时于报端日日读之。其小说在《联合报》发表连载时,有一阶段配以陈海虹先生的插画,精彩相发,尤为吾侪所喜。但当时望先生,如隔云端,殊不敢想象居然有一天也能亲接謦欬。后以各种因缘,竟常追陪谈宴,饱饫绪论,自己亦感到有些不可思议。这或许是因为先生日益衰老,当世少可与共语者,故偶尔拉我做个听众罢。然亦因此而使我对他暮年心境及为学写作之用心,略有所知。

他以世家子游世,俞平伯先生即他的姑丈,故家学文史,功力不同凡响。然其寝馈浸淫,其实下了非一般人所能及的苦功。治学撰文,渐如人之呼吸,真是不择时不择地,随时都在进行。每与谈谐,事实上也都在论学。谈文论艺、说古述今,往往包罗万古,滔滔不绝,但主要是在讨论他又发现了什么新的历史疑案。

底下是一封他给我的长函,抄示于此,以见此"历史侦探"癖性之一斑:

鹏程吾兄:

接覆示,欢喜无量。弟懒于作书,而以报尊札耿耿莫释,则知真欢喜矣。刘麻之诗《世载堂集》,弟原有此书,且得指点,已检获其诗。为冒孝容《董小宛》刻本而作。此君笔名"舒湮",吾友戴良曾为言之。亭林不独以武侯自期,亦以武侯自诩自负,观其"遥看白羽扇,知是顾生来"之句,踌躇满志之状如见,可知筹思之熟。弟自谓于董小宛入宫事,"寸寸积功,一一发覆",及今始知犹有未发之覆,即亭林之大战略也。承示清帮三祖隐"亭林"二字,此真至可宝贵之启示。吾友戴良,身系洪门,渠之见解与众不同,谓洪门乃反清之"地下工作"者;而清帮则为反清之"反间谍"。故清帮可公开身份,而洪门则绝不能。清洪一家,由钱潘二祖道号所隐德亭、德林观之,似信而有征。弟之清帮为最大之工会组织说,似犹未能尽其底蕴。符五即为开节先生,弟实孤陋。拟俟稍得闲,奉约王、周两公共见一叙。不知一周之中,以何日为便?乞即见示,以便安排。草稿两篇,谈周易者,弟惭不能读;论清初诗坛比兴一文,则读之数过,深为钦敬。弟砚田所入,本自不菲,奈何自作孽,于股市中曾膺巨创,故迄今债台难下。近拟编撰清史方面智识趣味并重而有史学价值之书数种,自印自销。除《董小宛入宫详考》以外,预定书目有《清朝十大疑案史料辑考》及《十朝诗乘笺注》两书。十大疑案开列如附纸;《十朝诗乘笺注》,则加工之项目计有标点、人名注释、典故注释及本事笺解等,工程浩大,须多觅助手,不知兄于此事有兴趣否?倘荷惠然赐助,拟请兄主编此两书。弟意甚诚,并已请皇冠以前主持出版之杨兆青兄合作,主管业务。将来校印诸琐务,皆不必烦心。如何之处,并祈示覆为祷,匆此,敬候文安。

  匆此敬候

  文安

这封长信是了解他晚年工作的重要线索。他的《红顶商人胡雪岩》脍炙人口，经商者往往倚之为枕中鸿宝。可是高阳徒能坐而言，不能起而行，自负精于理财、熟谙商场情状，却因炒股票，弄得债台高筑，晚境独居，尤感寂寞凄清。然在写这封信时，他还在打算搞出版事业，希望编《十朝诗乘笺注》等书。这些书当然是有价值的，但出版此类著作，焉能赚钱？从这个地方看，便可见高阳先生毕竟是一个读书人，非真能营生者。

他所说的清朝十大疑案，是指：孝庄下嫁、顺治出家、雍正夺嫡、雍正暴崩、乾隆身世、孝贤道殁、同治天花、慈禧之疾、慈安之死、光绪

高阳《清末四公子》

高阳《红楼梦断》

死因。据我所知,他对历史的研究,晚期尤肆力于清史。近几年,除了撰写对李商隐《无题》诗的解释外,几部著作,如论曹雪芹、翁同龢、董小宛等,笔锋皆集中于清朝,且集中于这十大疑案。如论董小宛入宫,反驳孟森之说,是涉及顺治出家问题的。论曹雪芹,写《红楼梦断》等,涉及雍正夺嫡及乾隆的身世之谜。对于这些疑案,他早有研究,亦有若干相关论述以及历史小说描述其事。但抽丝剥茧,不断发现新的材料与证据,使得他觉得仍有再予侦探的必要,故乐此不疲,并邀我与他一道从事于此。可惜我的学力不足以胜此重任。《十朝诗乘笺注》之编、十大疑案之考,徒成口谈,未付实践,思之真觉惶惭。不过,当时所讨论者,殊不限于此十大疑案,例如他后来写《丁香花》,记龚自珍与顾太清的故事,或此处所谈到的清洪帮问题,积功发覆,亦非一日。皆久疑难定,一再侦探者。

这封信里所说的顾亭林事,是因他反对一般讲清史的人之看法,认为清帮固然是船漕工人所聚合的工会形态组织,但仍负有与洪帮类似的"反清复明"目的,只不过表面上似已受乾隆招安了而已。他曾举此意询我，我报书举黄侃序顾亭林《原抄本日知录》中语，谓旧有此说，认为清帮虽奉潘、钱、刘三祖，但实为顾亭林所创立。故钱祖与潘祖之道号即为德亭、德林。刘禺生（因麻脸，故称刘麻）《世载堂杂忆》亦尝论及。他觉得这些材料均可替他的想法添加佐证，所以十分高兴。他所高兴的，不只是为清帮问题添加了一点可供谈助的材料，或者在学术研究上又可立一新说，而是发现了顾亭林的"大战略"。这才是他治史的真正精神手眼所在。

盖其小说与史论，每每牵率于英雄儿女之间，或写朝局变幻，从情节与主题上未必看得出什么伟大的名堂，不过叙故实、演传奇耳。然而，作者高阳其实是具有宏观历史视野的。他纵观每一个时代，努力找出那个时代纷纭复杂历史事相之中，真正值得让我们注意的人物与史迹，借着描述这样的人物与史迹，提示我们历史兴衰的原理。从这一方面说，他表彰如曹彬这样的人物，他借一些小人物（如小白菜）来显示历史社会整体面貌，既足见历史之大，亦可以示人借鉴。再从另一方面看，他又如上文所述，十分注意历史发展的中心势力。他认为唯有高级知识分子成为时代的中心势力，才能开统一之盛运。不过，知识分子成为历史中心势力时，往往不可避免出现门户之争，党同伐异，又逐渐动摇国本。他的小说、史论乃至时论社评，辄为此意而发，此即先生之大战略也。

他虽不善营生理财，不善经营个人的生活与情感，但书学万人敌，读书既破万卷，自然就会筹思经理天下使民长治久安之道。自称历史的侦探，其实还是自谦了。世人但以通俗小说家、以掌故家、以考据家视之，更不免将他看得忒轻了。先生其亦以顾亭林、诸葛武侯自居者乎？当然，武侯与亭林之战略，昭见于事功与著述。高阳先生则圣贤寂寞,仅以一高阳酒徒之名,博得世人一点叹息而已。书生大言,大言遂以其为书生所言而不为世所重,呜呼!

五、不死酒仍日暮醉

走笔及此,因忆先生尚有惠我数函,聊征一二,以慰忆念,并增读友谈资。其函曰:

(一)

鹏程吾兄惠鉴:

弟于四月十六日,自老爷大厦移居敦化南路三五一巷十四幢二楼,即光武东村,在复旦桥之东。若由桥而北,过桥墩见有罗曼蒂西餐馆,其旁一巷,即寄楼所在。入屋之日,首接联合报转来之尊札,中心欢喜,莫可名言。盖启我蓬荜,乃日吉之兆也。

承示吃菜事魔渊源,颇开茅塞。向读钱宾四先生论东西文化之著作,以为中国文化返求诸己,方寸之间可以安身立命,故无宗教,颇以为是。近年则渐生怀疑,弟以为宗教信仰乃人生本性之一,与生俱来。惟此本性可由各种形式表现耳。中国文化之根源在"敬天法祖"四字,统摄道德、人事,涵盖过广,故原始宗教如拜物教之类,无法立足。及儒家兴起,斥为异端,乃成罪恶。然而佛教至中土乃大,实中国人宗教本性之借腹生子也。惟是任何宗教皆有高低两层次。佛教在梁武帝、李后主扶持之下,发展为精纯细微之形式;而佛图澄讬庇于石勒,即不能不以玄术显。乃杂道教方士而流为白莲教。盖为儒家所排斥,而益不得向较高形式之发展。夫理学之有朱陆异同,而思想较开明者,倾向于陆,下及阳明。则陆王之纳禅,即为中国人本性中具有宗教信仰之肯定。惟清朝以朱为正宗,于是有泰州学派之兴起,有黄崖教之悲剧。白莲教自清末以来,北则冀南,南则鲁西,即自束鹿广宗,下迄梁山泊,始终不绝,而观其一贯道、鸭蛋教等各目,则知流品愈下愈滥,为害亦愈禁愈烈,此皆不能承认现实之故也。兄谓与义和拳绰有渊源,具见卓识。

白莲教之影响至为广泛。弟以为所发生之最大作用,在清洪帮。洪门尚别有来源,清帮则论其规矩、势力,纯然白莲教之较高形式。又弟以为清帮称漕帮者,实清初之最大工会组织,其力量虽雍乾二帝所不敢忽视。惟在美国可出参庙议之闵尼,而中土则唯吾杭清帮一家庙,秘密供奉"三祖"而已。率尔放言,乞恕之。

董小宛入宫事,弟自谓"寸寸积功,一一发覆",为弟半生摸索文史,堪告慰于知己之微绩。近以兄之启示,重读亭林诗集,颇有心得。按:小宛被劫之际,正亭林北游南还"重至京口"之时,赋诗结句曰:"遥看白羽扇,知是顾生来",盖以武侯自许,则仿西施沼吴之计,亦情理中所许之事。

王符五先生不识为何人,其言可知其详否,均求见示。再者,"晚"之一字,万不敢当。叩头叩头。

专此顺候　时祺

弟高阳拜上

五月五日

(二)

鹏程吾兄：

兹定于本月二十日星期六下午六十半,在林森北路枫林小饭邀宴王符五先生。拟屈吾兄作陪。座有周弃子先生,张佛千、王壮为两公大致亦会到,此外无杂宾矣。至乞命驾为盼。

顺颂时祺

高阳再拜,
二月十八午夜

第一函是接我去信谈到摩尼教、清帮、顾炎武诸事后的回复。他那时正研究清史,写晚清慈禧的《玉座珠帘》早已洛阳纸贵,万口称赏;兼写翁同龢、李鸿章,亦大体戢事,有雄心将整个清代疑案考证一过。故尝做《董小宛入宫详考》,并邀我同辑《清朝十大疑案史料辑考》与《十朝诗乘笺注》。其中涉及董小宛者,我读其稿,曾为他检出刘禺生题冒孝容《董小宛》刻本诗等材料,此则论摩尼教等事者。

他研究清帮与洪门,即世俗所称之青洪帮,有一见解,谓清帮乃最大之工会组织。此组织虽又名安清帮,以扶清安邦为宗旨,若恰与洪门相反,而实相表里。洪门是地下组织,清帮是反间谍,打着红旗反红旗。而创建这样庞大的组织,殊非易易。试想清帮遍布整个漕运码头及相衔接之长江黄河口岸,所有水手之衣、食、老、病、死、葬均归帮中综理;纠纷斗殴、钱粮出入,亦概由帮中处置,非有绝大手段,焉能整齐之？这创建清帮庞大组织以厚植反清复明人力者,他依古来传说及洪门的朋友所述,认为即是顾炎武。我附和其说,举出一些材料,说清帮在杭州有一"家庙",供奉翁、钱、潘三祖,其中钱、潘二祖

高阳《慈禧全传》

道号中就隐藏了"亭林"二字。他大喜,另有函与我论其事,如上文;我亦在《宗庙制度论略》一文中讨论了清帮的庙制与孝祖大典。

本来此事至此便可告一段落,但清帮又不只是工会形态或宗族形态而已,它上上下下是信奉罗教的。罗教乃明正德年间罗清所创,以《五部六册》行化,奉无生老母,讲真空家乡,似佛非佛,似道非道,在明清间对民间宗教影响很大,形成不少分身。可是,此教到底渊源如何,与白莲教又是什么关系,论者众说纷纭,高阳也觉得很困惑。我故去函略说其与摩尼教之渊源,与白莲教之关联,与清代各民间宗教,包括义和拳之流衍等。这是先生较陌生之领域,因此得信忻喜,跟我发了以上一大通议论。由此议论,亦可见先生之宗教观。许多人谈中国文化而并不注意宗教问题,即或研佛论道,也仅由学理哲思上说,不能由宗教面去掌握。钱穆先生固然如此,唐君毅、牟宗三、徐复观诸先生亦然,更莫说民间宗教了,如此,岂能真知中国社会文化哉？高阳先生因我之说而生的感慨，其实就很有引人深思之处。里面还谈及清朝以程朱理学为正宗，因而激生了泰州学派，出现黄崖教的悲剧。读者可能会生疑："泰州学派乃明代王学之支流，何以先生说是由清代压抑宗教而生，岂语误耶？"（按：黄崖教案，指周太谷创立太谷教，聚其徒众于山东肥城黄崖，官兵以为邪教，派兵剿灭，数千人同时罹难的惨事。太谷教，乃泰州学派之发展，其实是个儒家的学派，只因采用了祭天等宗教仪式，兼且聚众，故被视为邪教，遭了剿灭。剿灭后，此教北宗遂亡，唯南宗秘密流传。写《老残游记》的刘鹗即此派传人，《老残游记》中之隐语，均与其教有关。先生所云，即此泰州学派发展成之太谷教也。）

第一函末尾提到"王符五先生不识何人"。王先生名开节，字符五，其人其事，我曾在《学诗记事》等文中介绍过。他们原本熟识，高阳平时仅称其名，经我提醒，才猛然省忆，因而遂有后来屡邀共餐，如第二函之事。另外，我原先是尊先生为前辈的，他本来也准备挑徒弟。可是我采访过他以后，又有上述书信往来之情况，他就坚持不准我自称"晚"了，只以平辈相交。这是前辈虚怀之证。文末云云，即指此事。

第二函便是我们交游的状况了。通常由他置酒、找地方、邀人（通常是雅人），我敬陪之。我那时住在桃园龟山，他常打电话来催我搭车去台北聚宴。此番雅集，诸公都是诗文书法兼擅的大家。周弃子，我在前面已多处谈过，他卒后，我还校刊过他的集子，才人生涯，难以言赅。曾见董桥《春台遗韵》论及弃公，可备参考："弃子先生是湖北大冶人，1911年生，1984年殁，在四川、贵州做过省政府主任秘书，也在银行做过事，天生孤傲，一生困顿……自号'药庐'，居室改叫

'未埋庵':我已无生但未埋!……我十分喜欢周先生的《未埋庵短书》,从台南来回百读到香港,白里透文的篇章其实比他的旧诗还要凝练还要丰厚。徐先生说周弃子的字也自成一体,改天替我求一幅……等了三年徐先生终于寄了周先生给我写的旧作条幅到英国,咖啡滴泪,爵士吞声,辛酸到了极点,何凡和林海音两位先生在香港我家看到这幅字不胜欷歔。"王壮为,河北易县人,民国前三年生。来台后曾任陈辞修先生记室,后在各大学教授书法篆刻,书印相发,为渡海一大师,沾溉无数。有《玉照山房诗》、《书法丛谈》等著。张佛千,1907年生,曾任国民党总政治部设计委员、台湾防卫司令部政治部主任等职。因孙立人案退役后,在各大学讲授新闻学。因擅撰联,俗谓联圣。时在《联合报》所撰《一灯小记》,颇志文坛之盛。如此组合,可视为我们聚会的示例。高阳乃美食家,后来还曾自开一餐馆,故提点肴馔、指挥庖冶,功力不下于驱遣文字。他又善饮,所做《古今食事》自谓:"我之好酒成癖,并非侍饮先君而来,是儿时与老仆盘桓,他吃烧杨梅,我喝杨梅烧养成的癖好。"然高阳酒徒,温克多情,使酒却不骂座,唯肆其广见博知,与诸公雅谑清谈,故俱有掌故可说。弃公有诗说他"倾囊都识酒人狂,煮字犹堪抵稻粱,还似屯田柳三变,家家井水说高阳",诚然。

唯弃公之诗,何以由饮酒径自谈到写作?是的,高阳之写作辄在酒酣耳热中。他的本职,原是《中华日报》主笔,负责写社论。社论代表报社发言,针对时政大事,出诸说论庄语,是他理性化的表现,业余写现代小说则属副业。后来偶写历史小说而大受欢迎,实出意外。待历史小说稿约越来越多,现代小说与剧本便逐渐不再写了。时间分配,大抵白天上班,观察时事、写社论,晚上才能写小说。可是夜气侵人，无酒不欢。而酒酣耳热，高睨大谈，又何暇写作？直到夜色渐深，各报馆看看不行了，只好侦骑四出，找到高阳，站在桌边立索。那时报社仍是铅字排版，所以有截稿时间之压力。因高阳的小说很受欢迎，编辑只得特地留版，教一组排版工加班，待高阳续稿一到就付排。可他老先生正在置酒高谈中，浑不当一回事儿。直到取稿人实在按捺不住了，才在桌边索纸疾书数千言，让人家火速送回报社。他的文章每天要在好几家报上连载。各个故事之起讫首尾，甚至朝代都不同，而且前一天登到哪里，怎么可能记得？随写随发，竟能一丝不乱，各就秩序。若非目见，绝不相信世上会有这等事，需知他写的是历史小说及考证文章。再高明的教授学者，也得在书斋甚至图书馆中沉思老半天才能动笔，他却成于若不经意之间。腹笥之宽、记诵之博，岂有涯涘？又何况是在酒中。凡人饮酒，皆头昏脑胀，或晕沉，或胡言乱语，他却是诗酒双畅，边喝边谈，文章一遍就写成了。随手掷去，绝少脱期。如此才调，我亦不信当世还有第二人。

我那时还在读博士班，一个未出茅庐的穷小子，随诸公之后，啖美食，饮美酒，又饱餍文德，得识前辈典型，真是莫大的福分。于今思之，曷胜黄垆之痛？

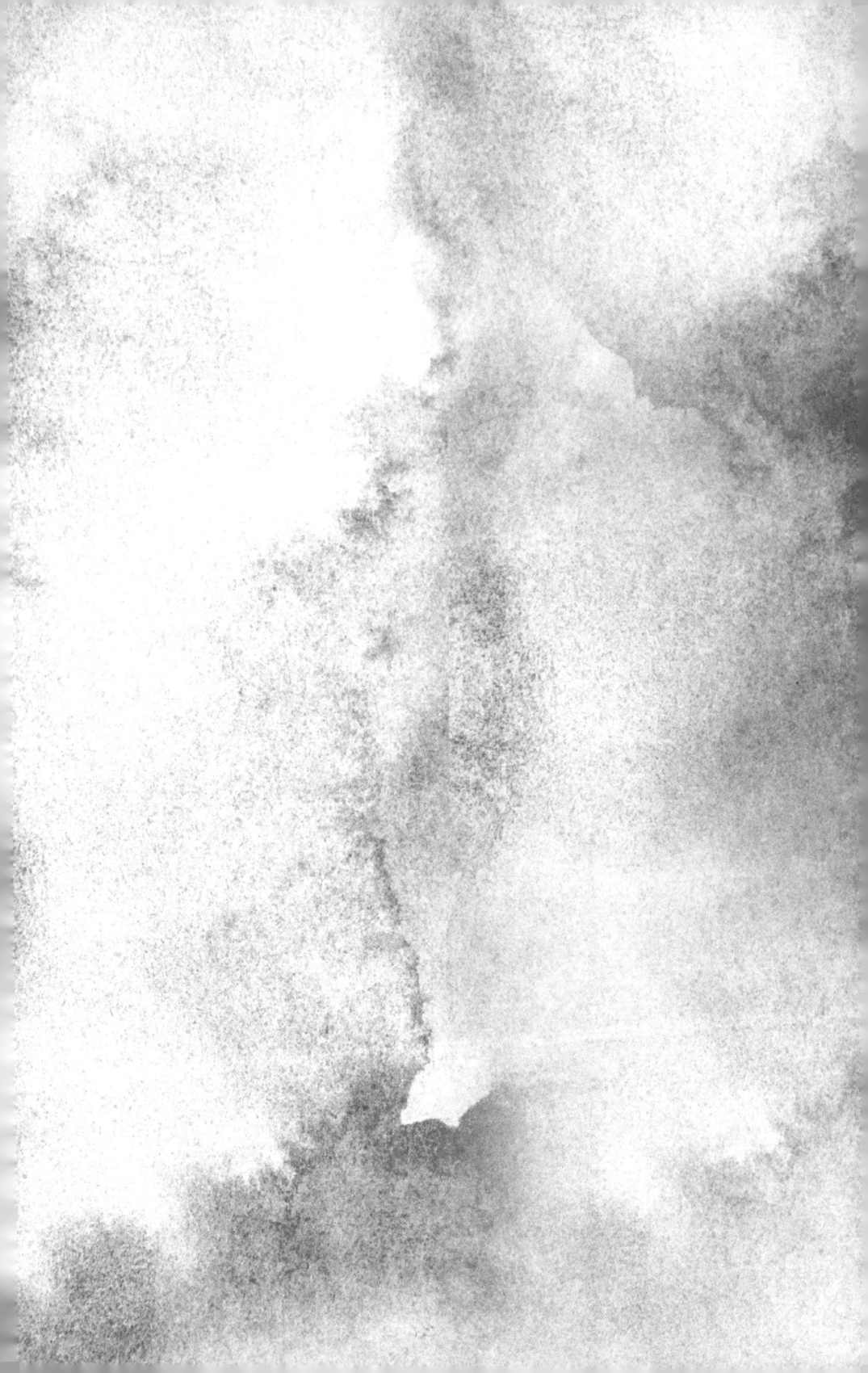